GAIA REISEN

W0319235

Wanderführer mit 70 Touren

Gardasee

AUTOR

Christian Schulze
Bergsportler, Naturfreund und Abenteurer. Ursprünglich aus Jena.

Die ewige Leidenschaft zu schreiben und seine enge Verbindung zur Natur und Bergwelt konnte er in diesem Wanderführer hervorragend kombinieren.

Durch intensive Erkundung, Wegkontrolle und alljährliche Neubegehungen ist der Gardasee längst eine weitere Heimat geworden. Und wenn er mal keine Wege beehrt, hängt er am Kletterseil, lernt Kitesurfen oder sucht per Kajak die Ufer nach versteckten Stränden ab.

Lieblingsdestinationen: Limone, Ledrosee, Tennotal, Tremalzo, Monte Baldo.

Natur muss gefühlt werden. Sie gibt Energie und ist die beste Apotheke! Nebenwirkungen: Freude, Staunen, Klarheit und eine gesunde Hautfarbe.

Gardasee – so nah kann Süden sein!

Sanftes Wellenrauschen, Sonnenuntergänge zum Verlieben, Erfolgserlebnisse in luftigen Höhen oder kühler Spaß auf dem Wasser. Hier ist jeder Tag ein Geschenk!

Einzigartige Natur, facettenreiche Freizeitangebote und südländlicher Charme inmitten alpiner Berge – wo gibt es das sonst?

Der Gardasee ist eines der meist besuchten Ausflugs- und Urlaubsziele Europas, vor allem für Sport- und Badefreunde. Speziell dessen Norden ist ein Magnet für Surfer, Kletterr, Biker, Wanderer und Paragleiter.

Seinem mediterranen Klima ist es zu verdanken, dass in der Südalpenlandschaft Zypressen, Pinien oder Palmen gedeihen sowie Oliven, Zitronen und beste Weinauslese zur Ernte kommt.

Schon im 19. Jahrhundert lockte der Gardasee den europäischen Adel und Berühmtheiten an. Künstler und Schriftsteller, etwa Goethe oder Rilke, aber auch Politiker und SchauEuropas, vor allem für Sport- und Badefreunde. Speziell dessen Norden ist ein Magnet für Surfer, Kletterr, Biker, Wanderer und Paragleiter .

In der Geschichte wurde leider häuig um die einstige Grenze Östereich-Ungarn / Italien gekämpft, wodurch viele der Orte gebrandmarkt sind. Viele Touren führen in felsigen ergflanken entlang der Ex-Frontlinien des 1. Weltkriegs, die durch Bunr und Höhlen wie ein Schweizer Käse durchbohrt sind.

Zur Auswahl stehen Spaziergänge am Ufer oder zu einsamen Bergdörfern, Entdeckungsrunden in der Natur oder die Besteigung der wichtigsten Gipfel. Dabei kann man sich auf fast jeder der Touren auf eindrucksvolle Panoramablicke freuen.

Neben der Naturparkregion Gardaseeberge und Monte Baldo werden auch Ausflüge im historisch geprägten Süden oder in den interessanten Randgebieten, wie Valpolicella oder der Valle dei Laghi, vorgestellt.

Ich wünsche Ihnen erholsame Tage am Gardasee. Genießen Sie unbedingt die einsame Naturidylle etwas abseits vom Trubel, erleben Sie spannende Panoramawege und die zahlreichen Gipfel, die zu neuen Abenteuern rufen.

Der Weg ist das Ziel!

Gehört in jedes Wandergepäck: Eine Ration Spaß!

INHALT UND TOURENÜBERSICHT

AUFTAKT

Tour | Seite

DER NORDEN

ANHANG

km	h	hm	hm	P						
11	4:15	720	720	✓	✓		✓	✓		
9	2:45	535	535	✓	✓		✓			✓
13	5:00	1020	1020	✓	✓		✓	✓		
6	2:15	180	180	✓	✓					
6,8	3:10	495	495	✓	✓					
10	4:30	455	455	✓	✓			✓		
10	4:20	920	920	✓	✓		✓	✓		✓
6	2:35	430	430	✓			✓	✓		
11,2	4:10	770	770	✓	✓			✓		
6,6	2:15	395	395	✓						
6,3	2:05	230	230	✓	✓		✓			✓
6,1	2:15	295	295	✓	✓		✓	✓		
13,1	6:15	1270	1270	✓	✓		✓	✓		✓
9,2	3:15	345	345	✓	✓		✓		✓	✓
7,7	2:50	165	165	✓	✓		✓		✓	✓
7,2	6:10	1235	1235	✓	✓		✓	✓		
9,1	2:45	0	570	✓	✓		✓		✓	✓
6,5	5:15	875	875	✓	✓			✓		✓
10	3:40	97	97	✓	✓		✓		✓	✓

INHALT UND TOURENÜBERSICHT

DER WESTEN

km	h	hm	hm							
8,5	4:30	998	998	✓				✓		
11	5:00	985	985	✓			✓	✓		✓
10,3	2:40	250	250	✓	✓		✓		✓	✓
15,8	7:30	1475	1475	✓	✓			✓		
17,8	6:30	1010	1010	✓	✓			✓		
11,5	6:30	740	740	✓				✓		
18	7:00	1385	1385	✓			✓	✓		✓
15,5	6:30	1120	1120	✓			✓	✓		✓
13,2	6:30	970	970	✓			✓	✓		
7,5	2:45	410	410	✓	✓		✓		✓	✓
8,5	4:30	1015	1015	✓			✓	✓		
10,5	5:55	980	980	✓						
3,8	2:15	305	305	✓	✓			✓		
7,5	2:40	450	450	✓	✓		✓		✓	
5	2:00	290	290	✓	✓		✓	✓		
20	7:20	1280	1280	✓			✓			✓
13	4:15	945	945	✓				✓		
6,7	3:00	515	515	✓	✓		✓			✓
7,6	2:40	480	480	✓	✓		✓	✓		
17,5	5:45	1060	1060	✓			✓	✓		
11	5:20	1145	1145	✓	✓		✓	✓		
6,5	3:30	820	820	✓	✓		✓			

INHALT UND TOURENÜBERSICHT

DER SÜDEN

Sonnenuntergang am Ufer von Bardolino

km	h	hm	hm	P	Bus	Seilbahn	Einkehr	Gipfel/Hütte	Rad	Unterkunft
5	2:20	400	400	✓	✓			✓		
5,3	2:00	275	275	✓			✓		✓	✓
15	6:20	1300	1300	✓				✓		✓
9,2	4:45	1030	1030	✓			✓	✓		✓
13	4:10	570	570	✓	✓		✓			
8,3	2:45	170	170	✓			✓		✓	✓
5,9	2:00	215	215	✓			✓	✓		✓
12,5	3:05	195	195	✓			✓		✓	✓
8	2:00	45	45	✓	✓		✓			✓
5	1:30	110	110	✓	✓		✓			
8,5	2:15	145	145	✓	✓		✓			✓
9,5	2:45	240	240	✓	✓		✓			✓
6,5	2:30	315	315		✓		✓	✓		
12,5	2:35	15	15	✓	✓		✓		✓	✓
6,7	2:20	285	285	✓	✓		✓	✓		

INHALT UND TOURENÜBERSICHT

km	h	hm	hm							
10,2	3:20	340	340	✓	✓			✓		
11,2	3:30	425	425	✓	✓		✓			✓
7,3	3:00	320	320	✓			✓	✓		
6,5	3:30	695	695	✓	✓		✓			✓
13	4:00	720	720	✓			✓			✓
17	6:45	1410	1410	✓	✓		✓	✓		✓
7,5	2:20	460	460		✓		✓		✓	
11,6	5:45	665	665	✓	✓	✓		✓		
4,7	2:05	345	345	✓	✓	✓	✓			
8,5	3:00	520	520	✓			✓	✓	✓	✓
4,1	2:00	480	480	✓	✓		✓			
6,7	3:45	590	590	✓						
6	2:00	305	305	✓	✓		✓		✓	✓
5,1	2:10	70	70	✓	✓		✓			✓

GEBIETSÜBERSICHTSKARTE

Beschauliches Pieve di Tremosine mit seinen Schauderterrassen direkt am felsigen Abgrund

Blick von der Cima Rocca auf die Bucht von Riva mit M. Brione und Stivo

Der Norden

Der Norden ist von hohen und steilen Bergen geprägt, die den See hier zu einer schmalen Bucht verengen und ihn bis zu 2000 m überragen. Nördlich folgen kleinere Seen (Lago di Cavedine, Lago di Toblino) in der Valle dei Laghi. Aus Nordwesten wird der See vom Zufluss Sarca gespeist.

Das Nordufer zählt zu den besten und beliebtesten Kletter- und Surfdestinationen Europas. Mit den zu-

Sentiero della Pace

Der „Friedensweg" wurde auf Kriegssteigen an der alpinen Südfront des Ersten Weltkrieges angelegt. Viele noch gut erhaltene Festungsanlagen erinnern an die grausame Vergangenheit. Mit 500 km Länge zählt er zu den bedeutendsten historischen Weitwanderwegen Nordialiens.

Der Verlauf in den Gardaseebergen: Rovereto, Valle di Gresta, Mori, Brentonico, Monte Altissimo di Nago, Monte Brione, Riva, Rocchetta- und Pichéa-Kamm, Tofino und Monte Cadria (Tour 8, 9, 12, 20, 21, 23, 66).

Historische Ponalestraße

1848 bis 1851 wurde die 5,5 km lange Straße (auch D01 genannt) durch Giacomo Cis erbaut, um das Ledrotal an das Gardaseegebiet anzuschließen. Ab 1891 fuhren hier die ersten Automobile, bis 1993 dann der neue Tunnel von Riva ins Ledrotal eröffnet wurde. Nach kurzer Sperrung im Jahr 2000 aufgrund eines tödlichen Erdrutsches konnte die Straße 2004 als Fuß- und Radweg wieder freigegeben werden (Tour 17).

verlässig wehenden Gardasee-Winden Peler (aus dem Norden) und Ora (aus Süden) gilt Torbole als Surfer-Hochburg. Die Kletterparadiese Arco, Nago und Dro liegen unweit im Hinterland.

Die „Hauptstadt" der Region ist das touristische Riva del Garda mit österreichischen Einflüssen. Westlich davon locken die türkisfarbenen Bergseen Lago di Ledro und Lago di Tenno. Ein wahres Naturschauspiel ist der Varone-Wasserfall zwischen Riva und Tenno.

Der Westen

Der Westen wird von hohen Bergen und Steilküsten (bis Gargnano) dominiert und präsentiert sich als einzigartige, wildromantische Fels- und Hochalmlandschaft. Das Westufer, auch „Zitronenriviera" genannt, lässt in Gewächshäusern Zitronen gedeihen, ringsum finden sich weitläufige Olivenhaine.

Im nördlichen Teil kommen auch Wassersportler auf ihre Kosten, südlich von Gargnano wird es urbaner. Die Touristenzentren sind das

Blick vom Monte Castello di Gaino auf Toscolano-Maderno

Fantastische Natur – die Hochalmen oberhalb von Magasa (Val Vestino)

glanzvolle Limone sul Garda, Gargnano, Toscolano-Maderno mit seinem Papiermühlental (Tour 34), das feine Gardone Riviera und die quirlige Einkaufsstadt Salò mit der längsten Uferpromenade am See.

Wer dem Trubel entfliehen möchte, findet im Naturpark unzählige Ruheoasen in unberührter Natur. Besonders reizvoll sind die Hochtäler Val Valvestino oder das Val di Bondo. Wunderschöne, historische Bergdörfer und traumhafte Seeblicke bieten die beiden Hochebenen von Tremosine und Tignale, die auch für ihren Qualitätskäse bekannt sind. Alles in allem ein perfektes Wandergebiet!

Sehr einladend sind die vielen Einsiedlereien und Bergkirchen, die teilweise an spektakulären Felswänden kleben oder sich in lieblicher Natur zeigen. Besonders attraktiv liegen die Eremo di San Michele (Tour 35) und die Eremo di San Valentino (Tour 41), vor allem aber die Wallfahrtskirche Madonna di Montecastello (Tour 34).

Parco Alto Garda Bresciano
Er wurde 1989 gegründet und umfasst eine Fläche von 38.269 ha, knapp die Hälfte davon ist bewaldet. Seine Vegetation ist durch den Höhenunterschied von 65 bis 1976 m sehr artenreich. Nahe des Ufers gedeihen neben der mediterranen Macchia viele exotische Pflanzen wie Palmen, Zedern, Pinien und Kakteen. Seit 2002 informiert das Besucherzentrum in Prabione (Tignale) über Landschaft und Kultur der Region.
www.parcoaltogarda.net

Der Süden

Der Süden zeichnet sich durch zahlreiche Endmoränenzüge aus, die nach der letzten Eiszeit entstanden. Auf ihnen stehen oft imposante Kirchen; Burganlagen thronen oberhalb kleiner Weinorte.

Am südlichen Westufer im Naturparadies Valtènesi ragen die malerische Landzungen Rocca di Manerba

Die Bucht von Garda mit Rocca Vecchia (vom Monte Luppia aus gesehen)

(Tour 48) und San Felice mit langen Kiesstränden in den See. Eine Perle der Region ist Sirmione (Tour 50). Das südliche Ostufer ist sehr touristisch, es wurden mehrere Vergnügungsparks errichtet. Den Reiz machen stilvolle Ortskerne und kulinarische Leckerbissen aus. Hier werden der Bardolino-Wein und die weltbesten Oliven produziert. Weitere namhafte Weingebiete sind Lugana und Custoza.

Das südliche Hinterland ist geprägt von den schweren Kämpfen um die Einigung Italiens. Mächtige Festungen und das Rot-Kreuz-Denkmal in Solferino (Tour 51) erinnern daran.

Größte Attraktion im Süden ist der bei Valeggio gelegene Parco Giardino Sigurtà und Borghetto (Tour 52).

Der Osten

Der Osten ist gespickt mit traumhaften Urlaubsorten entlang der „Olivenriviera" und wird stets vom Monte-Baldo-Höhenzug beherrscht. Knorrige Olivenbäume und hohe Zypressen gestalten die unteren Hänge, dazwischen Trockenmauern und Maultierwege. Eine Augenweide ist die beliebte Landzunge Punta San Vigilio bei Garda.

Vom beeindruckenden Hauptort Malcesine fährt die einzige Seilbahn am See hinauf in die beschauliche Bergwelt des Monte Baldo, dem höchsten Gebirge am Gardasee. Auf östlicher Seite verläuft die Monte-Baldo-Höhenstraße (57 km lang) bis auf 1617 m. Beliebtes Ausflugsziel auf östlicher Seite ist die Wallfahrtskirche Madonna della Corona (Tour 60).

Monte Baldo – größter botanischer Garten Europas

Das alpine Gebirge erstreckt sich über eine Länge von mehr als 30 km zwischen dem Gardasee-Ostufer und dem Etschtal. Wunderschöne Wanderwege, MTB-Strecken, urige Hütten und ein Top-Panorama sor-

Romantische Panoramakanzeln am Sentiero del Ventrar

gen für viel Publikum. Beliebt ist der Berg auch bei Gleitschirmfliegern. An seinen geschützten Hängen wachsen 600 Pflanzenarten, darunter sehr seltene, da der Bergrücken während der Eiszeit immer aus der Eisdecke herausragte und somit viele Arten die Eiszeiten überleben konnten. Einige der Pflanzen kommen in Europa nur noch hier vor.

Valpolicella

Amarone und Recioto sind Weinkennern ein Begriff. Beides sind schwere Rotweine und machten die hügelige Region nördlich von Verona weltbekannt. Liebliche Weinberge mit etlichen Kellereien, Obst- und Olivenbäume, dazu rustikale Bauernhäuser und tosende Wildbäche in tiefen Schluchten machen den Charme aus. Der nördliche Teil gehört zum Lessinia-Nationalpark und bietet herrliche Wanderwege (Tour 67 - 69).

Die Highlights neben dem kulinarischem Genuss: die größte Naturbrücke Europas, die „Ponte di Veja“, Europas tiefste Karstgrotte – Spluga della Preta (340 m tief) – und die Wasserfälle von Molina (Tour 67).

Weltberühmt: die Trauben des Amarone della Valpolicella

Monte Baldo – Endlose Fernblicke hinab zum Gardasee

Die Skaliger

Das Ost- und Südufer stand von 1259 bis 1387 unter der Herrschaft der Skaliger, damals die Stadtherren von Verona. Ihre Hinterlassenschaften, vor allem die von Zinnen gekrönten Skaligerburgen, zählen heute zu den größten Sehenswürdigkeiten am See.

Die berühmtesten Bauwerke:

- Castello Scaligero di Sirmione (besonders imposante Wasserburg)
- Rocca di Malcésine (mächtige Burg auf kleinem Felsen)
- Castello Scaligero in Torri del Benaco (mit Limonaia, am historischen Hafen)
- Schloss in Valeggio sul Mincio
- Stadtfestung von Peschiera del Garda
- Stadtmauer und Burg in Lazise
- Burg Rocca in Riva del Garda
- Castelvecchio in Verona mit prächtiger Etschbrücke
- Skaligergräber von Verona

Rocca di Malcesine

Verona

Fast ein Muss ist ein Ausflug in die einzigartige, sehr lebhafte Kultur- und Einkaufsstadt, die Heimat des berühmtesten Liebespaares der Literaturgeschichte, Romeo und Julia. Verona ist ein wahres Zeugnis der starken Präsenz der Römer. Das Wahrzeichen der Stadt ist das weltberühmte Amphiteater, die „Arena di Verona". Eine weitere Hauptsehenswürdigkeit ist das mittelalterliche Castelvecchio mit der Skaligerbrücke.

Die Ponte Scaligero am Castelvecchio in Verona (Tour 70)

Wetter und beste Jahreszeit

Grundsätzlich lässt es sich am Gardasee das ganze Jahr über gut wandern.

Aufgrund der noch milden Temperaturen und der einzigartigen Blütenpracht sind die Monate April, Mai und Juni am schönsten.

Während der heißen Monate erfrischen die Seen und in höheren Lagen schattige Wälder und wenige Wasserfälle. Beste Fernsicht bekommt man im Herbst, noch besser im Winter. Sonst kann es mitunter recht diesig sein.

In alpinen Hochlagen kann noch bis Ende Mai oder schon im November Schnee liegen. An Wetterscheiden, wie dem Monte Baldo, sind kräftige Winde und dichte Nebelwände typisch. Heftige Gewitter und spontane Wetterumstürze sind in den Sommermonaten trotz des warmen Klimas keine Seltenheit.

Einfach traumhaft: Blick auf Torbole und Monte Castello

Acqua	Wasser
Agriturismo	Bauernhof
Albergo	Gasthaus
Alimentari	Lebensmittelgeschäft
alta/alto	hoch
Aperto	geöffnet
Baita	Hütte, Unterstand
bassa/basso	niedrig, tief
Bivacco	Biwak
Bivio	Abzweig, Kreuzung
Bocca (B.ca)	Sattel, Senke
Borgo	Weiler (kleines Dorf)
Bosco	Wald
Calchera	Kalkofen
Capanna	Hütte
Casa, casera	Haus, Almhütte
Cascata	Wasserfall
Castello	Burg, Schloss
Caverna/covolo	Höhle
Chiesa	Kirche
chiuso	geschlossen
Cima (C.)	Gipfel (Spitze)
Corno	Horn
Costa	Bergrücken
Cresta	Grat
Croce/crocetta	Kreuz, Kreuzlein
Fermata	Bushaltestelle
Fiume	Fluss
Forcella	Scharte
Funivia	Seilbahn
Gardesana	Gardasee-Uferstraße
Località (Loc.)	Ort
Macchia	Dickicht, Gestrüpp
Macchina	Auto
Malga (M.ga)	Alm, Almwiese
Monte (M.)	Berg
Mulattiera	Maultierpfad
Parcheggio	Parkplatz
Passo (P.so)	Pass
Pian/piano	Ebene
Piazza	Platz
Ponte (P.te)	Brücke
Pra/prato	Wiese
Punta (P.ta)	Spitze
Rifugio	Schutzhütte
Rocca	Fels
Sella	Joch, Sattel
Sentiero	Pfad, Weg
sopra	oben
Sorgente	Quelle
sotto	unten
Strada	Straße
Torrente	Bach
Val/valle	Tal
Via	Straße, Weg
Via ferrata	Klettersteig

DER GARDASEE IN ZAHLEN – STECKBRIEF

Lage

- in Oberitalien zwischen Alpenkamm und Po-Ebene
- Norden: Trentino-Südtirol (Trento), Westen: Lombardei (Brescia), Osten: Venetien (Verona)
- Zufluss: Sarca bei Torbole (Norden)
- Abfluss: Mincio im Südosten bei Peschiera del Garda

Größe

- mit 370 km² größter See Italiens
- Länge: 51,6 km lang
- Breite: 17,2 km
- Uferlänge: 158,4 km
- Gardesana: ca. 250 km
- Seehöhe: 65 m, maximale Tiefe: 346 m (bei Brenzone)

Klima

- submediterran, abwechslungsreich, heiße Sommer, milde und niederschlagsarme Winter
- über 200 Sonnenstunden im Jahr
- fast nie Schnee, dafür über 2000 m Höhe bis Ende Mai

Geschichte

- erste Seebesiedlung durch die Römer, später durch Longobarden und die Skaliger (noch heute zahlreiche Bauwerke und Burgen der „Scaligero-Familie")
- ab 1381: Venezianer beherrschen Ostufer nach Seeschlacht mit Mailand (Region erlangt Wohlstand)
- ab 1535 Eroberung durch spanische/österreichische Habsburger
- 1796: Napoleon besetzt die Lombardei und Venedig, der Gardasee gerät in den Krieg zwischen Frankreich und Österreich
- 1859: Entscheidende Schlacht bei Solferino und San Martino; Italien wird unabhängig
- Erster Weltkrieg: Erbitterte Stellungskämpfe in den nördl. Bergen
- Nach dem Zweiten Weltkrieg: Der Gardasee wird zu einer der beliebtesten Tourismusregionen Europas

Wirtschaft

- wichtigster Zweig ist der Tourismus: Knapp 10 Mio. Übernachtungen jährlich, etwa 77 % aus dem europäischen Ausland (fast 50 % davon aus Deutschland, ca. 3 Mio.)
- Oliven- und Weinanbau

Bevölkerung

Gesamtbevölkerung samt Umland: ca. 200.000 Einwohner

Desenzano del Garda	28.031 Einw.
Arco	17.200 Einw.
Riva del Garda	16.733 Einw.
Salò	10.623 Einw.
Peschiera del Garda	10.078 Einw.
Toscolano-Maderno	8.100 Einw.
Sirmione	8.014 Einw.
Bardolino	7.000 Einw.

Die höchsten Gardaseeberge

- Monte Cadria, 2254 m (Valle di Concei)
- Cima Valdritta, 2218 m (M. Baldo)
- Punta Telegrafo, 2200 m (Monte Baldo)
- Monte Cornetto, 2180 m (Bondone-Gruppe)
- Dosso della Torta, 2156 m (Valle di Concei)
- Cima delle Pozzette, 2132 (Monte Baldo)

SCHWIERIGKEITSGRAD

Die Anforderungen an die Touren sind in drei Klassen unterteilt: Blau (einfach), rot (mittelschwierig) und schwarz (schwer).

Eine klare Definition ist aber oft kaum möglich, da das eigene Empfinden zur Tourbewertung subjektiv ist und sich die Streckenabschnitte innerhalb einer Tour oft verändern. Ausschlaggebend sind jene Wegabschnitte mit der höchsten Schwierigkeit. Wichtige Toureigenschaften sind unter dem Stichwort „Charakter" im Tourenkopf zu finden.

■ BLAU (LEICHTE SPAZIER- UND BERGWEGE)

- meist breite, gut markierte Schotter- und Bergwege ohne echte Gefahrenstellen
- kürzere Steilpassagen möglich, kaum Bergerfahrung nötig
- für Anfänger und größere Kinder sehr gut geeignet
- festes Schuhwerk empfohlen

■ ROT (ANSPRUCHSVOLLE BERGWEGE UND BERGPFADE)

- überwiegend längere Bergtour mit rauem Untergrund (steinig, felsig, rutschig)
- teils mit gesicherten Wegpassagen und kurzen Kletterstellen ohne große Gefahr
- steile An- und Abstiege mit leicht ausgesetzten Abschnitten
- Wege sinnd meist markiert, dennoch ist Orientierungssinn hilfreich
- feste Wanderschuhe, trittsicher und schwindelfrei sein! Zum Teil auch für erfahrene, ältere Kinder möglich

■ SCHWARZ (SCHWIERIGE ALPINE BERGSTEIGE)

- sehr anspruchsvolle, enge, oft sehr ausgesetzte Steige in felsdurchsetztem Gelände
- sehr lange, steile und schweißtreibende An- und Abstiege
- längere Kletter- und Kraxelpassagen am Drahtseil in luftiger Höhe
- Bergerfahrung, Kondition, Trittsicherheit und Schwindelfreiheit erforderlich
- entsprechende Bergausrüstung, gute Bergschuhe

GEHZEITEN

Die angeführten Zeitangaben basieren auf folgenden Erfahrungswerten (pro Stunde):
Aufstieg 400 hm, Abstieg 600 hm, 4 km auf flacher Strecke.
Dabei zählt nur die reine Gehzeit ohne Verschnaufpausen oder Beobachtungsmomente. Abhängig von Steilheit und Weguntergrund kann dies leicht abweichen.

ALLGEMEINE TOURENHINWEISE

Schautafel und Wegweiser am Sentiero del Ventrar (Monte Baldo)

RICHTIG AUSGERÜSTET?
Sich im Vorfeld über die Wegbeschaffenheit, Wetterlage und Möglichkeiten der Verpflegung an der Tour zu informieren, ist für die Ausrüstung besonders wichtig. Feste, rutschfeste Wanderschuhe und leichte Kleidung sind zu empfehlen, in felsigem Gelände sind hohe Bergschuhe anzuraten. Neben Getränken und kleinem Proviant im Rucksack sollte auch auf eine Windjacke oder Regencape nicht verzichtet werden, da Gewitter schnell entstehen können.

Nicht zu vergessen: Sonnenschutz, Kopfbedeckung, Schweißtuch und Badesachen am Ufer. Wanderstöcke können bei steilen Abstiegen die Knie entlasten. Für den Notfall an eine Stirnlampe und das Erste-Hilfe-Set denken.

Zur besseren Orientierung dienen ein GPS-Gerät oder Wanderkarten,

RISKANT
Vorsicht ist vor allem im steilen, felsigen Gelände, auf Geröll und auf Wegen mit Steinschlagrisiko geboten. Es versteht sich von selbst, nicht bei Schlechtwetter aufzubrechen. Auch nach Regenfällen besteht Rutschgefahr. Nebel kann die Orientierung beeinträchtigen. Rinderherden sind an und für sich keine Bedrohung. Es sind sehr neugierige Tiere, die nur bei Erschrecken oder Verteidigung der Kälber ausschlagen können. Mit der Begegnung von Schlangen muss gerechnet werden, sie sind zumeist aber ungefährlich.

Die größte Gefahr sind die eigene Selbstüberschätzung und eine schlechte Ausrüstung. Bitte möglichst auf den markierten oder beschriebenen Wegen bleiben.

MARKIERUNGEN
Prinzipiell sind die Wanderwege im Gardaseeraum rot-weiß-rot (oder rot-

weiß) markiert und haben Nummern. Es gibt vereinzelt aber auch Holzschilder, eigene Farbmarken oder Richtungspfeile der Gemeinden.

Am besten markiert sind die Wege am Monte Baldo und im nördlichen Trentino durch die Ortsgruppen des S.A.T. (Società degli Alpinisti Tridenta) und CAI (Club Alpino Italiano). Oft finden sich Markierungen auch am Boden oder auf Felsen! Steinmännchen sind oft bei der Orientierung ganz hilfreich, besonders bei schlechten Sichtverhältnissen.

Diese Buchstaben weisen auf sehr anspruchsvolle Wegabschnitte und gesicherte Stellen für Geübte hin:
„EE“: Escursionisti Esperti
„EEA“: Esc. Esperti con Attrezzatura

MEINE LIEBLINGSTOUR

Naturnah, vielfältig, spannend, sportlich und besonders aussichtsreich. So lässt sich der lange Marsch zur Punta Telegrafo, dem zweithöchsten Punkt am Monte Baldo, beschreiben. Zunächst wunderschöne Seeblicke von den saftigen Almwiesen, dann zwei Hochtalmulden mit steilem Auf und Ab, bevor der Höhepunkt, das Rifugio Telegrafo mit der Punta, erreicht ist. Sehr hochalpin geht es entlang des felsigen Höhenkamms weiter zum nächsten Berggasthaus und zurück.

Die Begegnung mit Bergbewohnern wie Murmeltieren und Wildhasen auf den blumenreichen Wiesenhängen sowie Gämsen im schroffen Alpingelände lassen die Herzen der Tierliebhaber höher schlagen. Schade, dass zur Zeit der Sessellift von Prada bis auf Weiteres außer Betrieb ist – er würde viele Höhenmeter ersparen, die man so zu Fuß zurücklegen muss (Tour 62).

Rifugio G. Barana (Telegrafo), fast 2100 Höhenmeter über dem Gardasee

MEINE HIGHLIGHTS

- 1: Cime Capi/Rocca – Drahtseilkurs
  → Tour 18, Seite 81
- 2: Limone – Romantische Stadttour
  → Tour 29, Seite 116
- 3: Cima Tombea – Almenkulisse pur
  → Tour 36, Seite 139
- 4: Üppige Wälder, reißende Bäche in den Tälern südlich des Tremalzo
  → Tour 35, Seite 135
- 5: Parco Sigurtà – einer der schönsten Gärten Italiens
  → Tour 52, Seite 189
- 6: Campo – zurück ins Mittelalter
  → Tour 63, Seite 225
- 7: Monte Baldo – Gefühl von Freiheit
  → Tour 64, Seite 228
- 8: Abenteuer Val Sorda, Valpolicella
  → Tour 67, Seite 241

4

5

6

7

8

1

MONTE GARZOLET • 961 m

Wächter am Ende der Valle del Sarca

11 km | 4:15 h | 720 hm | 720 hm

START | Sarche (255 m), Parkplatz vor der Schule (Einfahrt neben dem Kreisverkehr) [GPS: UTM Zone 32T x: 650.943 m, y: 5.101.182 m]
CHARAKTER | Steiler Anstieg durch Wald und Geröll. Kletterstelle am Drahtseil (Trittsicherheit und Schwindelfreiheit nötig), sonst leichte Waldwege und Asphalt.

Sarche wird von der gigantischen Felsfront des Monte Garzolet dominiert. Kaum zu erahnen, dass es kurz vor dem Gipfel ein richtiges Dorf gibt (Ranzo).

Schilder weisen oberhalb der Schule von **Sarche** 01 zum Klettersteig „Rino Pisetta", ihnen folgen wir über eine Wiese in den Wald.

Nach dem dritten Wegweiser (Achtung: nicht beschildert!) steigen wir links unscheinbar einen steilen Geröllpfad hinauf. Später markiert mit roten Punkten (Brunnendeckel, Bäume) bleiben wir an der ersten Kreuzung geradeaus. Weiter auf steilen Serpentinen aufwärts bis zu einem großen Felsblock mit Richtungspfeilen. Links (Ranzo) gelangen wir dann zur **Via attrezzata „Sentiero Scal"** 02 mit sehr ausgesetzten Felsstufen, die wir im Zickzack am Drahtseil emporsteigen.

Danach noch über Geröll einige Kehren hinauf, über uns die wuchtige Südwand des Berges. An mehreren Stichwegen zum Klettersteig vorbei und auf schönem Waldpfad zunächst leicht abwärts. Dann an der Schotterstraße rechts

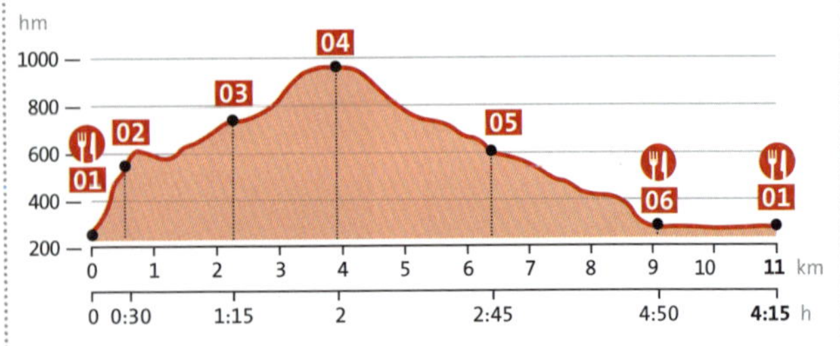

01 Sarche, 255 m; 02 Via attrezzata, 445 m; 03 Kapelle San Vigilio, 710 m; 04 Monte Garzolet, 961 m; 05 Rastbank, 590 m; 06 Castel Toblino, 250 m

bergauf. Nach etwa 10 Minuten zweigt rechts ein Waldpfad nach Ranzo ab, zwei Kehren hinauf. Bei der **Kapelle San Vigilio** 03 rechts auf Kopfsteinpflaster zum **Wegkreuz**. Wir folgen nun der Straße (Nr. 613) nach rechts Richtung Val Busa. Wenige Minuten später am Abzweig erneut rechts, unbeschildert über Asphalt in den Wald an einem Haus vorbei. Auf Schotter zu einer Waldkreuzung mit Rastplatz, geradeaus. Bei der nächsten Kreuzung rechts.

Es geht über einen breiten, teils steilen Waldpfad in weniger als 30 Minuten bis zum höchsten Punkt des **Monte Garzolet** 04 mit einer Rastbank und herrlicher Aussicht auf den Lago die Toblino und ins Sarcatal.

Der **Abstieg** bis zurück zur Straße ist derselbe. Rechts umgehen wir Ranzo Richtung Norden bis zur nächsten Gabelung am Wegkreuz (Via Dossèl). Ein verschlafener Ort mit Bar und liebevollen Gassen.

Rechts abwärts entfernen wir uns vom Dorf, am Abzweig mit **Rastbank** 05 weiter geradeaus. Die Straße verläuft in großen Schwüngen talwärts, vereinzelt steiler. An einem großen Wegkreuz haben wir ein tolles Panorama ins Tal. Im Val Busa plätschert der Rio Ranzo direkt neben der Straße, die hier an mehreren Rastplätzen von Kletterern „belagert" wird. Links eine Kletterhöhle.

Kurz darauf treffen wir auf die leider stark befahrene Hauptstraße

Eindrucksvoller Blick vom Gipfel hinunter auf den Lago di Toblino

und passieren sie schnell, um im **Castel Toblino** 06 endlich Hunger und Durst zu stillen. Das eindrucksvolle Wasserschloss kann nicht besichtigt werden, da privat. Neben der Hauptstraße verläuft ein Fußweg auf Schotter und Holzbuhnen, der autofrei Richtung Süden nach **Sarche** 01 führt.

Variante beim Rückweg:
Etwa 1 km nach Ranzo an der **Rastbank** 05 zweigt rechts der schöne Waldpfad „ST01" ab und trifft auf einen Forstweg. Nach einer Schranke gelangen wir links weiter wieder auf die gleiche Straße.

Felsstufen am Sentiero Scal

LAGO DI LAGOLO • 936 m

Auf zum Badespaß im abgelegenen Natursee

9 km | 2:45 h | 535 hm | 535 hm

START | Calavino (410 m), Parkplatz in der Via Cesura di Nadac, direkt hinter dem großen Spielplatz nahe der Kirche [GPS: UTM Zone 32T x: 653.525 m, y: 5.101.019 m]
CHARAKTER | Natürliche Waldwege, historische Maultierpfade und schmale Straßen. Mäßige Steigung. Baden im See erlaubt.

Der zauberhafte Natursee Lago di Lagolo entstand nach der Eiszeit auf knapp 1000 m Höhe. Von Calavino aus ist er recht schnell und einfach erreicht.

▶ Vom Parkplatz nahe der Ortsmitte von **Calavino** 01 über die Spielplatzwiese hinauf zur Via E. Pedrini. Hier zweigt rechts die Via al Cesurion ab, der „Sentiero del Strengiador" ist beschildert. Wir folgen der Straße an Weinreben vorbei und zweigen nach einigen Häusern links auf Kopfsteinpflaster ab. Am Wegweiser weiter auf Nr. 619 Richtung Lagolo. Noch ein paar Weinreben, dann genießen wir die absolute Stille des dichten, schattigen Waldes. Nur 30 Minuten bis zum markanten **Abzweig** 02 mit Schautafel (späterer Rückweg).

Geradeaus am großen Fels sowie kleineren Felsstürzen („Le Maroche") vorbei. Feuchter Waldboden und Kopfsteinpflaster wechseln sich ab, der gut markierte Weg steigt leicht an. Nach dem Abzweig **„La Piegada"** 03 kurz rechts, dann geradeaus hinauf. Nach langem Linksbogen wird es etwas steiler. Kurz nach einer Rastbank und

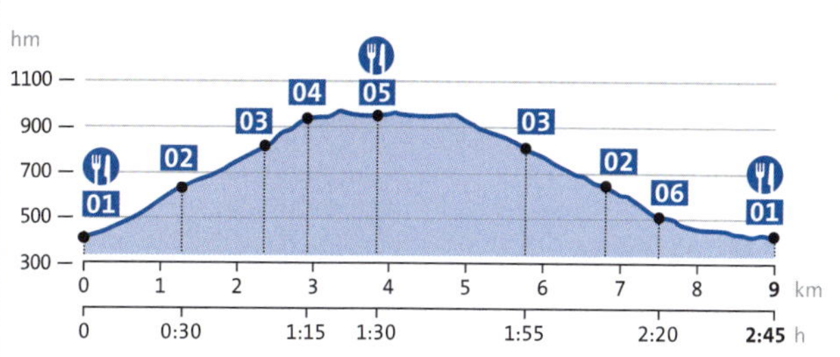

01 Calavino, 410 m; 02 Abzweig, 590 m; 03 La Piegada, 780 m;
04 Fahrweg; 05 Lago di Lagolo, 936 m; 06 Castel Madruzzo, 500 m

Lago di Lagolo – eine kleine Naturoase ohne viel Publikum

steinigem Schlussanstieg treffen wir nach 1:15 Stunden auf einen **Fahrweg** 04 (Via alle Salere), hier rechts. An der großen, leicht befahrenen Provinzstraße rechts (Nr. 618), dann auf dem Bürgersteig weiter. Ein schöner Themenspielplatz mit großer Wiese und vielen Bänken lädt zum Verweilen ein. Auf der Teerstraße links umrunden wir den kleinen, idyllischen **Lago di Lagolo** 05 in 15 bis 20 Minuten. Am Albergo Floriani kommen wir direkt zum Ufer und bis zum sumpfigen Schilf. Baden ist hier erlaubt, an der Sommerbar „Clandestino" werden Tretboote verliehen. Zurück an der Straße gibt es linker Hand nach dem Parkplatz einen erholsamen Waldpark.

Retour geht es rechts die Straße zurück bis ans Bürgersteigende. Links auf Schotter zu einzelnen Häusern. Gleich nochmal links und dann markierungslos rechts den breiten Waldweg durch Wald Richtung Südwesten hinunter. Bald dreht der Weg nordwärts und wir treffen wieder zum bekannten Abzweig **„La Piegada"** 03. Links zurück zum **Abzweig** 02.

Hier nun links über schönen Waldpfad, kurz steinig und steil bergab bis zur Provinzstraße. Rechts direkt hinab nach **Castel Madruzzo** 06. Oben thront die mächtige Schlossanlage, die leider privat und deshalb nicht zugänglich ist. Weiter unten im Ort links durch einen Torbogen zur Dorfkirche, mit eindrucksvollen Blicken zum Schloss und zum Monte Casale. Weiter abwärts entlang der Felswand unterhalb der Burg zur Kreuzung mit Ziegengehege.

Rechts folgen wir der Straße direkt zurück nach **Calavino** 01. Dort unbedingt über die Via dei Filatoi („Passegiata") auf die Piazzetta delle Rigole gehen, die mit Mühlsteinen am rauschenden Bach besticht. Links befindet sich die mittelalterliche Via G. B. Graziandei, rechts über die Via E. Pedrini kommen wir zurück zum Spielplatz.

Castel Madruzzo

MONTE CASALE • 1631 m

Gigantischer Felsriese in der Valle del Sarca

13 km | 5:00 h | 1020 hm | 1020 hm

START | Comano (618 m), Parkplatz und Bus unterhalb der Kirche am Sportplatz [GPS: UTM Zone 32T x: 646.283 m, y: 5.099.620 m]
CHARAKTER | Längere, aber sehr entspannte Wanderung auf herrlichem Waldboden, zum Teil sehr steinig, ohne sehr steile Passagen. Im Gipfelbereich auf Schotter und Wiesen.

Eintauchen in eine herrliche und duftende Waldlandschaft, wo sich Fuchs und Hase „Gute Nacht" sagen. Keine Touristen am höchsten Gipfel des Sarcatals, außer den Bezwingern des Che-Guevara-Klettersteigs.

▶ Unweit vom Startparkplatz liegt die Kirche von **Comano** 01, hinter der es links aufwärts durch die Via Romana am Albergo Panoramica vorbeigeht. An der großen Kreuzung mit Grillplatz nehmen wir rechts die Straße Nr. 411, die wir in der ersten Linkskurve wieder verlassen und wechseln weiter gerade auf einen Waldforstweg. Der Boden ist stets erdig, zum Teil aber auch sehr steinig. In großen, mäßig ansteigenden Kurven passieren wir nach 35 Minuten die Forststraße für Radfahrer, die uns kurze Zeit später erneut begegnet.

Auf dieser links, am Waldparkplatz vorbei und um die drei **Sendemasten** 02 herum, dabei die Markierung rot-weiß ignorieren und der Straße nach Süden folgen. Nach 250 m links auf den schmaleren Waldpfad. Noch einige Male wird die Schotterstraße überquert. Der Waldweg ist aber bestens markiert und entführt uns in ein ruhiges und erfrischendes Waldparadies. Einige Stichwege für Forstarbeiten einfach auslassen.

An der Gabelung mit **Engelsfigur** am Baum rechts hinauf (Weg 411), bis wir nach fast zwei Stunden zur Asphaltstraße gelangen. Hier geht es rechts ziemlich steil bergan. Am Wegkreuz **„Le Quadre"** 03 mit Parkplatz und großem Wegschild

Rifugio Don Zio, 1600 m

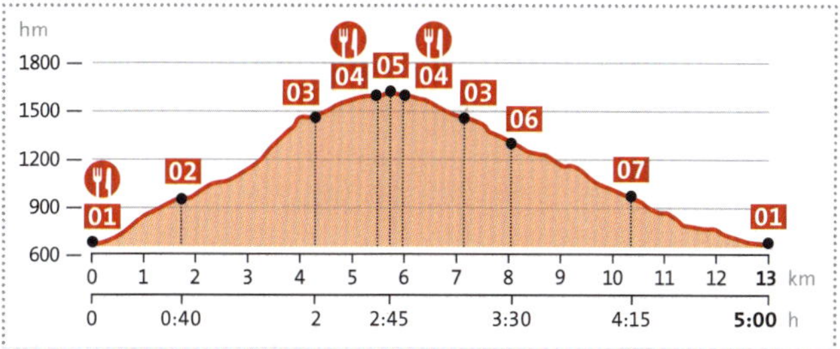

01 Comano, 618 m; **02** Sendemasten, 920 m; **03** Le Quadre, 1425 m; **04** Rifugio Don Zio, 1600 m; **05** Monte Casale, 1631 m; **06** Dusòn, 1370 m; **07** Naòn, 986 m

halbrechts halten und weiter auf Schotterpiste Nr. 411 durch wunderschöne Wiesen.
Knapp unterhalb des Gipfels lohnt es sich, im **Rifugio Don Zio** **04** einzukehren. Die Hütte bietet Speis und Trank, jedoch nur an den Wochenenden. Zusätzlich fährt täglich ein Sammeltaxi ins Tal.

Herrliche Wiesenwege bringen uns zum eigentlichen Gipfel des **Monte Casale** **05**. Hier erwartet den Wanderer ein fulminanter Traumblick ins Sarcatal, zum Toblino- und Cavedinesee und weiter bis zum Gardasee. Unter uns fallen schroffe Felswände steil ab.

Der **Rückweg** ist bis zur Kreuzung **„Le Quadre“** **03** identisch mit dem Hinweg. An der Kreuzung zweigen wir links auf den Weg 408 Richtung Lundo ab. 20 Minuten vergehen bis zum Wegweiser **„Dusòn“** **06**, an dem wir rechts auf Weg 426 wech-

Wuchtiger Monte Casale (vom Lago di Cavedine aus)

seln. Es wird waldiger und schmäler, kurz auf Schotter. Immer Richtung Lundo gehen. Wir kreuzen die Forststraße zweimal und erreichen den Wegweiser **„Naòn“** 07. Wir halten uns wieder Richtung Lundo/Godenzo, wobei es durch grobe Steine etwas anspruchsvoller wird. Die Chiesa San Croce lassen wir links liegen und kehren über braune Holzschilder (Richtung Comano) durch wunderbaren Wald zur Straße nach **Comano** 01 zurück. Unterwegs bietet sich ein prächtiges Panorama über die Dörfer von Comano Terme.

Südpanorama: Lago di Cavedine, Monte Stivo und Monte Brento

MAROCCHE DI DRO

Durch Mondlandschaft auf den Spuren der Dinosaurier

6 km | 2:15 h | 180 hm | 180 hm

START | Wanderparkplatz an SP84 (Straße nach Drena), zwischen Dro und Lago di Cavedine
[GPS: UTM Zone 32T x: 649.808 m, y: 5.099.620 m]
CHARAKTER | Felsdurchzogene Landschaft, teils bewaldet. Mehrere kürzere Auf- und Abstiege über Geröll und scharfe Felskanten. Schmaler Wald- oder Schotterpfade.

Merkwürdige, große Steinhaufen aus Urzeiten liegen zuhauf in der Valle dei Laghi. Auf diesem geologischen Rundweg begeben wir uns auf Spurensuche. Wäre doch eine Sensation, würde hier jemand etwa einen weiteren neuen Fußabdruck entdecken.

▶ Am **Wanderparkplatz** 01 mit Infotafel zum Biotop über die Stufen hinauf zu ersten mächtigen Steinen und Geröll, stets markiert mit gelbem Pfeil auf braunem Holzpfahl. Weiter auf Waldboden, dann lockeren Fels, direkt vor Augen stets die erdrückenden Felswände des Monte Brento. Traumhafte Fotomotive mit Fernblick über Dro und Monte Colodri sowie zur nahe gelegenen Burg von Drena. Kurz bergauf zum **Strommast** 02 (hier endet später der Rückweg). Es folgen teils anstrengende, aber kurze, steinige An- und Abstiege, zwischendurch Beerensträucher und zahlreiche Gelbpfeile als Orientierungshilfe. An der **Weggabelung** 03 halbrechts am „Percorso lungo" dem Dinosaurier-Zeichen folgen. Wer stark abkürzen möchte oder keine Felsen mehr sehen kann, wechselt hier links auf einen schönen Wald-

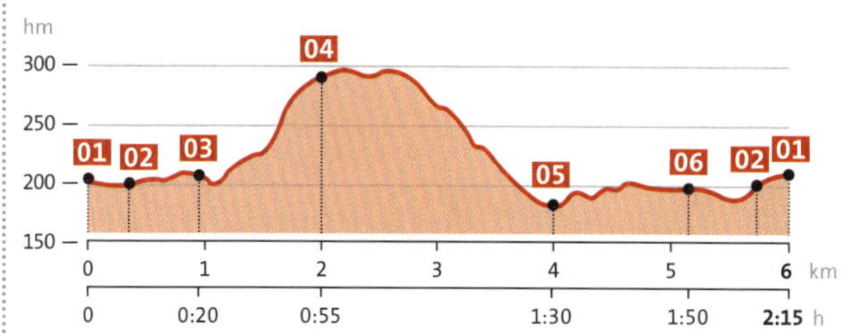

01 Wanderparkplatz, 206 m; 02 Strommast, 203 m; 03 Weggabelung, 208 m; 04 Abzweig, 292 m; 05 Holzturm, 193 m; 06 Loc. Laghisoli, 200 m

Einer von vielen Ausblicken in die Valle del Sarca

pfad. Bald schon folgt ein längerer steiniger Austieg nahe der Hauptstraße. Nach etwa 1 Stunde ist erneut ein **Abzweig** 04 erreicht, dem wir zunächst rechts zu den **„Orme dei Dinosauri“** (Spuren der Dinosaurier) folgen. Dahinter am höchsten Punkt der Tour weist eine große Schautafel auf Fußabdrücke (links der Tafel) hin. Zurück zur Weggabelung, nun rechts dem gelben Biotop-Symbol folgen.

Hohes Gras und Farne sowie die sich nähernde Sarca wirken dabei erfrischend. Es geht leicht bergab. An der T-Kreuzung links über Wald- und Feldweg in eine Ebene mit Weinreben, bewacht von einem alten **Holzturm** 05. Zur

Das mittelalterliche Castello di Drena ist das einzige öffentlich zugängliche Schloss in der Valle dei Laghi.

Die Marocche und die Dinosaurier

„Marocche di Dro“ (Gesteinshalden) ist der Name eines Bergsturzgebietes, das nördlich des Gardasees liegt. Es entstand durch mehrere Steinlawinen, die vom Monte Brento, Casale und Anglone abgingen. Trotz des kargen Bodens wachsen in dieser bizarren, von Felsen durchzogenen Mondlandschaft viele Beerensträucher und Obstbäume. Zwischen 2000 und 2007 wurden hier mehrere Fuß- und Zehenabdrücke verschiedener Dinosaurier entdeckt.

Rechten erneut der gigantische, fast schon furchterregende Monte Brento. An der Fahrstraße links und nach einer Rastbank halblinks zur **Località Laghisoli** 06 (1:45 h). Dabei beeindruckt ein kurzer Blick in die private grüne Oase der **Ranch Marocche** (tropischer Garten). Weiter den Biotop-Schildern über ein steiles Felsstück nachgehen (leichte Kraxelei) zu einem Strommast, jetzt links halten. Über Stufen hinab erreichen wir den Sarca-Seitenkanal und wandern an der unteren Weggabelung unbedingt links in die Mulde. Anschließend erreichen wir nach einem letzten Anstieg den schon bekannten **Strommast** 02 und kehren rechts zurück zum **Wanderparkplatz** 01.

SENTIERO DEGLI SCALONI – SENTIERO DELL' ANGLONE

Leichte Klettertour in luftigen Felskanten hoch über Dro

6,8 km | 3:10 h | 495 hm | 495 hm

START | Dro (123 m), Gratis-Parkplatz westlich der Ortsmitte (Kreisverkehr) [GPS: UTM Zone 32T x: 647.916 m, y: 5.091.579 m]
CHARAKTER | Abwechslungsreiche Bergtour mit zwei einfachen, aber stark ausgesetzten Klettersteigpassagen. Der Auf- und Abstieg ist im Sommer sehr heiß. Nicht bei Nässe zu empfehlen. Schwindelfreiheit und Trittsicherheit erforderlich.

Dro ist für seinen üppigen Wein- und Obstanbau bekannt. Weit größeres Interesse wecken jedoch die halsbrecherischen Felsmauern oberhalb des Ortes, die zu einem Höhenausflug animieren.

▶ Am **Parkplatz in Dro 01** zunächst westlich auf die Via Capitelli am Sportplatz vorbei, danach rechts an einer Kiwiplantage entlang, am Ende nach links über die Sarca-Brücke. An der gegenüberliegenden Infotafel geht es links weiter auf einer hervorragend angelegten Schotterstraße, dem Sentiero Campagnola. Links die Sarca, zur Rechten Obstbäume, Olivenhaine und die mächtigen Felswände der Coste dell'Anglone.

Wir kommen zum **Maso Lizzone 02**, einem restaurierten Bauernhof (Camping und Agriturismo). Wir folgen dem Wegweiser nach rechts auf Weg 428, der leicht steil durch steiniges Geröll nach Norden führt. Später steigen wir in steileren Serpentinen durch Buchen und Pinien hinauf

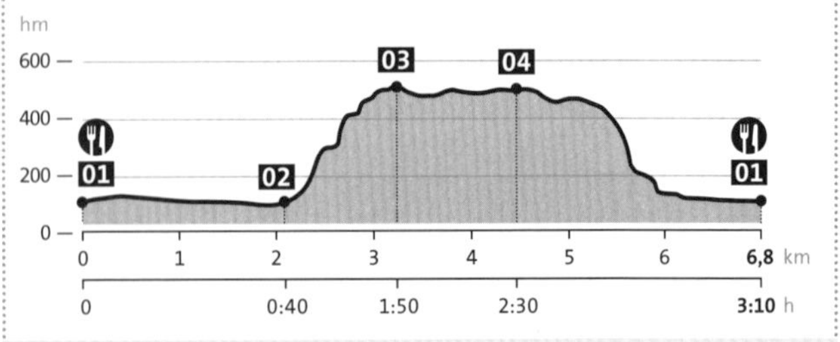

01 Parkplatz in Dro, 123 m; 02 Maso Lizzone, 115 m; 03 Dos Tondo, 507 m; 04 Biwak Crozolam, 501 m

Blick auf Dro in der Valle del Sarca (oberhalb des Maso Lizzone)

Percorso delle Cavre

Dieser historische Pfad verbindet mehrere ehemalige Lastenaufzug-Stationen aus Holz („Cavre"), über die vor 100 Jahren Brennholz ins Tal abgeseilt wurde.

Sicherheit geht vor – Leitern und Seile beim Aufstieg

zum relativ leichten **Klettersteig „Sentiero degli Scaloni"**. Mehrere Drahtseilpassagen, einige Holzleitern und Felstreppen sind zu überwinden und fordern höchste Aufmerksamkeit! Dabei herrliche Ausblicke über das Sarcatal, Dro, Drena und zum Monte Stivo.

Am **Dos Tondo** **03** (das Dach der Felswand) angekommen, halten wir uns immer in Richtung Dro auf Weg 428B. Es geht auf dem **Percorso delle Cavre** durch Wald direkt an der Felskante entlang sowie an einer Wasserquelle vorbei bis zur Forststraße. Diese abwärts bis zum großen Rastplatz mit dem **Biwak Crozolam** **04** folgen. Weitere 25 Minuten auf dem schönen Waldweg zum Wegkreuz **Lastoni**.

Ab hier steigen wir rechts auf Weg 425 den steilen und felsigen, aber einfachen Klettersteig **„Sentiero dell' Anglone"** hinab (einige wenige Drahtseile). Unten am Bildstock rechts auf dem Rad- und Wanderweg durch Oliven- und Obsthaine zurück zur Sarca-Brücke und weiter nach **Dro** **01**.

Ponte di Ceniga mit Badestelle (südlich des Maso Lizzone)

CIMA COLODRI • 400 m – MONTE COLT • 430 m

Aussichtsreiche Gratwanderung über hohen Felswänden

10 km | 4:30 h | 455 hm | 455 hm

START | Arco (91 m), Sarca-Brücke (Via Giovanni Segantini), Parkplätze nebenan [GPS: UTM Zone 32T x: 646.530 m, y: 5.086.978 m]
CHARAKTER | Zum Colodri auf schönem Waldboden, teils steinig. Zum Monte Colt anspruchsvoller und luftig, kurz am Drahtseil. Trittsicherheit ist beim Abstieg über spitze Steine gefragt.

Diese Tour ist eine aussichtsreiche, durchaus schweißtreibende Reise zu mittelalterlichen Highlights in grandioser Felslandschaft.

▶ Die Fußgängerzone, die ins Zentrum von Arco führt, beginnt westlich der **Sarca-Brücke** 01 hinter einem Torbogen. An der Piazza III Novembre steht Arcos größte Kirche Santa Maria Assunta. Über die Via al Castello gelangen wir auf etlichen Stufen hinauf auf einen Kopfsteinpflasterweg, dem wir rechts folgen.
Am nächsten Abzweig weiter steil aufwärts nach rechts in zwei langen Serpentinen hinauf zum **Castello di Arco** 02 mit sensationellen Ausblicken nach Süden. Zudem werden interessante Führungen angeboten. Zurück zur ersten Kehre, dort führen rechts zwei Wege nach Norden. Wir nehmen den schmaleren halblinks hinunter und am Brunnen links gegen die Einbahn zu einem Parkplatz. Danach rechts den olivenreichen, gepflasterten **Kreuzweg** hinauf mit tollen Rastbänken.
Wir treffen auf das Kirchlein **Santa Maria di Laghel** 03. Ab hier biegt rechts der mäßig steile Aufstiegspfad „Sentiero di Lecci“ (Nr. 431) ab,

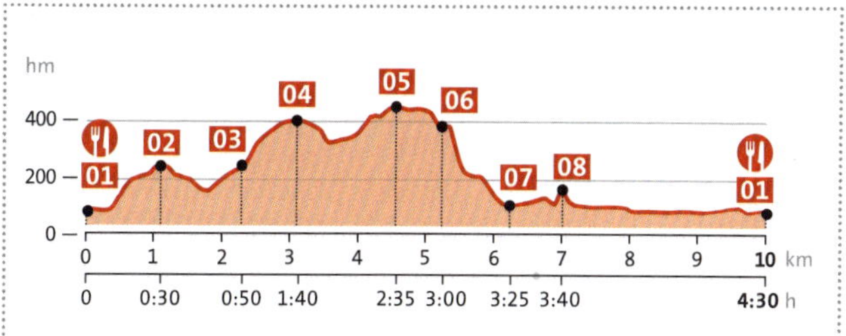

01 Sarca-Brücke, Arco, 91 m; 02 Castello di Arco, 220 m; 03 Santa Maria di Laghel, 234 m; 04 Cima Colodri, 400 m; 05 Monte Colt, 430 m; 06 Croce di Colt, 390 m; 07 Ponte Romano, 116 m; 08 Eremo di San Paolo, 162 m

Burgruine Castello di Arco

Mächtige Felskante am Grat

er führt über Geröll und durch Zypressen und Eichen. Am Abzweig nehmen wir rechts den Weg 431B, der in 5 Minuten zum Kreuz der **Cima Colodri** 04 führt. Der Fernblick ins Tal und auf die Burgruine ist atemberubend und einmalig.

Zurück zum Abzweig, dann weiter rechts auf Weg 431 kommen wir kurz darauf an einen spektakulären Aussichtspunkt ins Sarcatal, direkt vor einem 20 m hohen **Felsturm** am ungesicherten Abgrund. Von hier aus noch ein Stück weiter am Grat entlang, danach links den steilen, felsigen mit Seil gesicherten Steig hinunter.

Zum höchsten Punkt der Bergkette geht es auf und ab durch schattigen Wald. Am Abzweig weiter der Waldstraße folgen, beim nächsten Schild nach links weiter auf Weg 431 Richtung Ceniga.
Wir erreichen das Felsplateau des **Monte Colt** 05. Fortan erneut mehrmals auf und ab über Felsplatten zum Aussichtspunkt **Croce di Colt** 06, der herrliche Sicht auf Dro, in die Marocche und auf die Anglone-Felswände bietet.

Beim beschwerlichen **Abstieg** über einen unbequemen Steig ist Vorsicht und sicheres Gehen geboten! Er verläuft ca. 30 Minuten über grobe, zerklüftete Felsplatten und vielen kurzen Geröll-Serpentinen. Unten im Tal am Sendemast nordostwärts auf Forstweg 431 weiter bis zur gut erhaltenen **Ponte Romano** 07 mit Badestelle. Vor der Brücke rechts auf eine enge Schotterstraße. Nach einer Parkbucht lohnt sich der kurze Abstecher rechts hinauf zur **Eremo di San Paolo** 08. Die Kapelle wurde in den Felsen gebaut.

Die Straße bringt uns mit herrlichen Blicken auf die gemeisterte Felskulisse an zwei Campingplätzen vorbei zurück nach **Arco** 01.

Die in den Fels gehauene Eremo di San Paolo (ehem. Zufluchtsort)

MONTE STIVO • 2059 m

Auf den blumenreichsten Gipfel der Gardaseeberge

10 km | 4:20 h | 920 hm | 920 hm

START | Passo di Santa Barbara (1169m), Parkplatz und Bus [GPS: UTM Zone 32T x: 650.561 m, y: 5.084.346m]
CHARAKTER | Anstrengender Aufstieg auf einfachen Wald- und Wiesenpfaden. Nahe der Felskante sehr steil über Pfadspuren. Abstieg über breite Geröll- und Forstwege.

Der Monte Stivo ist im Sommer ein lohnenswerter Gipfel. Seine Ostflanke bricht steil und zerklüftet in die Valle di Gresta ab, während der Südwesthang im Sommer von einem Meer aus Blumen übersät ist.

Die Wanderung beginnt am **Passo Santa Barbara** 01. Sie führt zunächst auf der Straße bergauf, an einer Kirche vorbei auf Weg 608B. Kurz auf Schotter, dann Asphalt bis zur Rechtskurve mit Grillplatz. Hier nicht dem Wanderweg 608B folgen, sondern geradeaus den grünen Schildern „Malga Zanga“ nach. Schattiger Waldweg, nach Linksknick kurz bergab über ein Bachbett. Auf wunderbarem Trampelpfad über die Wiese besuchen wir kurz die idyllisch gelegene **Malga Zanga** 02, eine private Unterkunft mit Restaurant (Tel. 0039/0464/514149).

Über hohes Gras geht es rechts hinauf in den Wald (Nr. 608). An einem kleinen Brunnen und den Mauerresten des Castello del Castil weiter schräg links hinauf

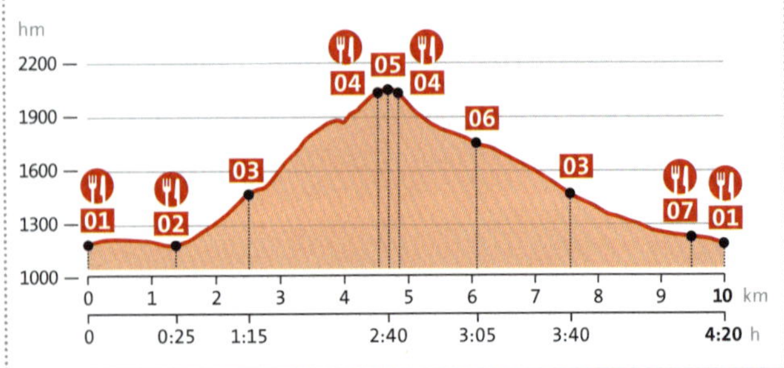

01 Passo Santa Barbara, 1169 m; 02 Malga Zanga, 1140 m; 03 Le Prese, 1480 m; 04 Rifugio P. Marchetti, 2012 m; 05 Monte Stivo, 2059 m; 06 Malga Stivo, 1748 m; 07 Sant Antonio's Bar, 1220 m

Unterwegs zur Malga Zanga – blumige Idylle!

Blumenreicher, enger Anstiegspfad

Das Gipfelkreuz des Monte Stivo

auf engem, bewachsenem Pfad. Gute 40 Minuten nach der Malga erreichen wir die große Weggabelung am Waldrand mit Bank und Baumkreuz, **Le Prese** **03**. Hier haben wir beste Sicht auf den Stivo-Südhang! Auf grobem Schotter hinauf und kurz nach der Linkskurve mit **Steinmännchen** rechts auf schmalen Pfadspuren sehr steil bergauf (unmarkiert). Es erwarten uns eine gelbe Pracht aus unzähligen Hahnenfußarten sowie vielen Schmetterlingsarten. Dazwischen stets helle Steinreihen, die den Weg über den Wiesenhang deutlich kennzeichnen. Rechter Hand nähern wir uns den zerklüfteten Felskanten mit riesigen Geröllhalden in die Valle di Gresta. Zurückblickend herrliche Sicht auf den Monte Creino, Monte Biaena und ins Etschtal.

Der Weg wird breiter und führt direkt am Grat hinauf zum **Rifugio P. Marchetti** **04**, das sich vor oder nach dem Gipfel für eine längere Rast anbietet (jedoch bis Mitte 2017 im Umbau!). Nur wenige Minuten später stehen wir am Gipfel des **Monte Stivo** **05** mit weißem Kreuz und gemauertem Rondell. Ein Wahnsinnsblick in alle Richtungen erwartet uns – vor allem auf den Gardasee!

Der **Rückweg** (Nr. 608) verläuft auf einem gerölligem Pfad in langen Kurven abwärts, später durch Latschenkiefern, rechts halten. Dabei kreuzen wir zweimal die Materialseilbahn, die bei der verfallenen **Malga Stivo** **06** beginnt. Weiter auf Wiesenweg 608 abwärts, dem wir auch beim nächsten Abzweig folgen, links halten. Nach der Viehtränke steiniger bis zum Rastplatz **Le Prese** **03**.

Links weiter auf schottrigem Forstweg (608B), am Abzweig rechts auf Asphalt. Gut zu sehen, die felsige Stivo-Ostflanke. Straßenabzweig nach rechts ignorieren, danach rechts halten. Lust auf einen Snack? **Sant' Antonio's Bar** **07** kommt da genau richtig. Mit Parkplatz eignet sich auch dieser Ort als Ausgangspunkt. Die Straße führt danach zum **Passo Santa Barbara** **01** zurück.

MONTE BIAENA • 1617 m

Abwechslungsreiche Kammwanderung

6 km | 2:35 h | 430 hm | 430 hm

START | Restaurant La Baita (1227 m) mit Parkplatz, kurz vor dem Passo Bordala [GPS: UTM Zone 32T x: 653.157 m, y: 5.084.655 m]
CHARAKTER | Asphaltstraßen, Waldpfade. Kurze Drahtseilpassagen, eine kleine, kurze Steilstufe über Eisenleitern im Fels.

Zwischen Monte Stivo und dem Etschtal liegt dieser lange Bergrücken mit imposantem Gipfelkreuz. Hier verläuft sogar ein Stück des berühmten „Sentiero della Pace“.

▶ Die Wanderung beginnt am **Restaurant La Baita** 01, von dort aus geht es nordwärts auf Weg 671 am Fahrverbotsschild die Asphaltstraße rechts hinauf. Dabei genießen wir einen überwältigenden Blick auf die schroffe Ostseite des Monte Stivo. Kurz steil hinauf und an der **Wegkreuzung** 02 geradeaus Richtung Somator. Danach wechseln wir beim Rastplatz nach rechts auf Weg 642 und erreichen

Treppen-Aufstieg nach der Malga

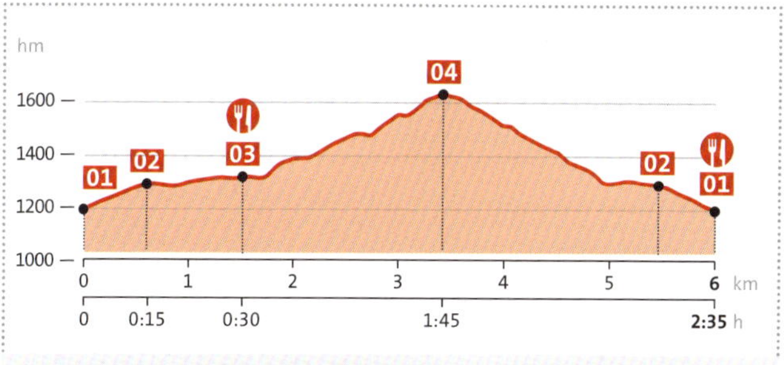

01 Restaurant La Baita, 1227 m; 02 Wegkreuzung, 1284 m; 03 Malga Somator, 1310 m; 04 Monte Biaena, 1617 m

Kurze Kletterstelle am oberen Grat

Gipfelsieg mit 4 m hohem Kreuz

auf Asphaltstraße die **Malga Somator** 03 mit Aussichtsterrasse und leckerer Kost. Weiter an der Schautafel auf Waldpfad 673 über Holzstufen und Serpentinen hinauf. Dabei wird es kurz steil. Am Abzweig links und erneut einige Treppenstufen. Es folgen idyllische Abschnitte am Kammrücken mit vielen Blumen zwischen Felsen und einem fabelhaften Tiefblick auf Rovereto im Etschtal. Der „Senter Somator“ wird geprägt von einigen leichten Drahtseilpassagen über Geröll und Felsplatten und dem sehr kurzen, senkrechten Klettersteig (einfach). Dennoch muss man sich hier gut festhalten!

Ein schmaler und leicht zugewachsener Pfad führt direkt zum Gipfel des **Monte Biaena** 04 mit großem Gipfelkreuz. Das idyllische Wiesenplateau besticht mit unvergesslichem Panorama übers Etschtal und in die Monti Lessini. Nur wenige Minuten rechts über die Wiese machen wir Rast an der **Capanna Monte Biaena** und genießen die fantastische Sicht in die Valle di Gresta. Die Hütte ist an den Wochenenden geöffnet.

Bergab geht es rechts auf Weg 671 Richtung La Baita. Am ersten Abzweig geradeaus bleiben und wenige Serpentinen gen Norden absteigen. Dann über einen mit Drahtseil gesicherten Felshang. Der „Senter attrezzato de le Laste“ ist an der Kante durch Latschen und Baumstämme verstärkt und somit leicht zu begehen. Es bietet sich erneut ein phänomenales Bergpanorama. Im Wald erwarten uns sehr schattige und naturbelassene Pfade, zum Teil von Steinen durchzogen. Nach kurzem starkem Gefälle am Abzweig rechts. Danach treffen wir auf die bekannte **Wegkreuzung** 02. Zurück auf gleichem Weg.

Aussichtsreicher Felssturz (gesichert) am Rückweg (links Monte Stivo)

MORI – MONTE NAGIÀ GROM • 786 m

Fünf Kirchen und ein historischer Gefechtsschauplatz

11,2 km | 4:10 h | 710 hm | 710 hm

START | Mori (204 m), Piazza Cal di Ponte (mehrere Parkplätze sowie Busstationen) [GPS: UTM Zone 32T x: 653.531 m, y: 5.079.502 m]
CHARAKTER | Leichte Stufen zur Kirche, dann steile Serpentinen. Weiter auf Fahrstraßen und breiten Waldpfaden. Abstieg lang, leicht anspruchsvoll. Drahtseile, Schützengräben (Trittsicherheit).

Die Tour beginnt in **Mori** 01, Piazza Cal di Ponte, direkt neben der Pfarrkirche San Stefano. Am Kreisverkehr über die SS240 und gemäß der roten Tafel „S. di Montalbano" in die Via G. Modena. Außerhalb des Ortskerns geht es über einen Pflasterweg hinauf, dann rechts über grasige Stufen. An der T-Kreuzung links die Forststraße hinauf zum **Santuario di Montalbano** 02.

Die Kirche ist durch ihre pompöse Turmuhr (4 m Durchmesser) einzigartig und verspricht unsagbar traumhafte Aussicht auf Mori und ins Etschtal. Im Innern wertvolle Leinwände und ein schöner Altar.

Dahinter bringen einen die senkrechten Felswände des Monte Albano zum Staunen. Hinter dem Picknick- u. Kletterpark (Weg 670) vorbei an den imposanten Kletterwänden.

Zahlreiche steinige Serpentinen, später durch Wald, kennzeichnen den Aufstieg. An der Lichtung rechts am Holztor vorbei, längs der Steinmauer, ander Weinplantage vorüber. Nächster Wegweiser: der Straße westwärts

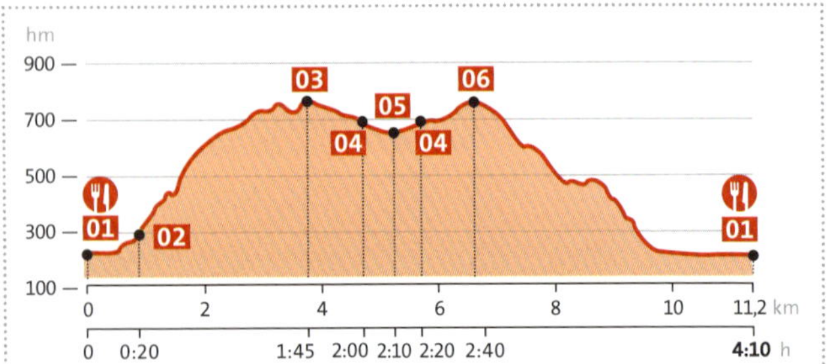

01 Mori, 204 m; 02 Santuario di Montalbano, 275 m; 03 Nomesino, 787 m; 04 Manzano, 687 m; 05 S. Apollonia, 660 m; 06 Monte Nagià Grom, 786 m

Oben: Santuario di Montalbano vor den viel besuchten Kletterfelsen
Unten: Wunderbarer Südblick auf Mori (von der Kirche fotografiert)

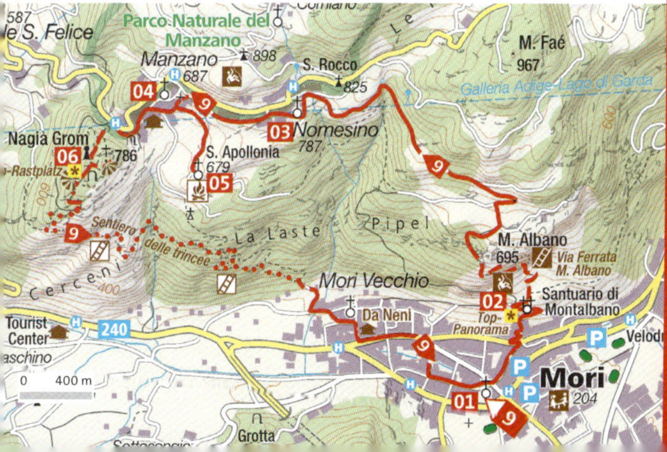

Bergkreuz am Monte Nagià Grom mit Sicht auf Manzano

ins verschlafene **Nomesino** 03 folgen. Direkt von der Kirche aus erreichen wir über die Via Romana leicht abwärts das Nachbardorf **Manzano** 04.

Beide Dörfer, dominiert von Kalksteinfelsen, gehören bereits zur Valle di Gresta und zeigen die für die voralpine Region typischen Holzbalkone / Fensterstürze. Kurz nach der Dorfkirche biegen wir an der Piazza Negrelli mit Brunnen links in die Via Armani.
Abstecher: Geradeaus führt eine Straße (Via alla Salita) ins Feld zur romantisch gelegenen Kirche **Santa Apollonia** 05 mit Grillplatz (lohnt sich, 10 Min.). Dann zurück zur Piazza.
Links geht es zum Ortsende und nach der Bushaltestelle wenden wir uns links dem letzten Aufstieg durch schattigen Wald. An der Gabelung links halten bis zum Kreuz des **Monte Nagià Grom** 06.

Die Laufgräben (Trincee) um den Gipfel, Ex-Kriegsstellungen, Höhlen und herrliche Ausblicke machen eine längere Rast perfekt. Auf einer Lichtung am Westhang freut sich ein Kriegsmonument der Tiroler Standschützen auf Besuch.
Weiter am Hauptweg südwärts hinab entscheiden wir uns an der Kreuzung geradaus für den gut beschilderten, aber sportlichen **"Sentiero delle trincee"**, der uns in lang angelegten Schützengräben ins Tal führt. Sehr steil zieht der Steig in spitzen Kehren bergab. Nächster Abzweig: links. In der Folge helfen uns einige drahtseilgesicherte Passagen über das leicht ausgesetzte Gelände. Später passieren wir zweimal den leichteren Abstiegsweg "Sentiero delle Laste". Dann nochmals eine kurze Steilstufe zu den letzten Schützengräben.

Wir erreichen die Altstadt von Mori, wo wir über die Via della Lasta, Via F. Filzi und Via G. Garibaldi wieder zurück zum **Ausgangspunkt** 01 gelangen.

SENTIERO PANORAMICO BUSATTE-TEMPESTA

Spektakuläre Panorama-Treppen über steile Abgründe

6,6 km | 2:15 h | 395 hm | 395 hm

START | Parco delle Busatte (164 m Höhe) bei Torbole, Parkplatz [GPS: UTM Zone 32T x: 646.054 m, y: 5.080.840 m]
CHARAKTER | Kurze, technisch kaum anspruchsvolle Wanderung. Schotterwege hinauf, kurze, enge Eisentreppen steil hinab.

Knapp 150 m oberhalb des Sees, am Westhang des Monte Altissimo di Nago, erleben wir eines der abenteuerlichsten Highlights am Gardasee. Ein aufwendiges System aus Treppenverbauungen über Felsklippen gibt unvergessliche Ausblicke frei – und viel Adrenalin!

▶ Gestartet wird am **Parco delle Busatte** 01. Im attraktiv angelegten Spiel- und Sportpark mit BMX-Strecken und ebenen Wiesen ist unser Weg bereits gut beschildert und führt in den Wald hinein zum Parco Avventura (Klettergarten). Ab hier links auf Schotter leicht steil hinauf, vorbei an groben Steinen und Felsabstürzen. Später wird der Weg schmäler und fungiert als Fitnessparcours. Einige Bänke im schroffen Gelände eröffnen uns schöne Seeblicke.

Bei den Abzweigen (nach links) halten wir uns stets an die Schilder „Tempesta". Es folgen jeweils nach leichteren Anstiegen drei kurze Passagen über hohe Stahltreppen, die uns mit Geländer sicher und abenteuerlich über die felsigen Abgründe leiten. Sie erfordern durch das ausgesetzte Gelände dennoch ein gewisses Maß an Schwindelfreiheit und Konzen-

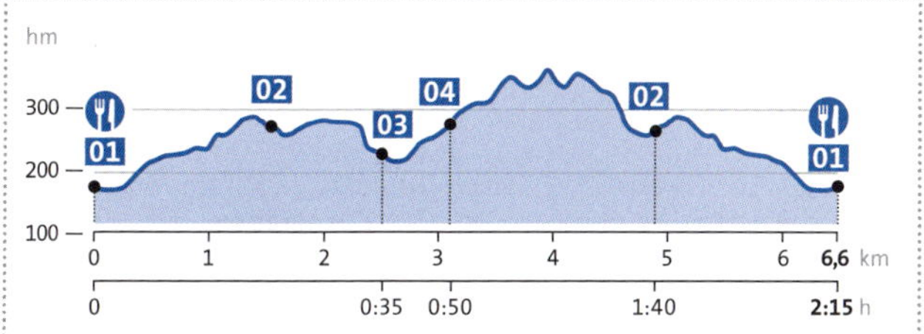

01 Parco delle Busatte, 167 m; 02 Salt-della-Cavra-Treppe, 262 m; 03 Treppe am Corno di Bò, 243 m; 04 Abzweigung nach Tempesta, 270 m

Die spektakuläre Treppe am Corno di Bò

tration! Auch Vorsicht bei Gegenverkehr. Die Treppenanlagen bestehen aus fast 400 Stufen. Die **Salt-della-Cavra-Treppe** 02 hat 116 Stufen, die **Treppe am Corno di Bò** 03 238 Stufen und die Treppe Val Calcarole 33 Stufen.

Nach etwa 50 Minuten erreichen wir an der **Abzweigung nach Tempesta** 04 das Ende dieses atemberaubenden Panoramaweges. Am anderen Ufer liegt das Bergdorf Pregasina. **Retour** geht es links weiter hinauf auf breiter Schotterstraße ohne Markierung. Knapp nach dem höchsten Punkt (365 m) in einer Kurve erwartet uns ein herrliches Panorama über den nördlichen See und die westlichen Gardaseeberge. 30 Minuten nach dem Abzweig folgen wir dem Schild „Busatte". Dann treten wir nach einem Linksschwung in den Wald hinein und kommen wieder zurück zum Panoramaweg, knapp nördlich der längsten Treppe. Zurück zum **Parco delle Busatte** 01 geht es anschließend auf bekanntem Weg.

Romantischer Aussichtspunkt zum Monte Brione

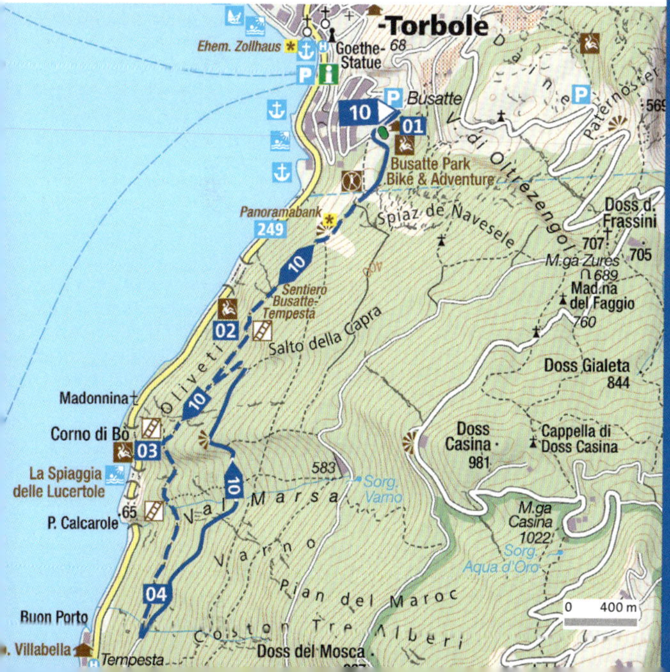

MARMITTE DEI GIGANTI – CASTEL PENEDE

Unterwegs zu geologischen und historischen Highlights

6,6 km | 2:05 h | 230 hm | 230 hm

START | Sarcabrücke (70 m) am Campingplatz Lido di Arco (Ortsteil Linfano), Via Lungo Sarca, Parkplatz vorhanden, Bus in Linfano und Torbole [GPS: UTM Zone 32T x: 644.986 m, y: 5.081.718 m]
CHARAKTER | Kurzweilige Runde. Wiesenpfade am Damm, breite Waldpfade, Asphalt und Kopfsteinpflaster.

Vor der Einfahrt zum Campingplatz Lido di Arco geht es links über die moderne **Sarcabrücke** 01 für Radfahrer. Dann sofort links auf dem Wiesendamm an Olivenbäumen entlang. Wir können so fast gänzlich verkehrsfrei laufen. 200 m weiter steigen wir die versteckten Treppenstufen zur Ufertrasse der Sarca hinab und folgen ihr flussaufwärts. Unter der Autobrücke hindurch und 200 m danach rechts die **Metallleiter** 02 hoch. Links weiter, am Haus vorüber, rechts hinauf zum Damm und diesem 100 m folgen bis zum Hang rechts hinunter zur Straße (Strada Grande 101–121). An der Kreuzung links am Wegweiser nahe Villa Stella rechts Richtung „Palestra di Roccia".

Zwischen Wein und Oliven bringt uns die Straße zu großen Felswänden, später ein Waldpfad. Es wird nun steiler und steinig. Links der Aussichtsbank befinden sich die Felsformationen der **Marmitte dei Giganti** 03. Rechts geht es weiter zur verkehrsreichen Hauptstraße SS240. Vorsichtig hinüber und hinter einer Bar auf Schotter durch das „Mühlental". Neben dem Kreisverkehr kurz gerade und

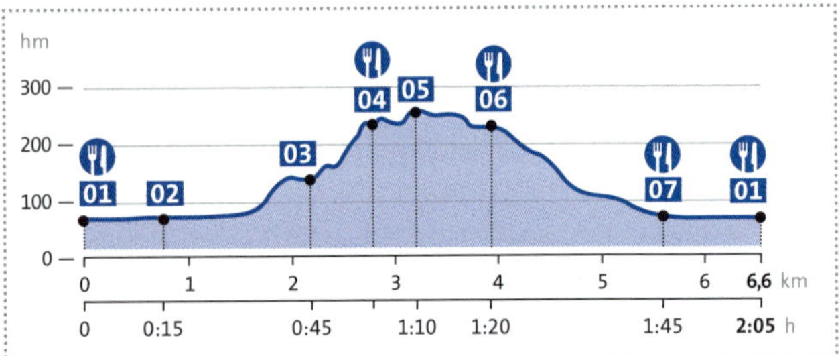

01 Sarcabrücke, 70 m; 02 Metallleiter, 75 m; 03 Marmitte dei Giganti, 135 m; 04 Forte di Nago, 238 m; 05 Castel Penede, 270 m; 06 Nago, 238 m; 07 Torbole, 68 m

Yachthafen Torbole, dahinter die Rocchetta-Kette; rechts: das Zollhaus

rechts am Parkplatz den Schildern „Castel" in die Via Castel Penede folgen. Eine Ortsbesichtigung empfiehlt sich sowohl jetzt oder nach der Ruine. Beim **Forte di Nago** **04** bietet sich eine Rast mit guter Küche an. Tipp! Hinter den Mauern befindet sich eine Aussichtsbank mit herrlichem Bilderbuch-Panorama auf Torbole und den Gardasee.

Die Straße auf Schotter weiter hinauf in einen idyllischen Wald. Nur wenige Kurven bis zur Ruine **Castel Penede** **05**. Eine Brise Wind und die herrliche Sicht auf Nago geben einem ein Gefühl von Freiheit. Zurück zur ersten Linkskurve, hier wandern wir rechts hinab. Am nächsten Abzweig erneut rechts auf sehr schönem, teils steinigem Pfad und kurzer Treppe bis nach

Traumblick auf Torbole und den Gardasee (vom Forte di Nago)

Nago 06. Nach dem Häuserbogen auf der Via San Vigilio rechts bis zum Wegweiser.

Rechts Richtung Torbole begeben wir uns auf den „Sentiero della Pace“ (Nr. 601) und gleichzeitig auf einen historischen Weg ins Tal Santa Lucia. Hier wurde 1439 eine venezianische Flotte von Galeeren von der Etsch bis zum See gebracht. Der Weg führt auf Kopfsteinpflaster teils recht steil herab ins malerische Zentrum von **Torbole** 07 zur Piazza Goethe. Zuvor führen links Stufen zur schönen Kirche Sant' Andrea. Am Zebrastreifen dann über die SS240 und geradeaus am Bootshafen vorbei in die Fußgängerzone. An der gepflegten Uferpromenade von Torbole haben wir uns einen Sprung ins Wasser verdient. Ein wunderbarer Abschluss dieser Tour am Strand. An einigen Campingplätzen vorbei, um den kleinen Seglerhafen Porto dei Pescatori herum und gemütlich zurück zur **Sarcabrücke** 01.

Marmitte dei Giganti

Dabei handelt es sich um gigantische Eislöcher bzw. Gletschermühlen, die durch Auswaschung und Steinreibung während der letzten Eiszeit entstanden sind. Das große Loch ist begehbar, außerdem gibt es eine Höhle.

MONTE BRIONE • 376 m

Bergrundtour zu Kriegsfestungen und genialen Weitblicken

6,1 km | 2:15 h | ↗ 295 hm | ↘ 295 hm

START | Riva (70 m), Yachthafen Porto San Nicolò, Gratis-Parkplatz in der Via Monte Brione
[GPS: UTM Zone 32T x: 644.127 m, y: 5.082.156 m]
CHARAKTER | Leichte, kurze Wanderung. Anstieg auf Stufen oder Schotter, Abstieg steiler auf Pfaden und Pflasterstraße. Vorsicht mit Kindern an den Felsabbrüchen!

Zwischen Riva und Torbole erhebt sich dieser Panoramaberg (die „Sichel"), den wir auf dieser Tour in all seiner Pracht erleben werden. Der schönste Streckenabschnitt ist eindeutig der Aufstieg.

▶ Nördlich vom Yachthafen **Porto San Nicolò** 01 müssen wir die Hauptstraße SS240 am Zebrastreifen queren, dann rechts an der Kirche durch einen Torbogen und die Stufen hoch zur Schautafel über den „Sentiero della Pace". Wir steigen rechts direkt am senkrechten Felsabhang über Stufen oder Holzbohlen bergauf. Vorbei an der Ruine **Forte Garda** 02 (über Stufen oberhalb oder durch Waldweg unterhalb der Gemäuer). Wir genießen die beeindruckende Aussicht auf Torbole, Nago und den See von einigen Bänken aus, direkt am gesicherten Abgrund.

Auf sandig bis steinigem Boden und Steintreppen geht es am Zaun über den Ostkamm zum großen Betonbunker der Festung **Batteria di Mezzo** 03. Eine Rast auf dem

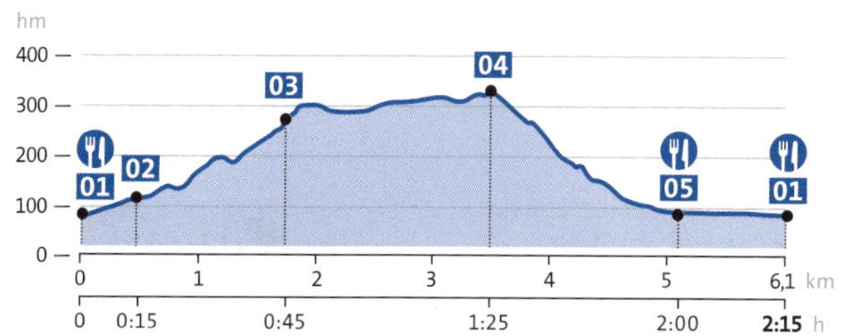

01 Porto S. Nicolò, 70 m; 02 Forte Garda, 125 m; 03 Batteria di Mezzo, 290 m; 04 Forte Sant' Alessandro, 340 m; 05 La Colombera

Monte Brione mit seiner sichelförmigen Felsflanke über Torbole

Dach verspricht ideale Aussicht ins westliche Sarcatal, auf Riva und den See (Achtung! Ungesichert).

Weiter geradeaus gelangen wir zu einem Soldatenkreuz, dem Gipfelkreuz des **Monte Brione**. Die Antennen sind uninteressant. Zurück an der Batteria rechts in zwei Kehren hinab zur Forststraße. Links ist jetzt der verkürzte Rückweg, wir gehen aber rechts nach Norden.

Kurz darauf zweigt rechts ein breiter Waldweg nach oben ab, der uns zu den ziemlich zugewachsenen Ruinen des **Forte Sant' Alessandro** 04 bringt. Der schmale Geröllpfad links der Mauerreste führt sehr steil auf Serpentinen durch den Wald hinunter. Nach etwa 15 Minuten treffen wir auf einen gepflasterten Fahrweg, der in weiteren Serpentinen durch Olivenhaine zurück in die Ebene führt. Wo der Weg kiesig ist, kann es bei Nässe rutschig werden.

Im Ortsteil Sant' Alessandro an der Kreuzung geradeaus in die Via S. Mazzoldi, am Ende dann über den Zebrastreifen in die schmale, autofreie Via Longa. Sehr gemütlich kommen wir am einstigen Schloss **La Colombera** 05 vorbei, das uns mit erstklassiger Küche in rustikalem Ambiente belohnt.

Weiter des Weges zur Kirche Santi Pietro e Paolo und immer noch geradeaus auf dem Fußweg Via Longa. Vorbei an mehreren Hotels

Biotop Monte Brione

Der westliche Teil des sichelförmigen Berges ist bewaldet, während die Ostflanke mit mächtigen Felswänden senkrecht abfällt und als Biotop vielen Vögeln einen Nistplatz sichert. Zudem kann man nördlich der Antennen im dichten Wald einige Fledermaushöhlen entdecken.

Überragender Seeblick knapp oberhalb des Forte Garda!

überqueren wir dann die SS240 und gehen danach links über den Parkplatz zum Yachthafen **Porto San Nicolò** 01. Zum Abschluss lohnt sich der Besuch des hübschen **Forte di San Nicolò**.

MONTE MISONE • 1803 m

Auf den Hausberg des Lago di Tenno

13,1 km | 6:15 h | 1270 hm | 1270 hm

START | Canale di Tenno, Parkplatz unterhalb des Ortes (565 m) [GPS: UTM Zone 32T x: 653525 m, y: 5101019 m]
CHARAKTER | Wundervolle Waldwege, später über sehr steiles, anstrengendes Geröll und Fels. Sonst wundervolle Waldwege. Der Schlussanstieg ist nochmal schleppend. Trittsicherheit nötig.

Faszinierend und animierend zugleich ist die alleinstehene, hochragende Pyramide des Monte Misone. Mit seinem umwerfenden 360°-Panorama, der exzellenten Einkehrmöglichkeit am Rückweg und einem der schönsten Dörfer Italiens ist diese Runde ein Traum!

▶ Vom Parkplatz aus über gepflasterten Fußweg ins herrlich geschmückte Künstlerdorf **Canale di Tenno** 01, das uns ein erstaunliches mittelalterliches Ambiente sowie einen schönen Blick ins Tennotal bietet. Nach individueller Besichtigung folgen wir knapp oberhalb des Ortes dem Schild „406 – Monte Misone“ bergauf durch einen schattigen Waldweg.

An der Gabelung weiter bergauf, vorbei an der Schutzhütte und auf Schotter zur Casa Bastiani mit Fernblick zum Monte Misone. Anschließend zweimal links zum **Parkplatz** 02.

Weiter geht es an der Weggabel Sella di Calino halblinks auf Weg

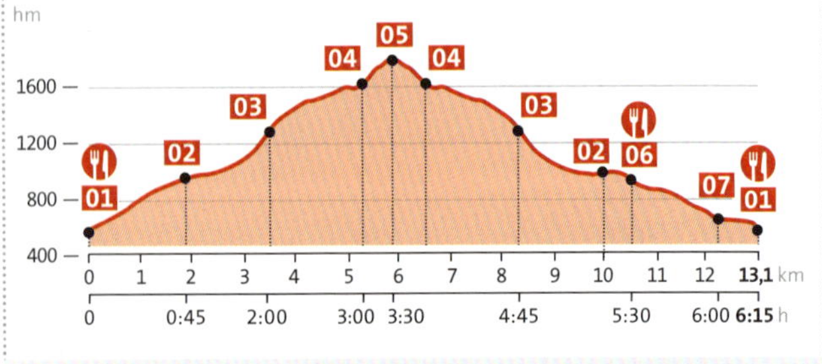

01 Canale di Tenno, 565 m; 02 Parkplatz, 950 m; 03 Sella di Castiol, 1350 m; 04 Malga di Tenno, 1573 m; 05 Monte Misone, 1803 m; 06 Rifugio San Pietro, 974 m; 07 Calvola, 642 m

Canale di Tenno – „Uno dei borghi più belli d' Italia“

Der mittelalterliche Ort mit engen, gepflasterten Gassen, Bogengängen, doppelten Holzbalkonen und kleinen Innenhöfen ist Kunst- und Kulturmagnet und wurde durch verschiedene Initiativen seit den 1960er Jahren wie ein Freilichtmuseum restauriert und wiederbelebt. Unzählige Touristen besuchen den Ort und unternehmen eine Zeitreise ins Mittelalter, vor allem beim jährlichen Festival Rustico medioevo (Infos siehe Casa degli Artisti oder Comune di Tenno).

412, der durch Laubwald Schatten bietet und in fels- und gerölldurchzogenen Serpentinen schnell an Höhe gewinnt. Dies ist das steilste Stück der Strecke. Nach rund zwei Stunden erreichen wir den Sattel **Sella di Castiol** 03.

Ab dem Sattel geht es mäßig steigend weiter nordwestwärts, nun auf der Westflanke des Berges, stets mit prächtigen Blicken auf den Tennosee und die westlich gelegene Silhouette um Cima Pari und Tofino. Auf gemütlichem Waldweg stoßen wir schon bald auf einen kleinen Felsvorsprung mit atemberaubendem Tiefblick.

Noch ein kurzes Stück durch Wald, leicht bergab bis zur Almhütte **Malga di Tenno** 04. Die Alm ist zwar unbewirtschaftet, verkauft aber eigenen Käse und Milch. Ab hier führen die Pfadspuren rechts bergan durch Mischwald und Sträucher, der Weg ist rot markiert. In zwei langen Kehren über einen steilen, sonnigen Wiesenhang be-

Aussichtsreiche Bergpfade

wältigen wir den Zielaufstieg. Am freien, mit zahlreichen Blocksteinen bedeckten Gipfel des **Monte Misone** 05 (kleines Kreuz) genießen wir einen wunderbaren, weit

Oben: Gipfelsieg am Monte Misone – Belohnung nach hartem Anstieg
Rechts: Der pyramidenförmige, alleinstehende Monte Misone (von der Bocca di Dromaè aus fotografiert)

reichenden Rundumblick, vom Vorgipfel ist sogar der Gardasee zu sehen. Das große Gras- und Steinplateau lädt zur Rast sowie zum Sonnenbaden ein.

Retour bleiben wir bis zum oberen **Parkplatz** 02 am Aufstiegsweg. Danach folgt ein kleiner, aber vielversprechender Umweg. Die Forststraße führt auf Weg 406 geradeaus direkt zum zauberhaft gelegenen **Rifugio San Pietro** 06. Ein vorzügliches Mahl haben wir uns redlich verdient. Dazu der sagenhafte Gardasee-Blick, was wollen wir mehr... Danach steigen wir auf dem Sentiero Frassati (Weg 401) steil bergab, am Wegabzweig links und auf der Straße rechts. Diese bringt uns zum Wanderparkplatz am Dos de la Cros (Kreuz).

Hier halblinks weiter auf Weg 401, danach sogleich wieder rechts abbiegen und talwärts auf einem Maultierpfad ins verträumte Dörfchen **Calvola** 07. Es folgen zwei Straßenquerungen im Ort, dann geht es markiert über Stufen zum Brunnen (links die Kirche).

Rechts abwärts auf der Straße und am Metallstrommast den Weg halblinks gehen, um nordwestwärts wieder zurück nach **Canale di Tenno** 01 zu gelangen.

Castil
04
M.ga di Tenno
(M.ga di Misone)
1573 (Käseverkauf)
Laghisoli
800
Pozza
05
M. Misone
1803
Resina
706
Seghe
Sorg. Seghe
Vespana
810
Misone
13
1600
Clocia
Vedese
954
Treni
835
Sella di Castiol
1350
03
steilster Abschnitt
Valgano
421
Sella di
Calino
966
570
Lago di
Tenno
Calino
02
1067
M. S. Pietro
Bastiani
Imbiss
Mattoni
Ville
del Monte
556
854
Rif. M. Calino
S. Pietro
974
06
Panoramaterrasse
Ranciom
Acqua
del Malài
Lago
di Tenno
Frioc
S. Antonio
Canale
di Tenno
01
Mittelalterliches
Künstlerdorf
Calvola
642
Magnone
Pineta
07
782
Dos de la Cros
Sorg. Novino
Novino
Pranzo
458
San
Leonardo
0
400 m
Tenno
428

CANALE – LAGO DI TENNO

Erst durch mittelalterliche Gassen, dann baden...

9,2 km | 3:15 h | 345 hm | 345 hm

START | Tenno: Castello di Tenno (401 m), Parkplatz in der Via di Soprè gegenüber vom Albergo
[GPS: UTM Zone 32T x: 642.153 m, y: 5.086.480 m]
CHARAKTER | Schotter- und Naturwege, Abschnitte auf Kopfsteinpflaster. Abstieg von Calvola steil. Am Seeufer ist Waten möglich.

Diese Familienwanderung hat ihren speziellen Reiz und verspricht Abwechslung. Nach dem Mittelalterorf Canale di Tenno ist Abkühlung angesagt. Ein herrliches Bilderbuch-Panorama rundet die Erlebnisse wunderbar ab.

▶ Am **Castello di Tenno** **01** (privat) im Osten des Dorfes überqueren wir ortseinwärts nach dem Albergo die Hauptstraße SS241. Auf Weg 401 links durch die Via Prati über einen Platz in die Via D. Alighieri. Durch den Torbogen passieren wir den Ortskern vor bis über die Hauptstraße. Nach der Bushaltestelle halblinks auf Schotter (406B) mit schönen Blicken auf Pranzo / Tenno, begleitet von Mauern und Weinreben.

An der Weggabelung mit Brunnen rechts und knapp hinter der Kirche San Antonio erneut zur SS241. Nach links folgen und am dritten Zebrastreifen queren. Rechts über Kopfstein gelangen wir ins mittelalterliche **Canale di Tenno** **02**, das zu einem der schönsten Dörfer Italiens gekürt wurde. Nach einer Ortsbesichtigung verlassen wir durch den Torbogen auf Weg 406 den Ort und gelangen zur Rastbank „Frioc". Es geht zum Imbiss, dann über Schotter hinunter zum

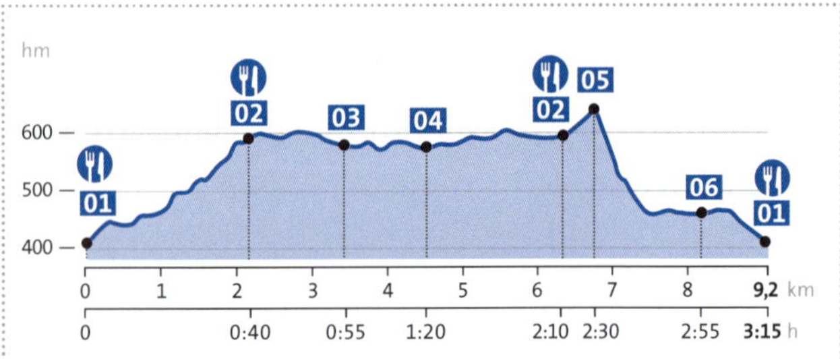

01 Castello di Tenno, 405 m; **02** Canale di Tenno, 598 m; **03** Lago di Tenno, 572 m; **04** Kiesbett; **05** Calvola, 642 m; **06** Punto Panoramico, 440 m

einladenden Badestrand des **Lago di Tenno** 03.
Vis-à-vis liegt die einzige Insel des Sees. Die östliche Uferseite können wir auf befestigtem Weg oder auf schmalem Uferpfad begehen. Das Nordufer ist felsig und wird umgangen. Eine Treppe führt uns hinab ins **Kiesbett** 04. Gegenüber wandern wir 20 m über dem Ufer bis zum Kiesstrand. Der Seerundgang endet nahe der Insel

Canale di Tenno – Attraktiver Künstlerort aus dem Mittelalter

Lago di Tenno (türkis) – 500 m überm Gardasee und dennoch wärmer!

am Imbiss. Auf gleichem Weg zurück nach **Canale di Tenno** **02**. Wir durchqueren den Ort schnell und verlassen ihn auf der Straße. Noch vor der Straße bleiben wir halblinks und erreichen bei leichter Steigung einige Metallstrommasten und schließlich das verträumte **Calvola** **05**.

Die Aussicht ins Tennotal ist einmalig. Halblinks am Brunnen vorbei, rechts um die Kirche und auf Kopfsteinpflaster steil abwärts, stets links (401). An der Querstraße kurz links, am Parkplatz rechts zur Schautafel hinab. Noch ein letzter **Abstecher**, den niemand verpassen sollte. Links zweigt die kurze Runde „Percorso Didattico" durch den Bussè-Wald ab, am Ende liegt der **Punto Panoramico** **06**. Beim grandiosen Panoramablick über Riva, Arco und den nördlichen Gardasee bleibt wirklich jeder sprachlos. Super Rastpunkt!

Tenno mit seinem gigantischen Castello (privat)

RIVA DEL GARDA

Stadtrunde mit Spaziergang über den Dächern von Riva

7,7 km | 2:50 h | 165 hm | 165 hm

START | Riva del Garda (70 m), Porto San Nicolò (Yachthafen), Parkplätze und Bushaltestelle unmittelbar im Umkreis
[GPS: UTM Zone 32T x: 644.110 m, y: 5.082.193 m]
CHARAKTER | Bequeme Promenaden, Asphaltstraßen und Schotterwege. Ideal auch mit Kindern. Zur Bastione kurz steil. Im Wald gut beschilderte Wege. Viele Bade

Dieser gemütliche Spaziergang führt uns zu den Highlights von Riva und zeigt uns Plätze, an denen wir flanieren, gut essen oder mal alles von oben aus betrachten können.

Am **Porto San Nicolò** 01 beginnt Rivas gepflegte Uferpromenade, die erfreulicherweise des Öfteren vom Radweg getrennt ist. Westwärts geht es vorbei an zwei Campingplätzen, dann am Radweg über zwei Brücken. Direkt am Parkweg erstreckt sich der größte Strand der Stadt, die **Spiaggia dei Sabbioni**. Nach der Kanalbrücke dreht unser Uferweg nach Norden, am hotel links zum Segelhafen. Über den Parkplatz und am Spielplatz entlang kommen wir direkt zum Wassergraben der **Burg Rocca** 02 aus dem 12. Jh.

Auf der großen Piazza G. Garibaldi, ein blumengeschmückter Platz mit Wasserkunst, lässt sich gut flanieren und verweilen. Zwei Museen laden zum Besuch ein. Links vom **Reptiland** und vorbeiam Marinedenkmal geht es weiter zur Piazza III Novembre. Etliche

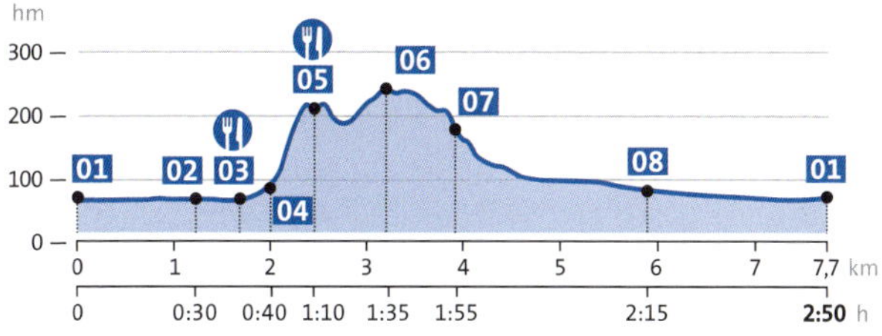

01 Porto San Nicolò, 70 m; 02 Burg Rocca, 67 m; 03 Torre Apponale, 67 m; 04 Porta San Marco, 78 m; 05 Bastione, 205 m; 06 Santa Maria Maddalena, 245 m; 07 Foci, 183 m; 08 Chiesa dell' Inviolata, 79 m

Blick über Riva vom Torre Apponale

Eisdielen und Restaurants locken mit ihren Köstlichkeiten. Ein Muss ist die Besteigung des **Torre Apponale** 03. Von oben genießt man einen fantastischen Rundblick.

Halblinks und hinauf durch die Via Fiume. Am Ende durch das Stadttor **Porta San Marco** 04. Links auf die Via Bastione, am Kreisverkehr über die Hauptstraße, dann links. Es geht in steilen, gepflasterten Serpentinen hinauf (Weg 404). An der oberen Gabelung 200 m links bis vor zur **Bastione** 05. Ein Rundgang durch die Mauern gibt uns die Vorstellung, wie diese einst durch die Fürsten des Trentino erobert wurden. Das Panorama auf die Stadt und zum Monte Brione ist perfekt. An der **Bar Belvedere** können wir einkehren.
Zurück zur Gabelung und geradeaus auf breitem Weg (402) leicht steigend. Am Wegweiser "Foci" zweigen wir rechts ab zum Kirchlein **Santa Maria Maddalena** 06. Weiter auf wunderschönem Waldweg (unmarkiert). Vor uns die mächtige Felswand des Monte Tombio.

Eine Treppenanlage bringt uns hinab zu den imposanten Häusern von **Foci** 07. Unter uns ein tosender Wasserfall. Die Straße hinab, rechts durch die Via Ardaro nach Riva. An der Hauptstraße links zur **Chiesa dell' Inviolata** 08. Hinter ihr geht es rechts in die Viale Roma, vorbei an der Terme Romana. Quer über die Boutiquemeile Viale D. Alighieri durch die Porta San Michele zur Piazza Cavour. Hier lohnt ein Blick ins prachtvolle Innere der Kirche S. Maria Assunta mit vergoldeten Fresken, gigantisch großer Orgel und hellem Altar.

Weiter durch die Via Mazzini zur **Burg Rocca** 02. Der Rückweg zum **Porto S. Nicolò** 01 ist uns bekannt.

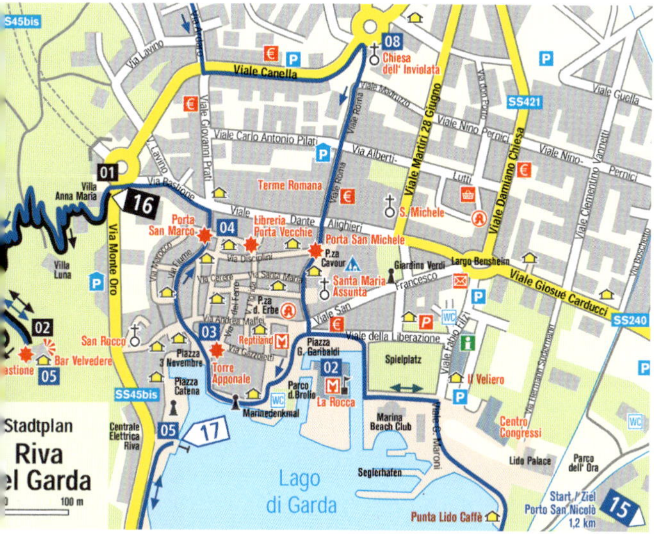
Stadtplan
Riva
del Garda
100 m
S45bis
Viale Canella
Viale Carlo Antonio Pilati
Viale Giovanni Prati
Via Roma
Via Alberti
Viale Martiri 28 Giugno
Viale Damiano Chiesa
Viale Nino Pernici
Viale Guella
SS421
Terme Romana
Chiesa dell' Inviolata
S. Michele
Porta San Michele
Porta San Marco
Libreria Porta Vecchie
Viale Dante Alighieri
P.za Cavour
Santa Maria Assunta
Giardino Verdi
Largo Benshein
Viale Giosuè Carducci
SS240
Via Disciplini
Via Santa Maria
P.za d. Erbe
Via Andrea Maffei
Reptiland
Viale della Liberazione
Piazza G. Garibaldi
Parco d.Brolio
La Rocca
Spielplatz
Il Veliero
Centro Congressi
Lido Palace
Parco dell' Ora
Marina Beach Club
Seglerhafen
Viale G. Maroni
Punta Lido Caffè
Start / Ziel Porto San Nicolò 1,2 km
Lago di Garda
Marinedenkmal
Torre Apponale
Piazza 3 Novembre
Piazza Catena
Centrale Elettrica Riva
SS45bis
San Rocco
Bar Velvedere
Bastione
Villa Anna Maria
Villa Luna
Via Monte Oro
01
02
03
04
05
08
15
16
17

Varone
Fangolino
Pemone
Agritur. Fiore d'Ulivo
Pasina
S. Giorgio
S. Nazzaro
T. di Varone
421
240
Albola-Wasserfall
Albola
Foci
Torrione S. Giovanni
S. Maria Maddalena
480
486
604
S. Giuseppe
S. Anna
Sant'Alessandro
Chiesa dell' Inviolata
RIVA del Garda
70
Villa Lutti
La Colombera
S. Pietro e Paolo
Brione
Capanna S. Barbara 560
Bastione
Reptil.
Stadtpanorama
S. Barbara 636
Vallone d. Concoli
1240
1301 Grotta Daei
830
Bocca d'Enzima
M. Riva
P. Lido
65
Hotel Excelsior
La Punta
45bis
Porto S. Nicolò
Forte S. Nicolò
Forte Garda
M. Brione
Garda
Lido di Arco
0 400 m
01
02
03
04
05
06
07
08
15

Oben: Torre Aponale auf der Piazza 3 Novembre in Riva

Mitte: Bastione mit Blick auf Riva; Unten: Wasserfall in Foci

CIMA SAT • 1276 m

Schweißtreibender Gipfelsturm hoch über Riva

7,2 km | 6:10 h | 1235 hm | 1235 hm

START | Riva del Garda, Kreisverkehr Via Monte Oro (92 m), Tiefgaragenparkplätze, Bushaltestelle am Hafen [GPS: UTM Zone 32T x: 642.604 m, y: 5.083.147 m]
CHARAKTER | Ab der Capanna anstrengende, steinige Bergpfade teils am Drahtseil. Sehr lange, luftige Leitern, gut gesichert. Am Gipfel sehr steil und ausgesetzt (Leitern/Drahtseil). Schwindelfreiheit, absolute Trittsicherheit! Im Gepäck: Klettersteigset, Wasser!!

Die Cima SAT oberhalb von Riva ist stets im Bild, darunter die steile Felswand der Rocchetta-Kette, in ihr eingebettet die auffällig weiße Barbara-Kapelle. Bis dahin finden viele Touristen ein herrliches und machbares Ausflugsziel. Danach ist der Weg erfahrenen Berggängern vorbehalten. Abenteuer pur!

▶ Am Kreisverkehr in **Riva del Garda** **01** biegt die "Passegiata al Bastione" nach Südwesten ab. In vielen zackigen Kehren auf Pflasterstraße geht es aufwärts.
Am Abzweig auf Weg 402 links weiter zum ersten wunderschönen Aussichts- und Rastpunkt an der Ruine der **Bastione** **02** (mit kleiner Bar). Von hier aus auf steinigem Bergpfad (Nr. 404) und über zahlreiche Stufen steil bergwärts. Über die Forststraße kurz links und gleich wieder rechts (404) und durch steile Serpentinen hinauf zur **Capanna Santa Barbara** mit schöner Terrasse (Getränke immer am Wochenende). Weiter steil aufwärts auf groben Steinblöcken. Am **Abzweig 404B** **03** rechts hinauf auf schmalem Pfad zum Einstieg des sehr exponierten, atembe-

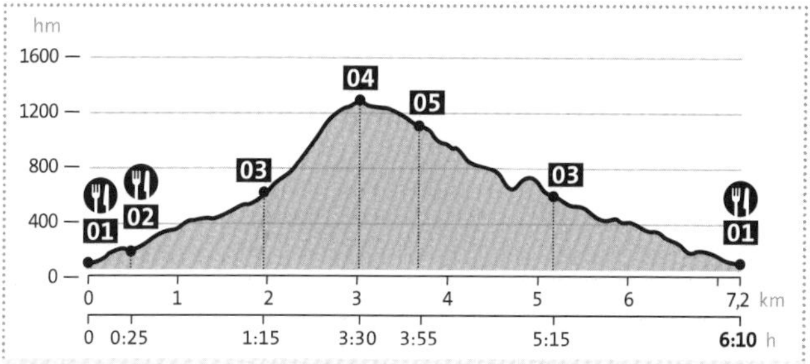

01 Riva del Garda, 70 m; **02** Bastione, 205 m; **03** Abzweig 404B, 620 m; **04** Vallone dei Concoli, 1100 m; **05** Cima SAT, 1276 m; **06** S. Giovanni, 480 m

Oben: Top-Aussicht vom Klettersteig auf Riva, Monte Brione, M. Stivo
Unten: Exponierte Leiterelemente unterhalb des Gipfels

raubenden Klettersteigs der **„Via dell' Amicizia"**. Jetzt heißt es Klettersteigset anlegen und konzentrieren! In der ruhe liegt die Kraft! Es müssen zwei lange Leitern überwunden werden (etwa 35 Min.). Darauf folgt eine leichte Kraxelpassage und weitere, sehr luftige Leiterelemente, bis wir dann endlich das Ziel sehen und es an der italienischen Flagge dann auch zum Gipfel der **Cima SAT** **04** geschafft haben. Ein Gefühl von Freiheit bei fulminantem Blick nach Nordost.

Westwärts steigen wir eine Steilstufe im gesicherten Fels herab. Am Wegweiser links hinauf (Weg 418), nur 10 Min. später erneut links (Weg 413). Wir erreichen den Wegweiser **Vallone dei Concoli"** **05** und folgen links (404)

Das felsige Horn der Cima SAT mit Flagge und Vermessungstriangel

dem steilen Zickzack-Pfad bergab Richtung Riva. Am nächsten Abzweig (mit kleiner Quelle) links halten. Die letzte Hürde: eine über 15m hohe, gesicherte **Leiter** **06** senkrecht hinunter steigen. Ein schöner Waldpfad führt uns zur schmucken **Bergkapelle Santa Barbara** mit herrlichen Ausblicken auf Riva und das Sarcatal.

Ab dem **Abzweig 404B** **03** befinden wir uns wieder am bekannten Anstiegsweg und folgen diesem zurück nach **Riva del Garda** **01**.

Letzte Leiter der Tour am Abstieg

VAL DI LEDRO – VIA DEL PONALE

Gemütlicher Talabstieg und spektakuläres Panorama

9,1 km | 2:45 h | 0 hm | 570 hm

START | Molina di Ledro (655 m), Museo delle Palafitte, Via al Lago [GPS: UTM Zone 32T x: 636.990 m, y: 5.081.556 m]
CHARAKTER | Genussvoller Talweg auf Schotter- und Asphalt. Achtung: häufig gleichzeitig auch Radweg! Im Bereich der Ponaleschlucht grobsteinig und steil. Info zur Ponalestraße siehe Seite 15.

Die spektakuläre, historische Ponalestraße ist ein absolutes Muss für jeden Gardasee-Besucher. Das Museum, packende Aussicht und viel Natur bieten Abwechslung.

Beginnend am begehrten Pfahlbauten-Museum (Museo delle Palafitte) in **Molina di Ledro** 01 wandern wir östlich zur Straßenkreuzung und geradeaus Richtung

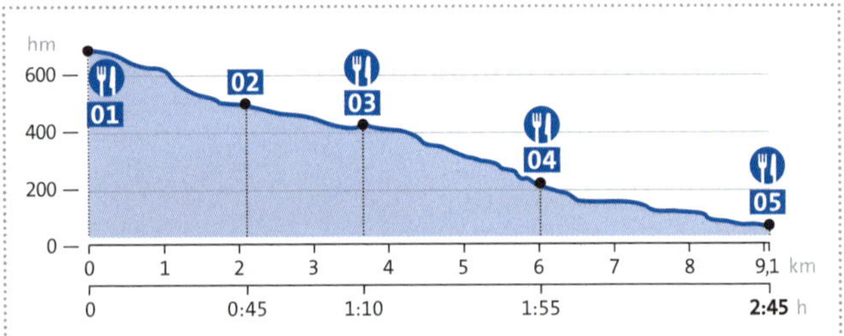

01 Molina di Ledro, 655 m; 02 Pre, 501 m; 03 Abzweig Biacesa, 400 m; 04 Restaurant Ponale Belvedere, 120 m; 05 Hafen von Riva del Garda, 70 m

Wie im Bilderbuch: Lago di Ledro

Mittelalterliche Häuser von Pre

Legos. Kurz nach der Pizzeria biegt links ein Fußweg ("Passeggiata") ab, welcher entlang des Ponalebachs talwärts führt. Am Friedhof und Postamt von Molina vorbei, nach dem Sportplatz wird es idyllisch und leicht steil. Nach der heiligen Höhle über den Bach und am Abzweig rechts. Bald erreichen wir **Pre** 02 und nach der Bushaltestelle im Ort folgen wir auf Kopfsteinpflaster rechts dem Radweg nach Riva. An der Bachbrücke (mit Trockenmauer) links dem "Sentiero del Ponale" (D01) auf Asphalt folgen bis zum **Abzweig Biacesa** 03.

Weiter geht es am Radweg „Ledro for Life" schattig an der bekannten **Fischzucht Armanini** (www.armanini.it) vorbei. Kurzer Linksabstecher: Fischverkauf vor Ort.

Auf der Straße nach Pregasina kurz geradeaus, bis wir kurz vor dem Tunnel links auf dem alten Ponaleweg weiter abwärts gehen.

Restaurant Ponale Belvedere (04) mit Riva und Monte Brione dahinter

Erst Schotter, dann etwas steiler auf mittelalterlichem Steinweg bis zur T-Kreuzung.

Lohnenswerter Abstecher zum alten Ponalehafen mit Wasserfall: dazu hier rechts, und sofort wieder links auf steilem Pfad hinab (etwa 150 hm), am imposanten **Ponale-Wasserfall** vorbei.

An der besagten T-Kreuzung links zur Brücke über die gewaltige Schlucht, dann rechts zum **Restaurant Ponale Belvedere** 04 mit genialer Panoramaterrasse.

Auf der Ponalestraße kommen einige Tunnels, die wir lieber auf breitem Schotter umgehen und somit fantastische Seeblicke über steilen Felswänden genießen. Vorsicht - rasende Mountainbiker!

Am **Eingang Val Sperone** (Abzweig zur Cima Capi) vorbei. Kurz vor der stark befahrenen Hauptstraße nach Riva steigen wir eine Treppe rechts zum Lungolago d' Anunzio hinab. Unter der roten Casa Cantoniera hindurch und parallel der Straße bis zum **Hafen von Riva del Garda** 05.

Die alte, aussichtsreiche Ponalestraße, ein beliebter Fuß- und Radweg

CIMA CAPI • 909 m – CIMA ROCCA • 1090 m

Vier leichte Klettersteige – Spannung am Drahtseil

6,5 km | 5:15 h | 875 hm | 875 hm

START | Biacesa (426 m), Parkplatz in der Via Guiseppe Cipelli [GPS: UTM Zone 32T x: 640.269 m, y: 5.080.708 m]
CHARAKTER | Waldpfade, einfache Klettersteige (bestens gesichert und markiert, nicht sehr ausgesetzt, aber sehr steil mit kurzen Kraxelpassagen. Trittsicherheit, Schwindelfreiheit sind nötig. Nicht bei Nässe! Ausrüstung: Taschenlampe, Klettersteigset, Wasser.

Klettersteige der leichtesten Kategorie und doch bietet diese Tour Spannung und Genuss in einem.

▶ In **Biacesa** 01 zunächst den Tafeln „417" durch die Via dei Toiane und halblinks durch die Via per Caregna folgen. Das gewaltige Horn der Cima Rocca liegt direkt vor uns. Am Ortsende beim Wegkreuz rechts auf den „Sentiero dei Bech" (Weg Nr. 470). Es folgen schöne Waldserpentinen mit Aussicht ins Ledrotal, dabei leicht auf und ab.
Eine abkühlende Rast bietet die **Defensionsmauer** 02 (Ex-Kriegsstellung aus Erstem Weltkrieg).
Wenig später links auf Steig 405 bis zum Einstieg des Klettersteigs "**Fausto Susatti**". Ausrüstung nicht zwingend, aber doch zu empfehlen. Wenige Drahtseile steil hinauf zum aussichtsreichen Gipfel der **Cima Capi** 03 (ohne Kreuz, mit Flagge). Nordwestwärts steil wieder hinab durch Laufgräben. Den Heli-Landeplatz passieren und an der Gabelung rechts auf den sehr schmalen, steilen, leicht exponierten **Foletti-Klettersteig** (405), durchaus der anspruchsvollste Abschnitt der Tour.
Am Abzweig links halten auf 405B, um so zum **Bocca Pasumer** 04 zu

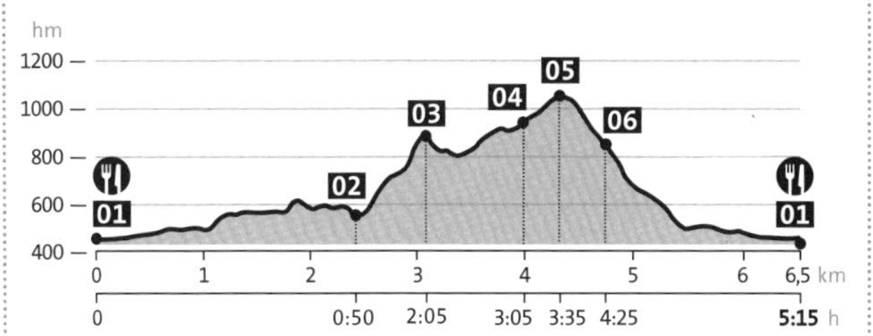

01 Biacesa, 426 m; 02 Defensionsmauer, 470 m; 03 Cima Capi, 909 m; 04 Bocca Pasumer, 974 m; 05 Cima Rocca, 1090 m; 06 San Giovanni, 858 m

Felsthron Cima Capi

Klettersteig F. Susatti (Cima Capi)

gelangen. Links auf 471. Der steile Steig durch Schützengräben hinauf ist anstrengend.
Folgende Weggabelung ist wichtig! Über den Weg 471 würden wir durch ein enges, sehr dunkles, aber gut markiertes Stollensystem durch den Berg gelangen (10 Min.). Das bietet willkommene Abkühlung bei Hitze! Unsere Tour führt jedoch auf Weg 471A über Eisenstufen und Drahtseilen direkt zum Gipfel der **Cima Rocca** **05** mit Kreuz und Rundumblick. Ein-

Seepanorama von der Cima Capi. Erste Hürde geschafft!

Gipfelkreuz der Cima Rocca

Bergdorf Biacesa (Val di Ledro)

fach atemberaubend! Bergab kraxeln wir über Steighilfen auf dem **„Sentiero attrezzato Camminamenti“**. Dabei müssen wir durch einen kurzen Schacht, wenig später dann eine 5 m hohe Leiter in einen Stollen (Gallerie Guerra) unter Tage hinab, Stirnlampe nötig. Weiter an Drahtseilen entlang herab bis zur Weggabelung. Rechts die Kapelle **San Giovanni 06** mit schönem Rastplatz. Links das **Bivacco Arcioni** (Selbstversorgerhütte) mit herrlicher Aussicht.

Kurz zuvor wieder auf 471 steil abwärts, kurze Kraxelei. Abermals stoßen wir auf Ex-Kriegskavernen, mehrere mit Fotoausstellung. Am Abzweig links auf den Klettersteig **„Sentiero attrezzato delle Laste“** (Nr. 471). Eisenleitern, Drahtseile und Haken helfen uns, die steilen, kurvigen Abgänge durch Rinnen und an Felsen recht einfach zu meistern. An dessen Ende stoßen wir wieder auf den uns bekannten „Sentiero dei Bech“ (Nr. 470). Rechts zurück nach **Biacesa 01**.

19

LAGO DI LEDRO

Familienfreundliche Seerunde zu archäologischen Pfahlbauten

10 km | 3:10 h | 97 hm | 97 hm

START | Pieve di Ledro (665 m), Parkplatz am Kreisverkehr beim hotel Sport [GPS: UTM Zone 32T x: 634.329 m, y: 5.083180 m]
CHARAKTER | Genussvolle Promenaden, Schotter- und Fahrwege entlang des Ufers ohne große Steigung. Kaum Verkehr (nur an der SS240 ist Vorsicht geboten). Badesachen nicht vergessen.

Wie aus dem Bilderbuch entsprungen, liegt 600 m oberhalb des Gardasees der Ledrosee – ein Eldorado für uns Wanderer, aber auch für Radfahrer, die gern über die alte Ponalestraße dort hinauffahren.

▶ In **Pieve di Ledro** **01** gehen wir um die kleine Kapelle rechts in die Fußgängerzone, an der Post und der Dorfkirche vorbei und über die Via Vittoria bis zum Ortsausgang. Dann kreuzen wir die SS240 und gelangen über das Hotel Lido zur Strandpromenade. Rechts an zwei Restaurants vorbei bis kurz vor den Supermarkt Coop und links über die Bachbrücke mit schönem Seeblick.

Nun direkt am Ufer entlang, vorbei an zwei Campingplätzen. Danach erneut über eine Brücke und links halten auf die Via Alzer. Ab hier ist der Weg markiert. An der Marina vorbei und nach wenigen Metern links weiter leicht aufwärts auf schön angelegtem Schotterweg, der durch schattigen Buchenwald mit einigen

Der herrlich gelegene Bergsee Lago di Ledro (rechts der Monte Corno)

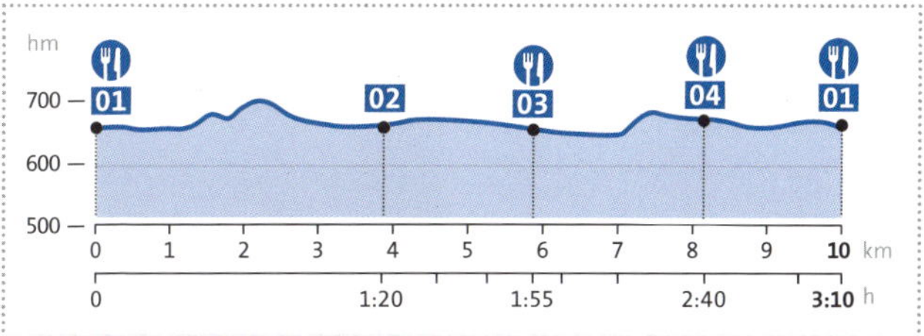

01 Pieve di Ledro, 665 m; 02 Pur, 662 m; 03 Museo delle Palafitte, 665 m; 04 Mezzolago, 672 m

Rastbänken führt. Später geht der Spazierweg in Asphalt über (Via Val Maria) und führt in den Ort **Pur** 02. Am schönsten ist hier der Weg über die Liegewiese des Naturstrands. Eine erfrischende Einladung zum Baden oder Sonnen.

Nach der Brücke über den Torrente Sat folgen wir 2 km der wenig befahrenen Straße in mehreren Kurven. Rechts mächtige Felswände, links Monte Corno, vor uns die Cima d'Oro. Achtung vor den Autos! Es empfiehlt sich, bis zum **Museo delle Palafitte** 03 (Pfahlbaumuseum) in Molina an der Uferseite zu gehen. Der Besuch des Museums ist sehr lohnenswert.

Weiter verläuft die Route links auf dem Gehsteig neben der SS240, über einen Parkplatz und dann links über Kies hinab zur Uferpromenade am See. Die breite Liegewiese mit Spielplatz verlockt zum Baden. Der Uferweg ist neu angelegt, beschildert und führt über einen Holzsteg am Campingplatz Al Sole vorbei, danach folgen einige Rastplätze. Wir queren wieder die Hauptstraße, kurz rechts, dann links hinauf auf die Via Belvedere. Nach der Villa mit Turm genießen wir die prächtige Aussicht über den Ledrosee und auf den Monte Corno. Es geht geradeaus durch das wirklich idyllische Örtchen **Mezzolago** 04 mit schöner Kirche

Museo delle Palafitte (Pfahlbaumuseum)

Das Pfahlbaumseum (UNESCO-Weltkulturerbe) zeigt die Reste einer der bedeutendsten Pfahlbausiedlungen Europas, die erst 1929 entdeckt wurden. Neben nachgebauten Hütten werden Originalfunde von Handwerksgegenständen präsentiert. Eintrittspreis niedrig.
www.palafitteledro.it

hindurch, das als Handwerks- und Künstlerdorf bekannt ist. Am Ende kreuzen wir abermals die verkehrsreiche Straße und schlendern auf schönem Panoramaweg am Seeufer entlang. Vor dem Hotel Lido rechts am Parkplatz vorbei und auf bekanntem Weg zurück nach **Pieve di Ledro 01**.

Im malerischen Mezzolago präsentieren u. a. bemalte Stromkästen das Handwerk des Mittelalters.

CIMA D'ORO • 1802 m

Über den „goldenen" Graskamm mit Drei-Seen-Blick

8,5 km | 4:30 h | 998 hm | 998 hm

START | Alla Valle (822 m), Parkplatz hier privat (erfragen, sonst besser in Mezzolago (150 Höhenmeter und ca. 20 Minuten mehr) [GPS: UTM Zone 32T x: 636.622 m, y: 5.083.376 m]
CHARAKTER | Steiler Aufstieg, zwei sportliche Passagen (Drahtseil und Felstunnel). Überwiegend durch schmale Wald- und Wiesenpfade. Am Gipfel selten markiert. Genügend Wasser mitnehmen!

Der „Sentiero Austroungarico 1915–1918" wurde 2010 großteils restauriert und führt uns zu einem paradiesischen Gipfel zwischen Ledro- und Gardasee – mit garantiertem Traum-Panorama.

▶ Hinter der Infotafel von **Alla Valle** 01 wandern wir auf der Straße ostwärts hinauf, bevor sie rechts nach Süden dreht. Nach 20 Minuten zieht links ein herrlicher Waldpfad hinauf. Dieser ist zusätzlich mit rosaroten Pfeilen in Retour-Richtung und Schildern zum „Sentiero Botanico" versehen. In der Folge kreuzen wir dreimal die Forststraße für Radfahrer gemäß Kennzeichnung.

Nach der letzten Straßenquerung geht es sehr steil und steiniger bergauf. Dabei müssen wir einen großen Felsblock linksseitig umgehen (hier kaum markiert).

Kurzer, leichter Drahtseilabschnitt und wir befinden uns auf dem Sattel **Sella** 02. Links von der Schautafel am Schützengraben hat man einen grandiosen Blick auf den Ledrosee!

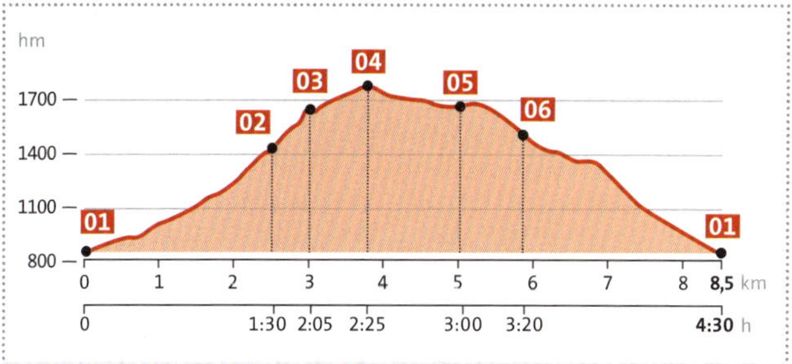

01 Alla Valle, 822 m; 02 Sella, 1425 m; 03 Osservatoio, 1690 m; 04 Cima d'Oro, 1802 m; 05 Bocca di Dromaè, 1693 m; 06 Malga Dromaè, 1522 m

Bester Blick auf den Lago di Ledro vom Vorgipfel der Cima d'Oro

Rechts hinauf folgen wir weiter dem Schild „Sentiero Austroungarico" zur Cima d'Oro und verlassen somit den botanischen Rundweg. Der Pfad führt in einen Schützengraben, der einige Höhlen passiert. Dabei durchschreiten wir sogar einen kurzen Felstunnel, bevor es anstrengend und steil zum exponierten Vorgipfel **Osservatoio** 03 mit schönem Gipfelkreuz geht. Der Tiefblick ins Ledrotal ist brilliant, doch es kommt noch besser. Nun folgt die absolute Panorama-Etappe. Wir steigen links mäßig steil entlang des lang gestreckten Graskamms oberhalb der Schützengräben hinauf, ehe wir den Hauptgipfel der **Cima d'Oro** 04 erreichen. Rechts unter uns erblicken wir die Rocchetta-Kette, dahinter den Gardasee.

Vom Steinmännchen bringt uns der gelb markierte, unverfehlbare Wiesenpfad längs des atemberaubenden Nordgrats wieder abwärts. Schöne Blickfänge sind das Tennotal und die Pyramide des Monte Misone. Rechts wandern wir ein kurzes Stück im Auf und Ab am „Sentiero della Pace" zur **Bocca di Dromaè** 05. Vor uns die Cima Sclapa.

Links steigen wir steil den Grashang in eine trichterförmige Mulde hinab (Weg Nr. 453). Wenig später treffen wir im Laubwald auf die unbewirtschaftete **Malga Dromaè** 06, deren umliegende Wiesen im Spätfrühling zu einem herrlichen Blumenmeer verzaubert werden. Geradeaus hinunter geht es auf steinigem Pfad bergab zur Schotterstraße, die links knapp unterhalb der Fienili di Dromaè vorüberführt. Nun sind wir wieder auf dem „Sentiero Botanico". Rechts am Wegweiser steigen wir steil durch steinigen Wald ins Tal hinab. Sämtliche Stichwege ignorieren und stets am steinigen, breiten Weg geradeaus bleiben. Auf diese Weise zurück zum Ausgangspunkt **Alla Valle** 01.

Goldfarbener Grashang knapp unterhalb der Cima d’Oro (im Herbst)

RIFUGIO PERNICI – CIMA PARI • 1990 m

Abwechslungsreiche Höhentour mit schönen Fernblicken

11 km | 5:00 h | 985 hm | 985 hm

START | Malga Grassi (1045 m), Wanderparkplatz (von Campi aus) [GPS: UTM Zone 32T x: 638.478 m, y: 5.086.991 m]
CHARAKTER | Schotterwege und Waldpfade im Auf- und Abstieg, sonst schmale Bergsteige. Gipfelfinale steil auf Wiese, aber einfach.

Zwei einladende Berggasthäuser, erfrischende Wälder und herrliche Grasflanken mit Bilderbuch-Panorama machen diese Tour zur Traumtour. Gekrönt wird das Erlebnis mit einer Gipfelbesteigung.

Beschauliche Blumenwiesen schmücken die Landschaft um die **Malga Grassi** 01, bei der es am Wegweiser halbrechts auf Schotterweg Nr. 402 aufwärts geht. Im Hintergrund ist schon die gewaltige Pichèa-Felszahnreihe zu sehen. Im Wald geradeaus auf einem wunderschönen Weg. Nach 20 Minuten kurz links auf Schotterstraße, an der nächsten Gabelung wieder geradeaus. Es folgen zwei Bachbettquerungen und erneut Schotter. Links zieht unser Weg steil und steinig hinauf. Hier ist der Verlauf nicht gut markiert, aber erkennbar. An der größeren Wegkreuzung halblinks weiter auf Weg 402. Der Wegabschnitt durch die Waldidylle ist wunderschön!

Ein kurzes Stück ist ein wenig zugewachsen, dann auf Forstweg zur **Malga Dosso dei Fiori** 02. In einer Rechtskurve zweigen wir links auf Weg 402 ab, der sich in Serpentinen durch prächtige Natur hinauf zur Schotterstraße („Sentiero della Pace“, Nr. 413) zieht.

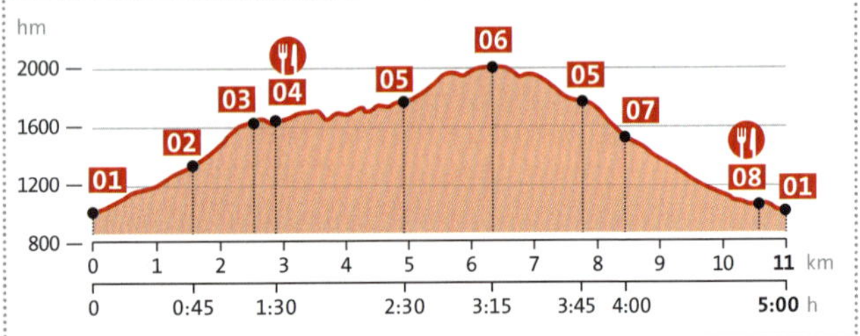

01 Malga Grassi, 1047 m; 02 Malga Dosso dei Fiori, 1365 m; 03 Bocca di Trat, 1579 m; 04 Rifugio Nino Pernici, 1600 m; 05 Bocca Saval, 1720 m; 06 Cima Pari, 1990 m; 07 Malga Gelòs, 1464 m; 08 Capanna Grassi, 1056 m

Herrlicher Ostblick zur Malga Grassi und ins Sarcatal (hinten Monte Stivo)

Rechts am Sattelpunkt **Bocca di Trat** 03 werden wir mit einem Wahnsinnsblick gen Westen zum Monte Cadria belohnt. Links beeindruckt das einladende **Rifugio Nino Pernici** 04 mit ausgezeichneter Küche und überwältigendem Panorama über die Pichèa-Felskulisse und gen Osten zum Monte Misone. Weiter auf Pfad 413 an einer Felswand Richtung Süden, vorbei an zwei offenen Kriegsschächten und mit prachtvollen Fernblicken ins Sarcatal.

Nach einem Rechtsknick wird der Bergsteig eng und steinig und geht in alpines Gelände über. Erster Blickkontakt mit der Cima Pari. Nach mäßiger Steigung erreichen wir den nächsten Rastplatz an der **Bocca Saval** 05.

In Richtung Malga Saval weist ein roter Pfeil auf Stein inmitten der Wiese nach links zum finalen Anstieg. Dieser erfolgt über einen schmalen Pfad durch ein buntes Blumenmeer und zwei langen, anstrengenden Kehren bis hinauf zum eisernen Gipfelkreuz der **Cima Pari** 06 (45 Min.). Die Mühe wird durch ein 360°-Panorama und absolute Stille belohnt!

Auf gleichen Weg zurück (30 Min.) zur **Bocca Saval** 05. Nun geradeaus hinunter ins Val di Gelòs. Ein recht steiler, breiter und steiniger Waldweg führt in mehreren Serpentinen dorthin. Noch kurz vor dem ersten Gebäude der **Malga Gelòs** 07 links auf Schotter hinab.

Etwa 35 Minuten nach Bocca Saval folgen eine Rechts-, dann eine Linkskehre, bei der rechts ganz unscheinbar ein schöner Waldpfad abzweigt. Auf ihm passieren wir eine Forststraße und folgen stets der Baumschrift „Malga Grassi“. An der T-Kreuzung links weiter auf Schotter zur **Capanna Grassi** 08 mit abschließender Einkehr, bevor es über die Brücke zurück zum **Parkplatz** 01 geht.

Rifugio N. Pernici mit Pichèa-Kette

Wiesengipfel Cima Pari

VALLE DI CONCEI

Genussvoller Familienspaziergang durch Wald und Wiesen

10,3 km | 2:40 h | 250 hm | 250 hm

START | Lenzumo (788 m), Parkplätze in der Via della Vasca, Bushaltestelle oberhalb der Kirche
[GPS: UTM Zone 32T x: 633.926 m, y: 5.085.761 m]
CHARAKTER | Bequeme Talwanderung auf breiten Natur- und Hohlwegen am Bach. Sehr gute Beschilderung. Oft schattig.

Die Valle di Concei ist zwar abgelegen, aber für Naturliebhaber der perfekte Erholungsort. Ausgedehnte Wälder, Wiesen und Picknickplätze... Entspannung pur!

▶ Vom Parkplatz im Dorf **Lenzumo** 01 (beim Spielplatz) die Straße hinunter, an der T-Kreuzung Via Albertoca links, dann rechts in die Via III Giugno. An der Bar und Bushaltestelle vorbei (oder halblinks über Schotterspuren abkürzen) und nach der Linkskurve am Laternenmast sofort links in die Via dei Lach. Ein kurzes Stück auf Teerstraße, links Felder und Blick zum Monte Vies, später auch zur Cadria-Kette.

Am **Fußballfeld** 02 (erstes Holzschild des „Sentiero naturalistico di Fondovalle – Talgrundnaturweg") geradeaus in einen schönen Hohlweg am Bachbett des Torrente Assat hinein. Nach ca. 30 Minuten an der großen **Wegkreuzung** 03 mit Parkplatz und Brunnen rechts über die Bachbrücke ins verträumte Val Sorda (Richtung Perigola). Auf rechter Bachseite leicht steigend zur nächsten Wegkreuzung zu einer Rastplatzwiese mit Grill und Kalkofen, **Perigola** 04.

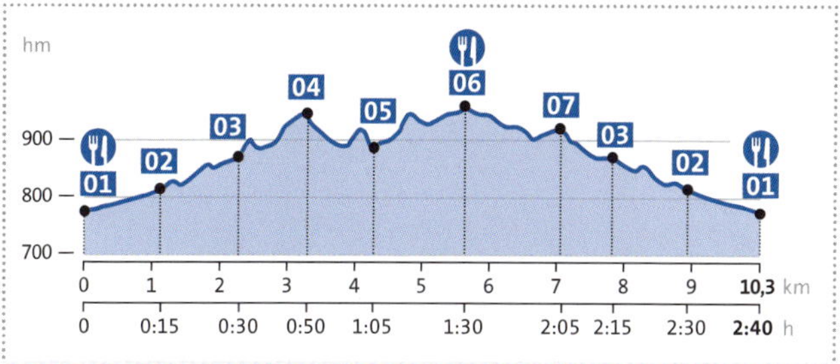

01 Lenzumo, 788 m; 02 Fußballfeld, 813 m; 03 Wegkreuzung, 873 m; 04 Perigola, 938 m; 05 Palò, 877 m; 06 Rifugio al Faggio, 963 m; 07 Wegabzweig 452B, 922 m

Oben: erfrischende Baumallee. Unten: Terrasse des Rifugio al Faggio

Nun links wieder leicht abwärts auf Weg 402 bis zum braunen Schild, von hier aus rechts in den Wald hinein. Auf weichem Boden über den Waldbuckel und hinab zu den Häusern von **Palò** 05.

Rechts weiter Richtung Faggio durch einen teilweise vermoosten Hohlweg. Viele Rastbänke locken zu Pausen. Endlich beginnt es im Bachbett zu plätschern. Letzte Brücke, danach rechts am Bachufer entlang. Die Stichwege lassen wir links liegen. Am **Rifugio al Faggio** 06 warten bereits urige Terrassentische und eine große Speisekarte auf hungrige Gäste.

Zurück geht es wieder hinunter in dasselbe Waldstück links der Zufahrtsstraße, „Ritorno Lenzumo“. Nach knapp 15 Minuten an Bänken rechts über die benachbarte Straße durch Nadelwald oberhalb der Wiese Pré de Cò. Am **Wegabzweig 452B** 07 geradeaus, danach links hinab zum Appartmenthaus „Giorno Alpino“. Die Straße queren und noch vor der Bachbrü-

cke rechts, auch an der nächsten Brücke vorbei Richtung Lenzumo. Der wunderschöne Saumpfad durch üppiges Nadelholz und schöner Wiese bringt uns in 15 Minuten kurz nach einer weiteren Brücke zurück zur bekannten **Wegkreuzung** 03. Bis zurück zum **Fußballfeld** 02 auf gleichem Weg, dann rechts und am großen Wegkreuz links weiter durchs Feld. An Plantagen vorbei bis zur Kapelle an der Via M. Bianchi. Links und nach dem Coop an der Kirche erneut links zurück zum Parkplatz in **Lenzumo** 01.

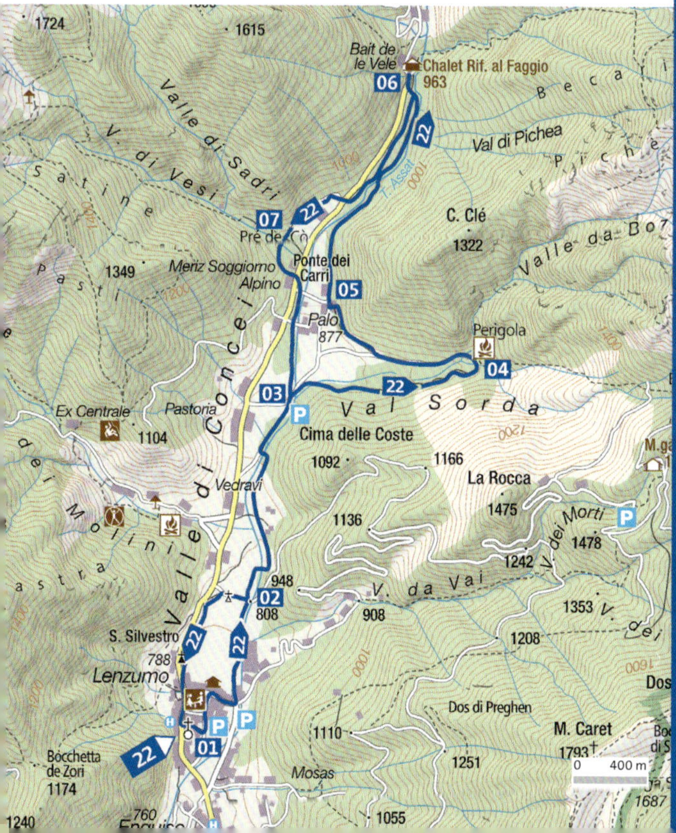

MONTE CADRIA • 2254 m

Kleiner Gipfel ganz groß

15,8 km | 7:30 h | 1475 hm | 1475 hm

START | Lenzumo (788 m), Parkplätze in der Via della Vasca, Bushaltestelle oberhalb der Kirche
[GPS: UTM Zone 32T x: 633.926 m, y: 5.085.761 m]
CHARAKTER | Langer, anstrengender Anstieg auf steiler Asphaltstrecke im Wald. Aussichtsreiche Flankenwechsel auf engen Serpentinen. Eine Gefahrenstelle am Steilhang direkt unterhalb des Gipfels. Keinesfalls nach Regen, bei Nebel oder starkem Wind! Schwindelfreiheit und Trittsicherheit erforderlich! Viel Wasser nötig.

Den Monte Cadria zu erklimmen, weckt schon allein wegen seiner Höhe Interesse, was bei der Anfahrt noch gar nicht ersichtlich wird. Einmal die Waldgrenze hinter sich, präsentieren sich seine schroffen Vorgipfel und die umliegenden Almweiden von einer sehr reizvollen Seite.

▶ Die Tour beginnt am Parkplatz in **Lenzumo** 01, von dort hoch zur Provinzstraße und rechts am Coop vorbei. Nach einer weiteren Kreuzung biegen wir kurz vor der kleinen Kapelle rechts ins Feld ein und verlassen Lenzumo. Auf Schotter an Plantagen vorbei, dann erneut zur Straße, rechts bis zum Linksabzweig mit Schautafel und Wegweiser Nr. 423. Über den Bach und kurz darauf am großen **Rast- und Grillplatz** 02 vorbei geht es hinein in die Valle dei Molini (Mühlental). Wir erreichen das Gebäude der Ex Centrale. Links sind Stationen eines Trimmpfads zu sehen – unser alternativer Rückweg!

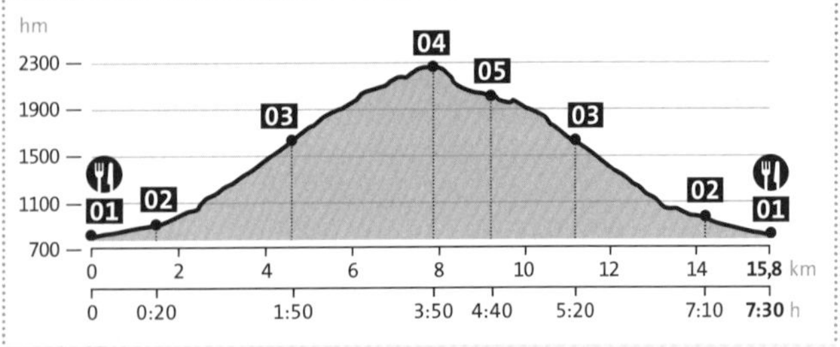

01 Lenzumo, 788 m; 02 Grillplatz, 900 m; 03 Malga Vies, 1554 m;
04 Monte Cadria, 2254 m; 05 Malga Cadria, 1924 m

Monte Cadria, höchster der Gardaseeberge (von der Bocca di Trat)

Ab jetzt wird die Forststraße richtig anstrengend und sehr steil mit vielen langen, teils monotonen Kurven durch blickdichten Wald. An den steilsten Passagen und in den Kurven meist asphaltiert. Dies geschafft, wird der Weg nach den ersten Wiesen und Hütten schöner. Wir treffen nach etwa 2 Stunden inmitten großer Rinderwiesen auf das Gehöft der **Malga Vies 03**.

Der Weg verläuft rechts in zwei Kehren und wird aufwärts steiniger. Von hier aus genießen wir einen Bilderbuch-Blick zur Alm und zum Monte Corno. Kurz darauf geht es auf einem Wiesenpfad durch ein buntes Meer an Blumen. Erst jetzt schaut man auf die grüne, aber schroffe Cadria-Kette.

Links liegt die Malga Cadria, wir folgen jedoch am Wegweiser rechts dem sehr schönen, knackigen Steig in vielen Serpentinen hinauf ins schroffe Felsgelände. Mehrere Höhlen und ehemalige Kriegsstollen gesellen sich zu den unzähligen Blumen am luftigen Wegesrand und bieten Unterschlupf. Wir wechseln zweimal zur östlichen Bergflanke und haben somit wunderbare Aussicht in die Valle di Concei. Nach einem

Steiler Bergsteig am Cadria-Kamm

Blumenreiche Hochtalmulde auf 2000 m (Mitte Juni)

markanten Felszahn zweigt links ein Steig hinab (unser Rückweg).

Ab hier wird der restliche Anstieg schwieriger. Knapp unterhalb des Gipfels kraxeln wir sehr abschüssige, ungesicherte Felschrofen hinauf! Nichts für schwache Nerven, vor allem abwärts! Nach dem Wegweiser ist bald der kleine Gipfel des **Monte Cadria** **04** mit Altar und einfachem Kreuz erreicht. Der weite Fernblick bei Schönwetter entschädigt alle Mühen.

Schroffer Felshang am Gipfel

Zurück auf gleiche Weise bis zum erwähnten Abzweig, nun spitz nach rechts einbiegen und durch einen ebenfalls nicht ungefährlichen Abschnitt über abschüssiges Geröll bergab zur Weggabelung. Links geht es steil über die bunte Wiese hinab. Danach führt uns ein breiter steiniger Weg gemütlich wieder zurück in die blumenreiche Senke bis direkt vor die **Malga Cadria** **05**, (unbewirtschaftet, schöner Rastplatz).

Der restliche Abstieg erfolgt auf dem bekanntem Weg bis zur Ex Centrale.

Mein Tipp nach dem sehr strapaziösen Steilstück über die Straße: Auf den Trimmpfad rechts des Baches durch wunderschönen Wald bis zu bekannten **Rast- und Grillplatz** **02** auf der linken Bachseite (10 Min.) wandern.

Gipfelkreuz im Nebel

Bunte Wegbegleiter

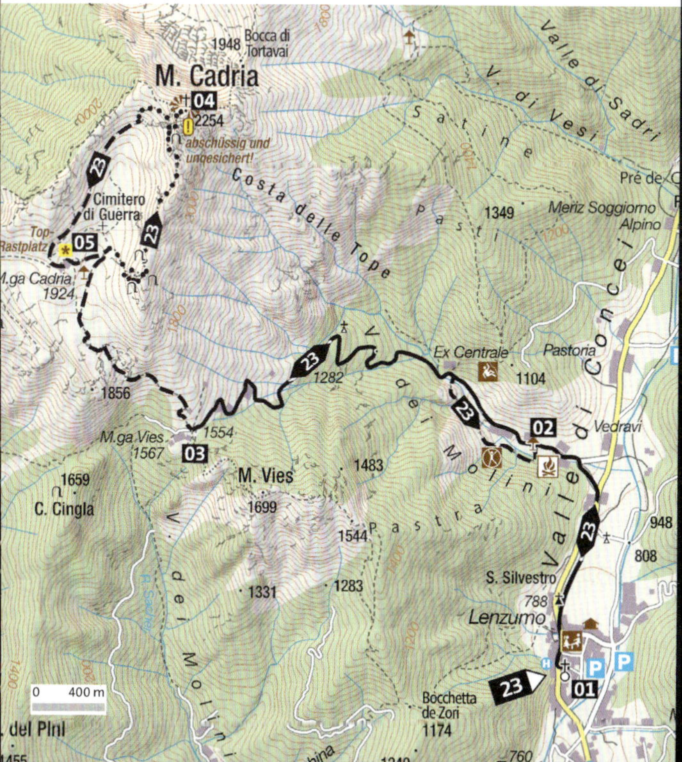

MONTE STIGOLO • 1699 m – LAGO D'AMPOLA

Einsame Naturwelt am Rande der Gardaseeberge

17,8 km | 6:30 h | 1010 hm | 1010 hm

START | Tiarno di Sopra (749 m), Piazza Milin, Bus und Parkplatz [GPS: UTM Zone 32T x: 629.616 m, y: 5.083.057 m]
CHARAKTER | Mühevoller, langer Aufstieg (ohne Wasser!) zumeist auf Forst- und Waldwegen. Einige Steilstufen, speziell am Gipfel.

Der ganztägige Ausflug führt auf einen unberührten Aussichtsberg im hinteren Ledrotal. Der Besuch des Biotops Lago d'Ampola ist ein wunderbarer Ausklang des Bergtages.

Ausgehend von der Kirche in **Tiarno di Sopra** 01 geht es links in die Via G. Marconi und wir folgen dann halbrechts am Campingplatz dem Weg 401/402. Dann über die mäßig ansteigende Forststraße in die Valle Sacche folgen und an der ersten Gabelung nach rechts am Bach entlang, Weg 458. Bei einem Heiligenschrein (bei ca. 1 km) überschreiten wir links den Bach. Kurze Zeit später müssen wir links abbiegen und der asphaltierten Straße weiter folgen und dabei erneut den Rio Sacche überqueren. Bei der T-Gabelung gehen wir rechts (Nähe Bestem) und ab der Schranke wird es schottrig (leider kaum beschildert). Bald zweigt links ein markierter Pfad hinauf zum **Sattel Maina** ab.

Nun links auf schattigem, teils steilerem Pfad (Nr. 458) zum **Passo di Rango** 02. Am großen Wegweiser weiter auf Weg „458" in Richtung Cima del Visi. Nach weiterer Steilstufe auf Waldboden treffen wir auf den nächsten Sattel, ab hier bereits ein beachtlicher Blick in die Valle d' Ampola. Rechts fortsetzend bleiben wir meist auf gleicher Höhe, an Felsen vorbei,

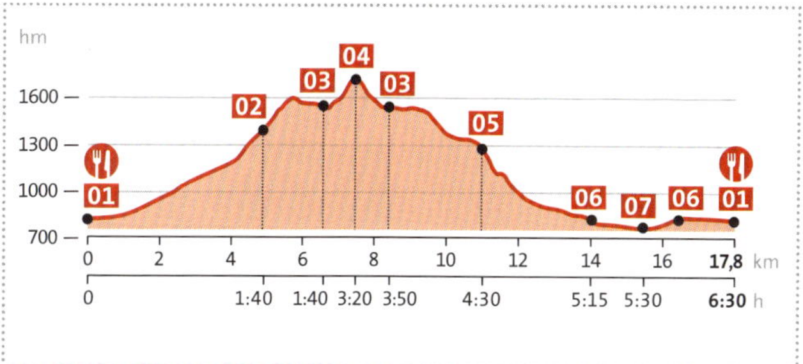

01 Tiarno di Sopra, 749 m; **02** Passo di Rango, 1304 m; **03** Sella di Laretto, 1509 m; **04** Monte Stigolo, 1699 m; **05** Malga Stigolo, 1281 m; **06** Via del Trocc, 752 m; **07** Lago d' Ampola, 726 m

stets mit Blick auf den Monte Stigolo. Unterwegs müssen wir eine restaurierte **Holzbrücke** über eine Schlucht überqueren. Weiter durch naturbelassenen Wald direkt zur Wegegabelung am **Sella di Laret-**

Treuer Weggefährte aus Tiarno di Sopra bis hinauf zum Monte Stigolo

to 03. Von hier aus führt ein markierter, steiler Waldpfad in Serpentinen hinauf zum Gipfelbereich des **Monte Stigolo** 04. Oben ein unvergessliches Traum-Panorama zur Adamello-Gruppe, zum Monte Tremalzo und in die Valli Giudicarie. Die Mühe hat sich gelohnt!
Zurück zum **Sella di Laretto** 03, von wo aus rechts der schöne, schmale Waldweg „458" bis auf eine Forststraße talwärts führt. Rechts davon der perfekte Rastplatz mit Löschteich an der **Malga Stigolo** 05. Am Wegweiser knapp oberhalb der Hütte finden wir den richtigen Weg bergab, vorbei an der Localita Bisti mit Natur-/Wasser-Spielelementen. Ab dort geht es weiter auf Asphalt bis ins Tal zurück. Am Informationsschild **Via del Trocc** 06 bringt uns der familiengerechte Spazierweg links zurück zum Ausgangspunkt.

Biotop Lago d' Ampola

Unbedingt zu empfehlen ist der kurze Abstecher zum **Lago d' Ampola** 07. Dazu gerade hinunter über die Straße und am Fahrwegende rechts über Rad- und Wiesenweg wenige Minuten bis zu den Informationspunkten mit Aussichtsplattform über dem See. Eine Einkehr ist im **Gasthaus Ampola** wenige Schritte weiter möglich.

Wer Glück hat, trifft den freilaufenden Sheppard-Hund aus Tiarno, der Wanderer ohne Karte über den Gipfel führt!

MONTE CORNO– CIMA CASÈT

Die Klettersteige des „Sentiero Mora e Pellegrino“

11,5 km | 6:30 h | 740 hm | 740 hm

START | Rifugio Garibaldi (1521 m), an der Tremalzo-Passstraße SP127 [GPS: UTM Zone 32T x: 630.563 m, y: 5.078.080 m]
CHARAKTER | Forst-/Waldwege, knackiger Aufstieg. Schweißtreibende Gratüberschreitung, teils am Drahtseil. Nur für trittsichere und schwindelfreie Bergsteiger, da ausgesetzt. Tour rot-schwarz.

Diese Tour verläuft ab dem **Rifugio Garibaldi** 01 zunächst auf breitem Forstweg durch Wald, leicht ansteigend in nordöstlicher Richtung (Nr. 419). Nach etwa einer Dreiviertelstunde erreichen wir erst Bochet de Casèt, kurz darauf die **Bocca di Casèt** 02 mit Vogelwarte (Beringung).

Wir folgen der Schotterstraße (Nr. 419) rechts in S-Kurven hinab zur unbewirtschafteten **Malga Giù** 03 und biegen am gut ausgestatteten Selbstversorger-Biwak **Cà de Mez** links in die Wiese ein. Es empfiehlt sich jedoch ein Stopp am Biwak, um den Wasservorrat aufzufüllen. An der Kapelle Santa Anna vorbei und im Wald weiter auf Weg 456, der an mehreren kleinen Wasserfällen vorbeiführt.

Am **Bochèt de la Spinera** 04 steigen wir links im schattigen, erfrischenden Wald bergwärts (Weg Nr. 456B). Im Wald wächst eine Vielzahl an Farnen und Pilzsorten. Die schöne Blumenpracht erfreut das Auge. Danach steil und steinig bis felsig. Am Wegweiser steigen wir rechts in mehreren Kehren (Achtung! Ein größerer Felsblock zu Beginn) kurz hinauf zum ersten und schönsten Gipfel dieser Bergkette, dem **Monte Corno** 05 mit

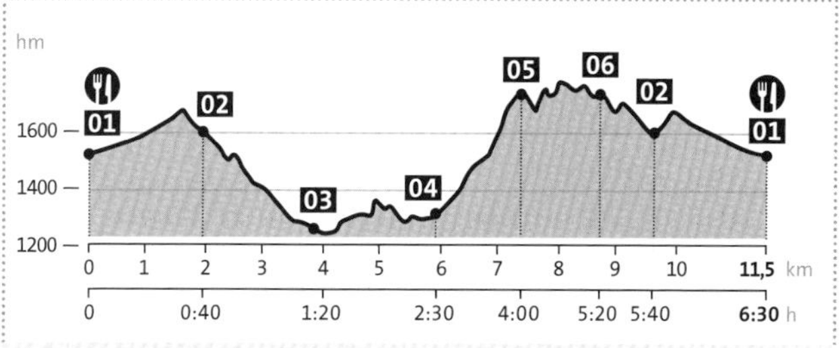

01 Rif. Garibaldi, 1521 m; 02 Bocca di Casèt, 1603 m; 03 Malga Giù, 1269 m; 04 Boc. de la Spinera, 1320 m; 05 Monte Corno, 1732 m; 06 Cima Casèt, 1748 m

Magischer Blick zu Cima Pari, Cima d'Oro und Lago di Ledro

großem Kreuz, wo sich eine längere Rast anbietet. Überwältigendes Panorama auf die umliegenden Gebirgsmassive und zum Ledrosee. Zurück am Wegweiser beginnt nun das kleine Kletterabenteuer am **„Sentiero Mora-Pellegrino"**.

Zu beachten: Unsicheren ist ein Klettersteigset empfohlen. Zwar sind die Passagen nicht schwer, aber Trittsicherheit und Schwindelfreiheit zwingend erforderlich!

Gleich zu Beginn des Grates erfolgt der schwierigste Aufschwung durch eine rutschige Felsrinne, die jedoch mittels Drahtseilen und festen Griffen gut zu meistern ist. Kurz hinab, dann steil und eng am Grashang bergan auf einen weiteren Gipfel, von dem wir auf den mit Felstürmen und Zacken durchzogenen Grat blicken. Nach weiterem Abstieg erklimmen wir über steile Felsstufen und Drahtseile den **Monte Prubegno**, den höchsten Punkt der Tour.

Weiterhin geht es abwechselnd auf und ab über namlose Kuppen mit besten Blicken auch auf das nördlich gelegene Ledrotal. Dann über die letzte Hürde – einem kurzen, leicht ausgesetzten Stück am Drahtseil hinauf. Kurz darauf befinden wir uns knapp unterhalb der **Cima Casèt 06**, von der aus sich der felsige Steig in einem Graspfad mit wunderschönem Panorama nach Südost zur Malga Giù oder zum Tremalzo fortsetzt. Ein kurzer Abstecher nach links zu einem Unterstand lohnt sich für einen letzten Rückblick über das gewaltige Corno-Massiv. Der Pfad mündet wenig später in eine breite Forststraße, die uns zurück zur **Bocca di Casèt 02** bringt. Der weitere Rückweg ist vertraut.

Erweiterung: Auf den Monte Tremalzo

Allein schon die Anfahrt über die kurvenreiche Tremalzopassstraße ist ein Abenteuer. Die Neugier ist groß, bis zum Pass zu fahren und ab dem Rifugio Garda in nur 35 Min. auf den Monte Tremalzo zu steigen. Der Blick ist phänomenal, die große Sendeanlage alledings weniger.

Monte Corno mit sportlichem Übergang zum Monte Prubegno

PASSO NOTA UND DIE TREMALZO-NORDFLANKE

Lange, anspruchsvolle Tour zu historischen Kriegsstätten

18 km | 7:00 h | 1385 hm | 1385 hm

START | Pian di Pur (Ledrosee): Parkplatz unterhalb des Hotels Maroni (Via Europa, 677 m)
[GPS: UTM Zone 32T x: 635.486 m, y: 5.080.631 m]
CHARAKTER | Steile, zum Teil schattige Waldwege. Breiter Kriegsweg ab Passo Nota. Vereinzelt Geröllstellen mit starkem Gefällewechsel unterhalb der Cima Tuflungo. Technisch leicht, aber langatmig. Genug Wasser mitnehmen. (Tour rot-schwarz).

Der Passo Nota war seit der Römerzeit eine der wichtigsten Verbindungen zwischen Gardasee und Ledrotal, später strategisch wichtiger Punkt in Kriegsschlachten. Ringsum sind Reste eines Militärdorfes zu sehen. Der Pass ist sogar per Auto von der Valle di Bondo (Tremosine) erreichbar.

▶ Beim Parkplatz in **Pian di Pur** 01 mit Wegweiser bewegen wir uns südwärts (Nr. 421) und biegen sogleich links in die Via Casarino ein, vorbei am Hotel Maroni. Kurz darauf folgen wir dem Fahrweg geradeaus, an dem wir handgeschnitzte Holzfiguren bestaunen können. Die rot-weiße Baummarkierung führt uns rechts von der Straße weg, stets eng am Bach entlang und wird wenig später zum Pfad. Dieser ist recht steil und erfordert Kondition und Tritt-

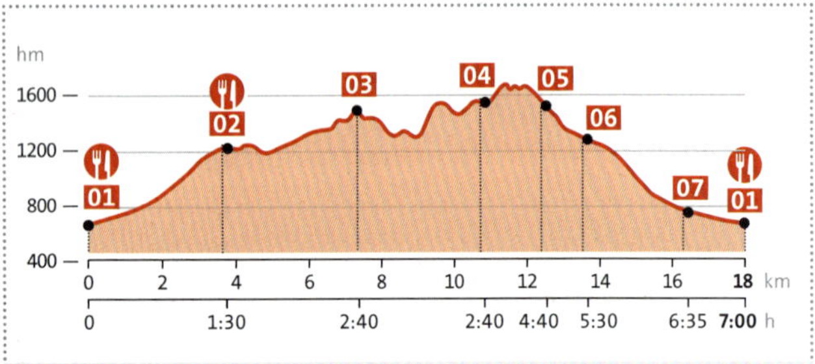

01 Pian di Pur, 677 m; 02 Passo Nota, 1208 m; 03 Cima Avrinone, 1523 m; 04 Malga Tremalzo di Molina, 1543 m; 05 Bivacco La Pertica, 1485 m; 06 Malga Giù, 1269 m; 07 Malga Cita, 746 m

Feldhaubitze aus dem Zweiten Weltkrieg beim Rifugio am Passo Nota

sicherheit. Bei der nächsten Gabelung überqueren wir einen Forstweg und steigen weiter hinauf.

Nach einem Holzunterstand erreichen wir über eine weitläufige Wiese den **Passo Nota** **02** und damit die ehemalige Grenze zwischen Österreich-Ungarn und Italien. Direkt bei der Berggaststätte stehen zwei restaurierte Geschütze aus dem Zweiten Weltkrieg. Lohnenswert ist gegenüber ein kurzer Abstecher (80 Treppenstufen) zu einem Soldatenfriedhof.

An der Weggabelung unterhalb der Berggaststätte geht es nun rechts entlang der ehemaligen Kriegsstraße (Nr. 457). Über mehrere leicht ansteigende Kehren und einen Tunnel gelangen wir zum Wegkreuz am **Passo Pra della Rosa**, bei dem wir weiter auf Weg 457 zurück zur Nordseite wechseln.

Ein zehnminütiger Abstecher nach rechts bringt uns auf die kleine **Cima Avrinone** **03** (einziger Gipfel der Tour). Von dort genießt man einen schönen Rundblick auf Monte Tremalzo, Monte Baldo und ins Valle di Bondo.

Achtung! Die Fortsetzung auf Weg 457 am Pass ist nicht sofort zu erkennen! Links halten und in Kehren abwärts. Am nächsten Abzweig (Abkürzung zur Malga Cita möglich) setzen wir den Weg geradeaus durch dichten Wald fort. Nach mehrfach steilem, teils geröllligem Auf und Ab unterhalb des steilen Felsmassivs der Cima Tuflungo erreichen wir bald die **Malga Tremalzo di Molina** **04**, von der aus wir den Monte Tremalzo am besten betrachten können.

Den steilen Anstieg zum höchsten Punkt der Tour auf 1689 m schmückt ein großflächiger Blumenteppich. Zahlreiche Felstürme ragen am Wegrand empor, frei ist die Sicht auf den Ledrosee. Die Markierung des Weges ist allerdings eher mangelhaft. Auf sehr feuchtem Boden durch dichten Wald an zwei Viehtränken auf Lichtungen vorbei und steil hinab

Ex-Kriegsstraße, heute Bikeweg zum Tremalzo mit Cima Avrinone

zum **Bivacco La Pertica** 05. Es wird noch steiler bis zum Waldrand. Dort am Wegweiser rechts über die Forststraße Nr. 419 zur **Malga Giù** 06 (ohne Verpflegung).

Kurz darauf weiter zur Selbstversorgerhütte **Cà da Mez**, wo Getränke, Grill und Ofen für uns bereitstehen. Rechts auf Weg 419 betreten wir wieder den Wald auf schmalem Pfad, der einige hundert Meter später in einen steilen Forstweg übergeht. Kurz vor der **Malga Cita** 07 (privat) begegnen wir noch einem schönen Rastplatz direkt am tosenden Torrente Sat mit kleineren Wasserfällen. Wenig später treffen wir wieder in **Pian di Pur** 01 ein.

Variante: Vorzeitiger Abstieg zur Malga Cita
Wem es zu weit wird, der kürzt einfach am Wegabzweig nach dem Passo Pra della Rosa rechts ab und steigt steil durch dichten Wald bergab.

Bis zur **Malga Cita** 07 läuft man etwa 40 Minuten.

Krokuswiese oberhalb der Malga Tremalzo di Molina (Ende April)

PREGASINA – MONTE CARONE • 1621 m

Aussichtsreiche Rundtour an historischen Grenzen mit felsiger Gipfelbesteigung

15,5 km | 6:30 h | 1120 hm | 1120 hm

START | Pregasina (532 m), Parkplatz unterhalb der Kirche [GPS: UTM Zone 32T x: 641.631 m, y: 5.079.063 m]
CHARAKTER | Abwechslungsreiche Bergtour auf festen, teils felsigen Bergpfaden und breiten Schotterpisten. Im Gipfelbereich sind Trittsicherheit und Vorsicht geboten! Exponiert, aber gesichert.

Monte Carone ist die höchste Erhebung östlich des Tremalzo und somit einer *der* Panoramagipfel der Region. Zuvor passieren wir drei wichtige Pässe an der beliebten Radstrecke Pregasina – Tremalzo.

▶ Vom Parkplatz am Ende von **Pregasina** 01 hinauf zum Friedhof, hier scharf links und am Wegweiser rechts auf Weg 422, dann ein Rechtsknick. Nach 150 steilen Höhenmetern biegen wir links in Richtung Südwest ab (Weg 422 zum Passo Rocchetta). Wir gewinnen schnell an Höhe auf einem aussichtsreichen, leichten Bergweg, der nach 30 Minuten in Schotter übergeht und so bis zur Malga Palaer führt. Zwischen Bäumen neben der Alm versteckt sich ein sprudelnder Brunnen.

Ab hier auf Weg 422B weiter bergauf durch erfrischenden Wald zum **Passo Rocchetta** 02 mit einer kleinen Schutzhütte. Hier treffen wir auf die alte Grenzstraße aus dem Ersten Weltkrieg. Westwärts (rechts) leicht bergauf (Weg 422). Fantastische Seeblicke sind unterwegs garantiert! **Achtung!** Die Straße ist bis auf Weiteres in Bau. Ein kurzer Umweg direkt über den Monte Guil (kurz rechts Richtung Cima d. Nara, dann links) ist hier eine Variante.

Militärdenkmal Monte Carone

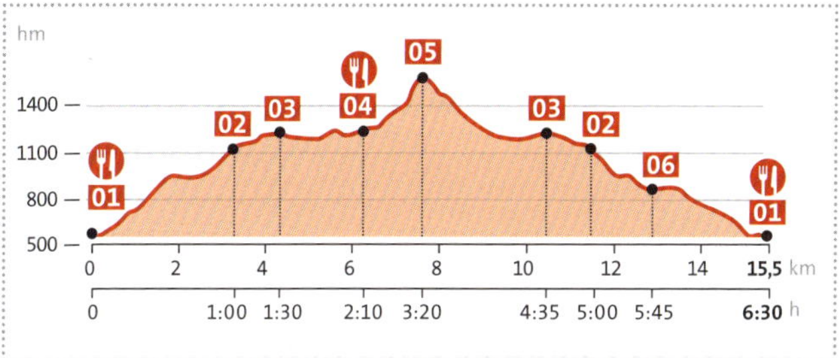

01 Pregasina, 532 m; **02** Passo Rocchetta, 1158 m; **03** Passo Guil, 1240 m; **04** Baita Segala, 1250 m; **05** Monte Carone, 1621 m; **06** Punta Larici, 907 m

Dann wieder abwärts in eine Wiesensenke zum **Passo Guil** **03**. Wir bleiben auf der ehem. Militärstraße (Sentiero Antonioli, Nr. 421). Rechts türmen sich gewaltige Felswände, links präsentieren sich schöne Ausblicke auf den Gardasee. Wenig später bietet sich eine Rast in der unbewirtschafteten Schutzhütte **Baita Segala** **04** mit Getränken und Snacks an. Am nächsten Abzweig (an der Casa Carlotta) geht es rechts auf dem „Sentiero Tosi" (Nr.

Spektakulärer Steig durch einen windumtosten Kamin

105) durch Wald in Serpentinen hinauf. Wir folgen dem Wegweiser „Senter de Carune dal Camino“. Es wird schroff und steil und ein mit Drahtseilen gesicherter Pfad leitet uns durch windumwehte Felstürme hindurch (Kamineffekt). Dies erfordert Konzentration! Am Gipfel des **Monte Carone** 05 mit Soldatenkreuz und Kriegsartefakten begeistert der herrliche Fernblick nach Süden und über den See.

Ostseitig bergab und rechts haltend, schlängeln wir uns im Zickzack am Fels (leicht ausgesetzt) langsam zurück zur alten Kriegsstraße. Nach links (Weg 421) und über **Passo Guil** 03 und **Passo Rocchetta** 02 bis zur Malga Palaer auf gleichem Weg wie herwärts. Nach der Steinhütte auf Weg 422B bleiben und ostwärts zur Bocca Larici mit Schutzhaus wandern.

Lohnenswert ist der Abstecher zur exponierten Aussichtsterrasse **Punta Larici** 06 (5 Min.). Sie bietet einen imposanten Tiefblick über die felsigen Abstürze zum See. Der restliche Weg zurück zum Parkplatz in **Pregasina** 01 erfolgt auf einer breiten von Buchen gesäumten Forststraße (Weg 422B).

Blick vom Punta Larici – unglaubliche Felskulisse steil über dem See

CIMA DELLA NARA • 1376 m – CIMA MUGHERA – PUNTA LARICI

Spektakuläre Kammüberschreitung mit überwältigenden Aussichtskanzeln

13,2 km | 6:30 h | 970 hm | 970 hm

START | Pregasina (532 m), Parkplatz unterhalb der Kirche [GPS: UTM Zone 32T x: 641.631 m, y: 5.079.063 m]
CHARAKTER | Sehr anspruchsvolle, sportliche Gratwanderung für Höhenbegeisterte. Felsige Kraxel- und Drahtseilpassagen. Trittsicherheit, Schwindelfreiheit vorausgesetzt. Wasser mitnehmen!

An die strategische Bedeutung der Cima Nodice erinnern das große Schützengrabensystem und die Kavernen. Die anstrengende Nara-Kammwanderung in luftiger Höhe bietet fantastische Panoramablicke. Die Highlights sind die beiden Aussichtskanzeln.

▶ Vom Wanderparkplatz in **Pregasina** 01 aus steigen wir den Asphaltweg hinauf zum Friedhof mit Wegweiser, hier rechts auf Weg 422. Zunächst recht steil und steinig auf Beton, dann durch Wald, folgen wir rechts dem Weg 429 (150 hm). Kurz darauf erneut rechts (429A) und die **„Scala Santa“** vorsichtig hinaufsteigen. Die „heilige Treppe“ wurde in die Felsen gehauen und ist ausgesetzt. Dabei geht es durch eine senkrechte Felsspalte hindurch zu den Schützengräben und Bunkeranlagen am Gipfel der **Cima Nodice** 02. Dieser ist löcherig wie ein Schweizer Käse. Unterwegs dorthin... traumhaftes Panorama! Der Abstieg führt westseitig in die **Bocca da Lé** (780 m). Den italienischen

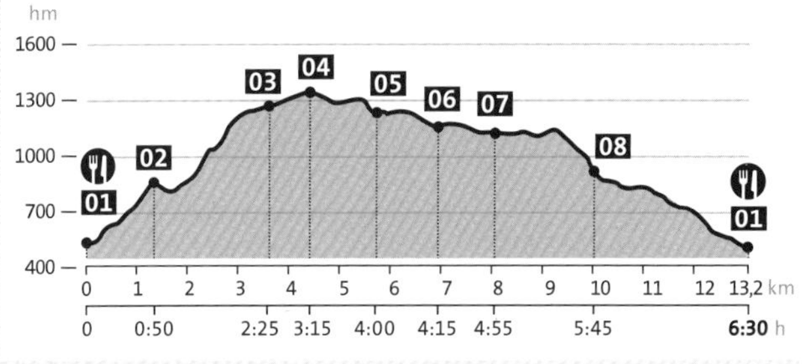

01 Pregasina, 532 m; 02 Nodice, 859 m; 04 Cima Bal, 1259 m; 05 Cima della Nara, 1376 m; 05 Passo Guil, 1209 m; 06 Punt o Ristoro, 1175 m; 07 Passo Rocchetta, 1158 m; 08 Punta Larici, 907 m

Leicht ausgesetzt – die Scala Santa

Abschüssiger Abstieg am M. Palaer

Kriegsopfern wurde hier ein Denkmal gesetzt. Die Tour wird geradeaus fortgesetzt (Nr. 430). Es geht durch Waldserpentinen sehr steil bergauf. Es gibt zwei Varianten zum Vorgipfel des Nara-Kamms, durch Fels und Geröll.

Der exponierte **Expertensteig** (EEA) eignet sich für Sportliche mit Spaß am Kraxeln. Auf den ersten Gipfel, die Cima Strussia, folgt kurz darauf die **Cima Bal** **03** mit Kreuz und sensationellem Blick auf gleich zwei Seen. Sehr steinig, mehrfach auf und ab, führt der Pfad direkt über die senkrechten Felsabbrüche durch Dickicht und Felsblöcke. An der Gabelung erklimmen wir rechts die **Cima della Nara** **04** über einen gesicherten Steig mit Stollenzugang. Linksseitig wäre eine Umgehung möglich.

Nach leichtem **Abstieg** über den Passo Chiz kommen wir auf schönem Waldweg zu einem Wegweiser, hier rechts über große Wiesen (Prati di Guil) hinab zum **Passo Guil** **05**. Auf dem breiten Weg 101 (nach Limone) verläuft die Tour noch kurz südwärts zum **Punto Ristoro** **06**, leider derzeit geschlossen, Infos dazu im Tourismusbüro Limone. Ein Katzensprung darunter die spektakuläre Kanzel **Cima Mughera** mit unverdecktem Seepanorama (Achtung: Geröll !).

Ab dem Kiosk gehen wir wieder nordwärts auf Weg 101B durch das obere Val di Nembra. Nach knapp 30 Minuten treffen wir am **Passo Rocchetta** **07** ein und folgen dann rechts dem mit "130" markierten Bergpfad entlang der Waldgrenze nach Osten. Einige Male auf und ab erreichen wir die höchste Stelle, den **Monte Palaer**. Abwärts ist Vorsicht und Konzentration geboten, da sehr abschüssig und ungesichert! Geschafft, dann noch um den markanten, schräg liegenden Felsen herum ohne Eile, bis wir zur **Bocca Larici** kommen.

Sehr lohnenswert ist der kurze Abstecher zur exponiert liegenden **Punta Larici** **08** (5 Min.), einer Aussichtsterrasse mit tollem Panorama. Faszinierend, wie steil das Gelände hier abfällt! Knapp vor diesem Punkt zweigt links ein markierter Steig weg, dem wir auf der Seeflanke durch Kavernen nordwärts herabgehen. Am Ende zieht der Steig 10 Minuten arg steil über die Westflanke auf die Forststraße (422B) herab. Sie führt zurück nach **Pregasina** **01**

Ungestörte Gipfelrast auf der Cima Bal (Monte Stivo am Horizont)

LIMONE – PERCORSO NELLA NATURA

Uferpromenaden, wilde Wasser und ein Stadtbummel

7,5 km | 2:45 h | 410 hm | 410 hm

START | Hotel Panorama (Via 4 Novembre 86, 25010 Limone sul Garda), Parkplatz und Bushaltestelle nebenan. Zurück Richtung Riva del Garda fahren die Buslinien S202, LN012, LN027
[GPS: UTM Zone 32T x: 640.751 m, y: 5076.146 m]
CHARAKTER | Spazier- und Wandertour auf Pflaster- und Schotterwegen. Mit Kinderbuggy machbar. Badesachen einpacken.

Bei diesem gemütlichen Ausflug gibt es viel zu erkunden, sowohl im malerischen Limone als auch unterwegs. Den Sopino-Wasserfall kennt nicht jeder. Limone wurde nicht wegen der Zitronen so benannt, der Name leitet sich vom lateinischen Wort *limes* (Grenze) ab. Der Ort steht auch für eine spektakuläre Lage in mediterranem Klima, für schöne Architektur, malerische Gassen, einen romantischen Hafen, eine idyllische Promenade, gute Luft und… viele Touristen.

Vom **Hotel Panorama** 01 kurz auf Kiesel neben der sehr stark befahrenen Gardesana bis zum Ortseingang. Der Via Reamol („Sentiero del Sole") zwischen Zypressen hinunter folgen. Später durch Steinmauern und Oliven bis zur Straßenkurve Via Nova.

Von hier aus lohnt ein ganz besonderer **Abstecher**: rechts hinauf zur Hauptstraße, links und vorsichtig hinüber zur Auffahrt zum Hotel Limonaia. Hier gibt es geradeaus auf steilem Pfad am Bach oder rechts

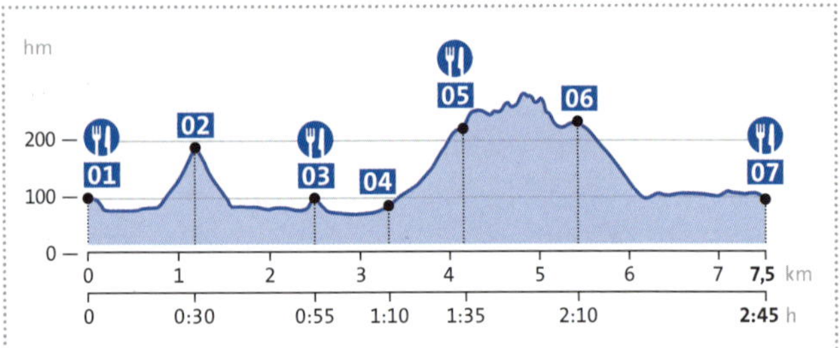

01 Hotel Panorama, 94 m; 02 Sopino-Wasserfall, 180 m; 03 San Rocco, 100 m; 04 Bachmündung, 74 m; 05 La Milanesa, 210 m; 06 Torrente Pura, 241 m; 07 Tourist-Information, 105 m

Oben: Limone und Monte Bestone (vom Sopino-Wasserfall fotografiert)
Unten: Limone aus der Vogelperspektive (vom Monte Bestone aus)

Der imposante Sopino-Wasserfall oberhalb des Hotels Limonaia

über Serpentinenstraße den Zugang zum ersten Highlight der Tour: dem **Sopino-Wasserfall** 02.

Zurück zur Via Nova und rechts weiter Richtung Limone. Eine erste Einkehrmöglichkeit bietet die **Villa Romantica** mit guter Küche und herrlicher Aussichtsterrasse.

Weiter vorbei an Hotels. In Limone angekommen, empfiehlt sich ein Blick in die hübsche Kirche **San Rocco** 03 (die Stufen zwischen Via Nova 13 und 15 hinauf). Von oben genießen wir ein traumhaftes Panorama über Limone und auf seinen Hausberg Monte Bestone.

Zahlreiche Souvenirgeschäfte locken danach zum Bummeln entlang der Via Porta. Vorbei am historischen Porto Vecchio erreichen wir uns links haltend das **Museo del Turismo** mit interessanten Exponaten über den Beginn des Gardasee-Tourismus.

Weiter auf der Uferpromenade mit einigen Restaurants und dem größeren Porto Nuovo. Nach dem Parkplatz lädt der gemütliche Kieselstrand zum Baden ein. An dessen Ende führt eine Brücke über die **Bachmündung** 04 des Torrente San Giovanni, dem wir rechts hinauf folgen. Eine weitere Brücke bringt uns wieder auf die rechte Bachseite. Unterquerung der Hauptstraße und über Stufen hinauf zur Via Tamas. Nun sind wir auf dem attraktiven **„Percorso nella natura“**. Wieder abwärts zum rauschenden Bach und hinauf bis zum Eingang der Valle del Singol an der **Trattoria La Milanesa** 05.

Hier über die Brücke und links dem Percorso im steilen Zickzack hinauf folgen. Etwas steiniger in leichtem Auf und Ab, dazu ein herrliches Panorama über Limone und den Gardasee. Nach einem kleinen Rastplatz mit Wasserfall geradeaus. Am Ende auf der Via Preone rechts hinauf und nach der Bachquerung des **Torrente Pura** 06 links bergab zurück nach Limone. Über eine Straße, dann auf der Via Nanzello links. Nach einigen Hotels halten wir uns an der Kreuzung leicht links und biegen rechts in die Via Tamas, die uns direkt vor die Pforte zum Municipio und dem Museo dei Pescatori (Fischereimuseum) führt. Am unteren Parkausgang an der Hauptstraße links am Coop vorbei zur **Tourist-Information** 07 mit einer Bushaltestelle.

Per Bus geht es zurück zum **Hotel Panorama** 01. Natürlich ist der Rückweg zu Fuß auf gleichem Weg auch möglich.

CIMA MUGHERA • 1161 m

Panoramagenuss nach kräfteraubendem Anstieg

8,5 km | 4:30 h | 1015 hm | 1015 hm

START | Trattoria La Milanesa (210 m), oberhalb von Limone, Via Milanesa 12 [GPS: UTM Zone 32T x: 838.669 m, y: 5.074.933 m]
CHARAKTER | Sehr anstrengender, steiler Anstieg auf breiten Pflasterwegen und Waldpfaden. Abstieg teilweise durch loses Geröll. Trittsicherheit. Oft schattenlos. Unentbehrlich: Wasservorrat!

Diese Bergtour durch die Valle del Singol zieht sehr steil in eine felsige Bergkulisse hinauf und erreicht den Felsvorsprung Cima Mughera. Kein richtiger Gipfel, aber mit schönem Tiefblick auf den Gardasee und Limone.

▶ Am Parkplatz der **Trattoria La Milanesa** 01 geht es über die Brücke des beeindruckenden, tosenden Wildbachs San Giovanni, dann rechts. Wir folgen dem breiten, gepflasterten Maultierpfad (Nr. 101) recht steil hinauf durch die Valle del Singol. Links ein kleiner, bezaubernder Wasserfall. Gute Gelegenheit, sich Trinkreserven mitzunehmen. An einem Kalkofen vorbei und die beiden Wegabzweige zur Dalco-Alm ignorieren. Nach 30 Minuten über die **Bachbrücke** 02, am nächsten Abzweig über einen weiteren Bach und nach einem Rechtsbogen aufwärts.

An der Gabelung rechts weiter auf Weg 101 sehr steil in Serpentinen bergauf mit herrlicher Bergkulisse im Hintergrund. Der Anblick der Corna Vecchia oder dem Monte Carone macht Lust auf Pausen auf einer der Bänke. Beim **Abzweig (Weg 103)** 03 gehen wir rechts weiter auf Weg 101 – ein schmaler, ebenfalls sehr steiler Waldpfad.

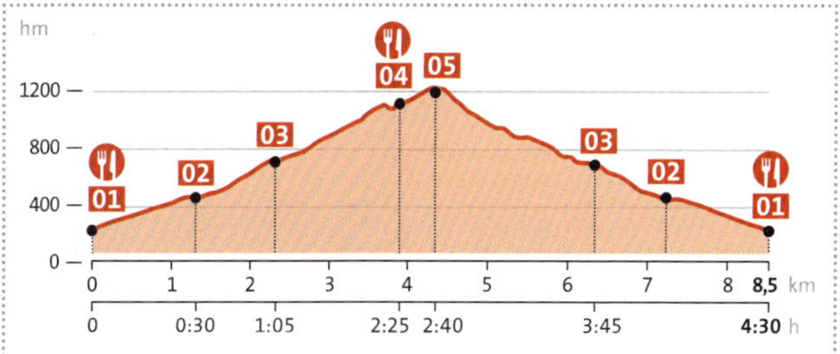

01 Trattoria La Milanesa, 210 m; 02 Bachbrücke, 447 m; 03 Abzweig (Weg 103), 707 m; 04 Cima Mughera, 1161 m; 05 Passo Guil, 1209 m

Kräftezehrender Aufstieg auf Kopfsteinpflaster

Nach einer weiteren Bachquerung und einer Bank wird es richtig steil. Der Pfad schlängelt sich noch etwa 200 Höhenmeter bis zur T-Kreuzung mit dem Verweis „Panorama" nach rechts. Eine kleine, sehr steinige Steilstufe hinauf und wir stehen am grandiosen Panoramapunkt **Cima Mughera** 04.

Danach geht es wieder hinunter zur Gabelung, hier rechts zum willkommenen **Punto Ristoro**, an dem es Getränke, Snacks und Platz zum Verweilen inklusive Ausblick gibt (bis auf Weiteres geschlossen, Infoformationen im Tourismusbüro Limone erfragen).

Am Kiosk links weiter auf Weg 101 bis zu den Wegweisern am höchsten Punkt der Tour, dem **Passo Guil** 05. Wir steigen auf Weg 117 Richtung Limone steil wieder hinab. Erst einige Waldkehren, dann der steinige Abschnitt mit Rutschgefahr bei Nässe. Hier sollte man sehr vorsichtig sein.

Nach gut einer Stunde seit dem Pass erreichen wir den breiteren Weg 103 und folgen ihm nach links bis zum bekannten **Abzweig (Weg 103)** 03.

Der weitere Rückweg erfolgt am Anstiegsweg.

Der Abstiegsweg

Top-Panorama auf den Gardasee, Limone und den Monte Baldo

MALGA DALCO – MONTE BESTONE • 916 m

Harte Bergrundtour nah am Abgrund mit Belohnung

10,5 km | 5:55 h | 980 hm | 980 hm

START | Trattoria La Milanesa (210 m), oberhalb von Limone, Via Milanesa 12 [GPS: UTM Zone 32T x: 838.669 m, y: 5.074.933 m]
CHARAKTER | Anstieg besonders anstrengend, vor allem bei Hitze! Die Schlüsselstelle ist der abschüssige Abstieg bis Wegpunkt 05 (teilweise ungesichert). Im Val Pura lockeres Geröll. Trittsicherheit, Schwindelfreiheit, Ausdauer und genug Wasservorrat erforderlich!

Diese Wanderung verlangt einem alles ab. Die Wege zu den Almwiesen sind sehr aussichtsreich, aber nichts für schwache Nerven. Eine Gipfelbesteigung des Monte Bestone ist für Versierte als anschließende Variante kein Problem.

Am Parkplatz der **Trattoria La Milanesa** 01 geht es über die Brücke des beeindruckenden, tosenden Wildbachs San Giovanni, dann rechts. Auf dem breit gepflasterten, recht steilen Maultierpfad (Nr. 101) hinauf durch die Valle del Singol. Links ein kleiner, bezaubernder Wasserfall. Es empfiehlt sich, hier die Trinkreserven aufzufüllen!

Am Kalkofen vorbei, dann den Weg 111 links liegen lassen. An der Gabelung im **Bachbett** 02 links (102) Richtung Dalco. Zunächst durch Wald, dann unzählige, steile Kehren auf felsigem Geröll. Zwar bieten sich schöne Aussichten, aber man ist leider sehr der Sonne ausgesetzt und findet durch die leicht exponierte Lage kaum Sitzmöglichkeiten. Der lange Anstieg mit kurzer Seilsicherung verlangt gute Kondition.

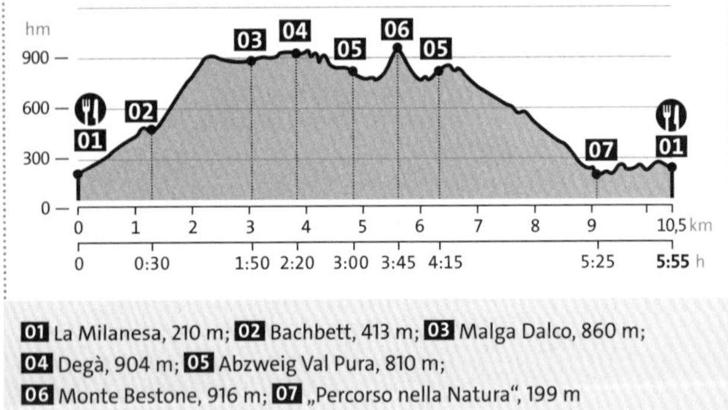

01 La Milanesa, 210 m; 02 Bachbett, 413 m; 03 Malga Dalco, 860 m; 04 Degà, 904 m; 05 Abzweig Val Pura, 810 m; 06 Monte Bestone, 916 m; 07 „Percorso nella Natura“, 199 m

Oben angekommen erwartet uns ein prächtiger Rastplatz mit mehreren Wegweisern in idyllischer Lage. Es geht auf Weg 110 der Wiese entlang abwärts. Kurz durch ein schattiges Waldstück und weiter zur **Malga Dalco** **03** auf einer großen Lichtung. Leicht ansteigend geht es zum höchsten Punkt am Abzweig **Degà** **04**. Weiter Richtung Limone auf Weg 268. Links freie Sicht zum Monte Bestone.

Abschüssige Stelle beim Anstieg

Danach ist höchste Konzentration erforderlich! Es wird steil und über Schutt und Kiesel teilweise recht rutschig. Stets der roten Markierung folgen. Im schroffen Felsgelände helfen kurze Drahtseilsicherungen kurz vor Talende. Ein Linksbogen und dann der **Wegabzweig Val Pura** **05**.
Geradeaus auf Schotter (Nr. 268) weiter und gleich danach links (211) durch einen Grashang und Wald bergab. Hinter der Jagdhütte auf sehr steilem, stufenartigem Bergsteig zum Gipfel des **Monte Bestone** **06**. Belohnt werden wir mit einem der wohl besten Seeblicke!

Vorsicht beim Abstieg am selben Weg zurück zum **Wegabzweig Val Pura** **05**. Nun rechts herunter ins Val Pura (123) über lockeres Geröll. Einige Steinmännchen markieren die beiden langen Kehren.

Nach der zweiten Bachquerung auf steile Teerstraße. An der Kreuzung links, danach erneut links zum **„Percorso nella Natura“** **06**. Am Geländer führt er aussichtsreich auf und ab. Am Abzweiger (112) vorbei und stets links halten. Dann auf sandigen Serpentinen hinab zur **Trattoria La Milanesa** **01**.

Oben: Gipfelglück Monte Bestone. Einer der schönsten Gardasee-Blicke!
Unten: Über steiles Geröll hinab ins Val Pura

MONTE BESTONE • 916 m

Der Hausberg von Limone mit absolutem Top-Panorama

3,8 km | 2:15 h | 305 hm | 305 hm

START | Hotel Le Balze (700 m), Voltino (Tremosine), Via del Le Balze [GPS: UTM Zone 32T x: 637.185 m, y: 5.072.006 m]
CHARAKTER | Kurze und spannende Gipfelbesteigung mit steilem Anstieg (Trittsicherheit wichtig). Asphalt- und Schotterstraßen sowie Waldpfade und schmaler Bergsteig.

Traumhaft! Nur wenige Höhenmeter und wir erleben unglaubliche Ausblicke auf den See und Limone. Le Balze ist bequem von Limone oder Pieve zu erreichen. Kleiner Tipp: Nach der Tour empfiehlt sich ein Besuch der Käserei „Alpe del Garda“ in Polzone (Tour 35).

Der öffentliche Parkplatz des **Hotels Le Balze** 01 liegt knapp unterhalb der riesigen Hotelanlage. Die Straße hinunter zur Kreuzung und rechts in die Via Dalco nordwärts Richtung Corna Vecchia (Nr. 268/BVG). An der Residenz Campi und dem Tennis-Eldorado „La Baita“ rechts vorbei und der Straße in den Wald leicht abwärts folgen. Einen markierten Abzweig nach rechts ignorieren, dafür später an der **Gabelung** 02 rechts auf Schotterweg weiter. Wir passieren die Zufahrten zu den Häusern von Fornaci, ehe es leicht steiler und steinig wird. Einen weiteren Abzweig rechts liegen lassen, erst am **Wegweiser (Weg 211)** 03 („Senter de la Ida Nambal Bestone“) trennen wir uns vom Forstweg und biegen scharf rechts ab.

In dichtem Gras und Wald verläuft ein schmaler Pfad abwärts und beschert uns aufregende Blicke zu den Felswänden im Val Pu-

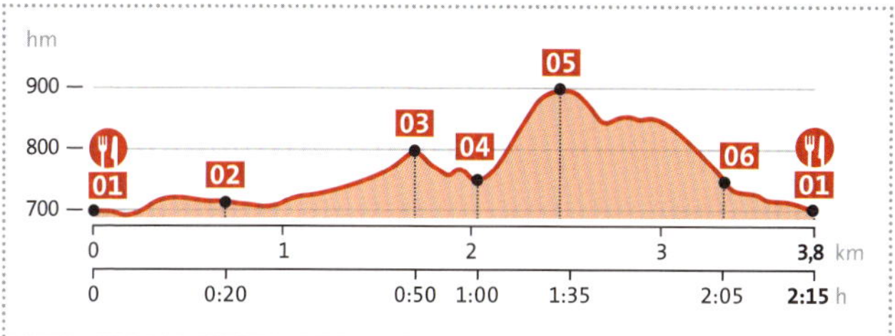

01 Hotel Le Balze, 700 m; 02 Gabelung, 710 m; 03 Wegweiser (Weg 211), 786 m; 04 Jagdhütte, 751 m; 05 Monte Bestone, 916 m; 06 Aussichtsbank, 740 m

Kreuz und Glocke am Gipfel mit Cima Mughera, rechts Monte Baldo

ra. Am Holzzaun auf einer Lichtung treffen wir auf eine kleine **Jagdhütte** 04, hinter der es im Wald (Schild) aufwärts geht. Etwa 170 sehr steile Höhenmeter auf felsigem Bergsteig, stets umgeben von niederem Nadelgehölz. Oben auf dem freien Gipfel des **Monte Bestone** 05 erwarten uns sensationelle Tief- und Fernblicke auf Tremosine, Limone, Monte Baldo und über den See. Ein Gipfelkreuz mit Gipfelbuch, eine Glocke und ein Altar schmücken diesen besonderen Panoramapunkt.

Der **Abstieg** verläuft südseitig auf Geröll. Nach der Hütte bleiben wir stets links und folgen dem Bergkamm zum Vorgipfel (auf uns ab). Linker Hand weitere Aussichtskanzeln. Viele Schmetterlinge und Blumen beleben den Berg im Sommer.

An der letzten Weggabelung gelangen wir links auf der Ostflanke (geradeaus steht eine idyllische **Aussichtsbank** 06) über steile Waldserpentinen zu Häusern in der Via delle Balze und schließlich zum **Hotel Le Balze** 01.

So könnte man ewig in die Ferne blicken …

Atemberaubender Tiefblick auf Limone und den nördlichen Gardasee

33 PIEVE – BOCCA DI NEVESE • 763 m

Hochebene Tremosine – Almwiesen inmitten einer intakten Dorfkultur

7,5 km | 2:40 h | 450 hm | 450 hm

START | Pieve (413 m), Parkplatz in der Via Liver, Bus am Kreisverkehr [GPS: UTM Zone 32T x: 638.826 m, y: 5.070.105 m]
CHARAKTER | Aussichtsreiche Rundtour durch Wälder und Weiden. Überwiegend einfache Straßen, zwischendurch Naturpfade. Innerorts oft spärlich markiert.

Pieve zählt zu den schönsten Dörfern des Landes und ist ein echtes Highlight. Ob vor oder nach der Wanderung: Die schmalen Gassen und so genannten „Schauderterrassen" sollte sich keiner entgehen lassen! Unbedingt zu empfehlen ist auch die Anfahrt mit dem Auto durch die Brasa-Schlucht… sehr aufregend und zugleich wildromantisch.

▶ Von der Kirche San Giovanni Battista in **Pieve** 01 führt neben den Stufen die Via IV Novembre hinauf zur Viale Europa. Diese queren und geradeaus in die Via Palazzo/Via Sabbionera zwischen Häusern hindurch auf Schotter Richtung Nordwest. An der Dorfstraße kurz links und am Abzweig auf Schotter direkt links auf Weg 209 steil den schattigen Waldweg hinab. Über den Bach und weiter durch die Valle di Larino abwärts.

An der nächsten Kreuzung links hinauf und durch einen Hausdurchgang nach **Priezzo** 02. Links und sogleich rechts durch die Via Levante, weiter rechts in die Via dei Gregoi, zur Bushaltestelle und dort vis-à-vis die Via Musio hinauf. Eine S-Kurve und an der Ga-

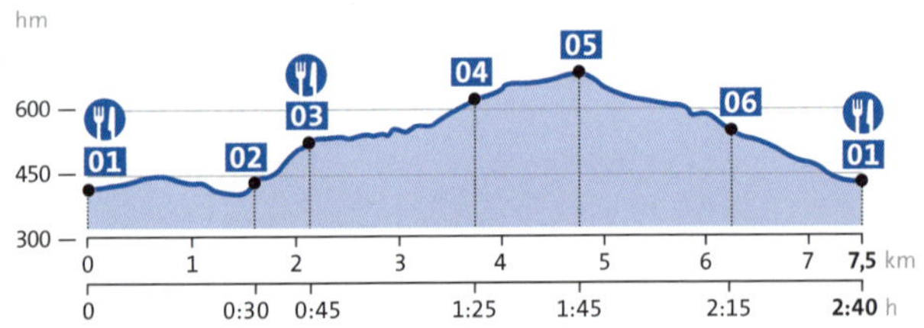

01 Pieve, 413 m; 02 Priezzo, 428 m; 03 Sompriezzo, 553 m; 04 Cà del Lupo, 660 m; 05 Bocca di Nevese, 763 m; 06 Mezzema, 566 m

Das Ristorante Miralago mit einer der „Schauderterrassen" von Pieve

Die Hochebene bei der Bocca di Nevese

belung scharf links (Via Voltofol) zu den Häusern von Musio. Weiter rechts, durch einen weiteren Hausdurchgang und am Ortsende über einen schönen Waldpfad weiter bergauf. Am Geo Resort vorbei und links in den kleinen, malerischen Ort **Sompriezzo** 03. Neben der schönen, rosafarbenen Kirche lohnt sich eine Einkehr im empfehlenswerten **Restaurant La Rocchetta**.

Vor der Kirche die Straße kurz Richtung Parkplatz, um sogleich links in den herrlichen Wiesenweg (267) einzubiegen. Dieser geht in Wald über, ist neu angelegt und gut markiert. An einem ehemaligen Kalkofen, später am Rastplatz „La Tartufaia“ vorbei, stets leicht ansteigend. Am Abzweig kurz vor dem nördlichen Voiandes folgen wir links dem Weg 267 bzw. der Nordic Walking-Route (Nr. 3). Kurz darauf nochmal rechts. Es wird steinig. Wir schauen schon lange auf die wunderbaren Almwiesen von Tremosine. An der Straße kurz links und zum Haus **Cà del Lupo** 04. Hier die Via Nevese hinauf durch Wald, an der Gabelung rechts entlang des Waldrandes und vorbei an einem großen Gehöft.

An der **Bocca di Nevese** 05 schauen wir in alle Richtungen auf die saftigen Weiden der Hochebene. Im Süden ragen die Monti Castello und Denervo hoch über dem Gardasee empor. Gerade hinunter auf der Straße in Richtung Pregasio. Nach 10 Minuten links halten. Danach durch Wald links Richtung Osten über die Via Fontenei und Via Coste in großen Schwüngen an Häusern vorbei hinunter nach **Mezzema** 06.

Der Via Mezzema folgen wir anschließend links für rund 15 Minuten Richtung Pieve. Nach einem Rechtsknick in die Via L. Turri, auf der Viale Europa links bis zu den Stufen, die uns zurück zur Kirche von **Pieve** 01 bringen.

MADONNA DI MONTECASTELLO

Panoramareicher Monte Castello und der beliebteste Pilgerort am Gardasee

5 km | 2:00 h | 290 hm | 290 hm

START | Prabione, Centro visitatori (506 m, Via Campogrande), Bus im Dorfzentrum [GPS: UTM Zone 32T x: 635.018 m, y: 5.068.119 m]
CHARAKTER | Leichte, abenteuerliche Kurzwanderung mit steilem Anstieg, z. T. Stufen. Vorsicht: tiefe Abgründe (Tour beinahe rot)

▶ Vor dem Gebäude des **Centro visitatori** 01 weisen Schilder in Richtung Adventure Park. So geht es südwärts an einem Sportplatz und dem „Giardino dei cinque sensi“ (Garten der fünf Sinne) vorbei. An der ersten Kreuzung links, wir passieren den Eingang zum Kletterpark „Flying Frogs“.

Am nächsten Wegabzweig rechts Richtung Monte Castello. Vorbei an einem Weiher unterhalb einzelner Kletterpark-Stationen. Am Ende eines Zauns bei der nächsten **Weggabelung** 02 folgen wir dem Weg 266 links zum „Monte Cas“ (rechts ist unser späterer Rückweg). Danach rechts auf Bergpfad durch Eichen und Buchen bis zum nächsten Abzweig. Hier erneut rechts.

Es geht steil bergauf und über ein kleines Geröllfeld mit schönem Nordblick. Links folgen steile, anstrengende Stufen in felsigen Serpentinen hinauf, Kastanien und Kiefern säumen den Aufstieg. Pfade nach rechts lassen wir hinter uns. Am Abzweiger erneut links, immer mit „Monte Cas“ markiert. Oben treffen wir auf einen herrlichen, aussichtsreichen **Felsvor-**

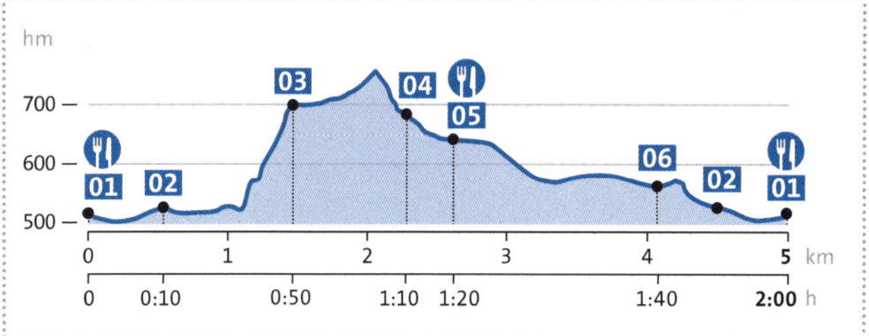

01 Centro visitatori, 506 m; 02 Weggabelung, 526 m; 03 Felsvorsprung, 700 m; 04 Panoramapunkt, 680 m; 05 Santuario della Madonna di Montecastello, 650 m; 06 Bus-Parkplatz, 563 m

Blick auf die Klosteranlage Madonna di Montecastello vom Felsbrocken aus – 700 m über dem See

sprung **03** mit schönem Seeblick. Unterhalb der Felskante stürzen die 600 m hohen, senkrechten Felswände des Monte Castello ungesichert hinab zur Gardesana. Wer nicht schwindelfrei ist, sollte lieber Abstand halten.

An einigen Schächten und Höhlen aus dem Ersten Weltkrieg vorbei, stets entlang der Abbruchkante Richtung Südwest. Am Ende der Ostflanke ein weiterer sensationeller Aussichtspunkt über den südlichen See. Scharf rechts gelangt man nach wenigen Metern zum sehr großen Gipfelkreuz des **Monte Castello** („Monte Cas").

Weiter abwärts durch schattigen Mischwald, an Kriegsstollen vorbei. In einer Rechtskurve steigen wir einen kleinen Felsbrocken hinauf, ein zauberhafter **Panoramapunkt** **04** erwartet uns. Nach einigen Schwüngen stehen wir vor den Gärten der Klosteranlage und gelangen dann zum großen Parkplatz.

Über viele Stufen erreichen wir das einzigartige **Santuario della Madonna di Montecastello** **05**. Nach der Besichtigung (vergoldeter Altar, bedeutende Fresken) und Stärkung in der Bar geht es wieder hinunter.

Wir folgen der Zufahrtsstraße in steilen Kehren, sie wird von Bildstöcken gesäumt. Unten muss man dann der Verkehrsstraße SP38 für 600 m nach rechts folgen. Am **Bus-Parkplatz** **06** gehen wir rechts eine kleine Straße hinauf und biegen sogleich links in den Pfad Richtung Campione.

Nach etwa 10 Minuten erreichen wir die **Weggabelung** **02** und kommen gleich wie zu Beginn zurück zum **Centro visitatori** **01**.

Wallfahrtskirche Santuario della Madonna di Montecastello (17. Jh.)

PARADIES ZWISCHEN TREMOSINE UND TREMALZO

Naturschauspiele auf langen, einsamen Waldpfaden

20 km | 7:20 h | 1280 hm | 1280 hm

START | Staubecken San Michele (580 m), Anfahrt von Polzone in Tremosine [GPS: UTM Zone 32T x: 632.243 m, y: 5.073.007 m]
CHARAKTER | Schotterstraßen und Waldpfade. Abstieg ab Malga Ciapa steil, auf Geröll rutschig. Unbedingt viel Wasser mitnehmen (langer Anstieg). Fitness und etwas Orientierungssinn hilfreich.

Eine lange Waldtour zwar ohne Gipfel, aber mit spritzigen Wasserfällen und einem genialen Bergrestaurant inmitten einer zauberhaften Natur.

▶ Am **Staubecken San Michele** 01 geht es links an Ferienhäusern vorbei. Wir durchlaufen die **Valle di Negrini**, ohne Markierung. Über eine Brücke und an den Abzweigen (links) stets geradeaus. Hinter einer Schranke erstmals kurz steil hinauf bis zur **Malga di Negrini** 02. Darüber thronen majestetische Felswände, links der Monte Murazzo, den wir umgehen werden.

Links neben der Hütte der Einstieg zum eindrucksvollen und markierten **„Sentiero delle tracce“**. Über den Lorina-Bach steil hinauf und an der Weggabelung rechts über Wiesen- und Waldpfade. Um uns saftiger, unberührter Mischwald Vorbei an dem ausgehöhlten Un-

01 Staubecken San Michele, 580 m; 02 Malga di Negrini, 748 m; 03 Picknickplatz, 1190 m; 04 Malga di Lorina, 1380 m; 05 Pisù-Wasserfall, 1300 m; 06 Passo della Cocca, 1461 m; 07 Malga Ciapa, 1619 m; 08 Querweg, 1335 m; 09 Malga Prà delle Noci, 685 m; 10 Eremo di San Michele, 635 m

Der Pisù-Wasserfall an der Tremalzo-Höhenstraße

terschlupf **„Loc Fico“** und weiter in sehr steilen Serpentinen weg vom Bach. Mittels Eisenstufen über den Fels hinauf, danach kurz abwärts zum Bach zurück. Ein Wasserfall (1:50 h) braust am Eingang einer engen Schlucht, die wir auf brückenlosen Übergängen durchqueren. Hier nun eine komplett andere Vegetation: Moose, Pilze und Distelgewächse. Kurze Rast am **Picknickplatz** 03. Geradeaus letztmalig über den Bach.

Durch Nadelwald schlängelt sich der herrliche Pfad hinauf. An der nächsten Gabelung rechts, bald ab-

Vermooste Waldpfade wie im Märchen – charakteristisch für die Tour

wärts durch ein Gatter und über die Weiden hinauf zur schlichten **Malga di Lorina** 04 (Getränke bei Natalie erfragen). Rechts bringt uns ein breiter Forstweg zur Tremalzo-Straße, der wir geradeaus folgen. Etwa 25 Minuten später erreichen wir den hohen, tosenden **Pisù-Wasserfall** 05, an heißen Tagen ein Segen, sehr erfrischend. Danach kommen wir zur unbewirtschafteten Malga Cà dall'Era.

Aufwärts im Zickzack durch die Wiesen zum **Passo della Cocca** 06. Hier links weiter leicht bergan (Nr. 224). Knapp unterhalb des **Passo di Tremalzo** (15 Min. entfernt) erreichen wir die bewirtschaftete **Malga Ciapa** 07 mit einwandfreier Küche. Kurz darunter zweigt rechts der Bergpfad 222 steil in den Wald hinab. Am **Querweg** 08 links, fortlaufend ohne Abzweig. Nicht ganz ungefährlich über Geröll und steile Serpentinen verläuft Weg 222 ostwärts ins Tal hinunter. Dabei hat man stets die Punta Molvina gegenüber im Blick. An der Weggabelung geradeaus hinunter. Bald schon umgeben von mehreren großartigen Kaskaden mit Wassermulden, dazu stets der Sprung über die Bäche, die unseren Pfad mehrfach kreuzen. Ein wahrer Plätscherspaß, willkommen am San Michele-Bach in der herrlichen Valle Prà delle Nocí (Walnusstal).
Danach wechselt der Weg zur linken Bachseite, kurz hinauf, um auf

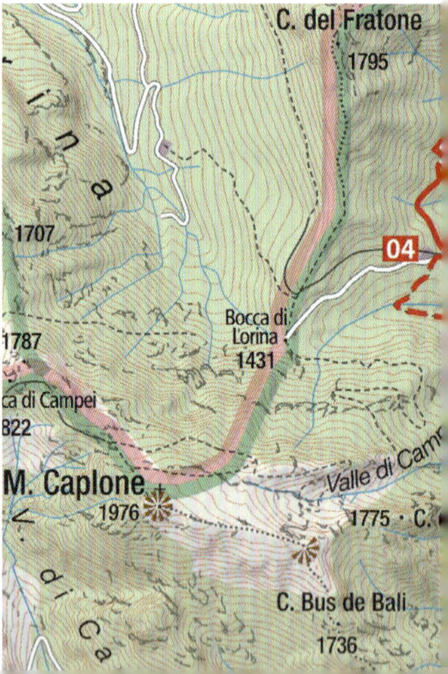

Malga Cà dall' Era – Familie Felicini produziert hier Butter und Käse

Oben: Ex-Zufluchtskapelle Eremo di San Michele in malerischer Lage
Unten: Staubecken San Michele

die Gebäude der **Malga Prà delle Noci** **09** zu treffen (beschildert). Hier links über Steine den Bach zur Schotterstraße überschreiten. Nur 20 Min. bis zum Abzweig „Eremo". Rechts hinauf, dann links in eine Senke und weiter hinauf zur Einsiedelei **Eremo di San Michele** **10**, die seit dem Mittelalter existiert.

Zurück zur besagten Senke und rechts einen kleinen Steig hinab zur Straße. Zurück zum Auto am **Staubecken San Michele** **01**.

Besuch in der Käserei „Alpe del Garda" Tremosine

In Polzone (nahe Voiandes) werden Milchprodukte der umliegenden Bergalmen angeboten, im eigenen Restaurant serviert oder an zahlreiche Agriturismo-Betriebe geliefert. Joghurt, Butter, Ricotta, Eis, der köstliche Tremosine-Käse etc. in Bestqualität. Öffnungszeiten im Sommer täglich von 9 bis 19 Uhr, im Winter kürzere Zeiten.

CIMA TOMBEA • 1947 m

Großartige Panoramawanderung mit weitläufiger Almenkulisse

13 km | 4:15 h | 945 hm | 945 hm

START | Rifugio Cima Rest (1200 m), Anfahrt von Magasa/Valvestino [GPS: UTM Zone 32T x: 626.652 m, y: 5.071.009 m]
CHARAKTER | Abwechselnd Schotterwege und Wiesenpfade. Am Gipfelanstieg kurz geröllig. Der Rückweg nach Il Bait nicht markiert, gute Orientierung nötig. Beinahe schattenlos, ausreichend trinken!

Die gesamte Strecke wird geprägt von Fernblicken, doch der absolute Panoramagenuss wartet am Gipfel der Cima Tombea. Die benachbarten Gebirgsdörfer Magasa und Cadria repräsentieren das Leben in dieser wildromantischen, einsamen Bergregion. Ein Besuch lohnt sich.

Oberhalb des Parkplatzes am **Rifugio Cima Rest** 01 die Straße nach links hinauf. Kurz vor der kleinen Kapelle am Wegweiser dann rechts in das Sträßlein Richtung Malga Tombea (Nr. 69). Die ersten 500 m sind sehr steil. Dann über Schotter kurz bergab zur Malga Alvezza (privat). In einem gepflasterten Rechtsbogen aufwärts erreichen wir eine Bank mit **Schautafel** 02. Zunächst kurz geradeaus, erst den zweiten Linksabzweig Richtung Malga Tombea nehmen (Nr. 66), ein schöner Wiesenpfad.

Wir betreten den Wald und passieren einen kleinen Wasserfall, danach geht es in steilen Serpentinen an einem Felsturm vorbei. Über diesem erwarten uns offene, weite Grashänge, die fantastische Blicke nach Süden freigeben. Etwas links haltend auf breitem Wiesenweg an weiteren Bänken

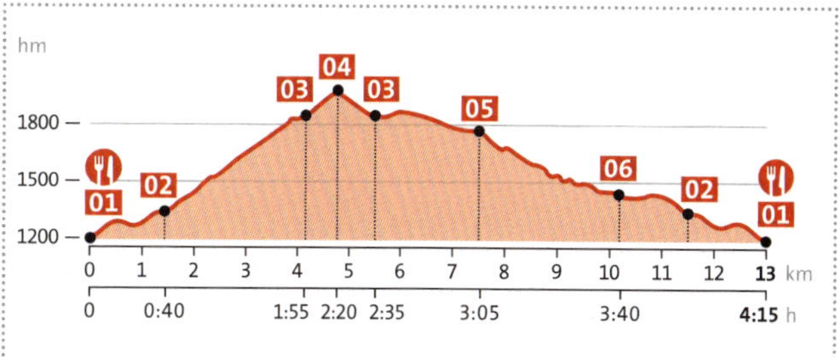

01 Rif. Cima Rest, 1200 m; 02 Schautafel, 1336 m; 03 Malga Tombea, 1840 m; 04 Cima Tombea, 1947 m; 05 Bocca di Cablone, 1775 m; 06 Il Bait, 1455 m

Cima Rest – ungewöhnliche Übernachtung im Heuschober

vorbei. Vis-à-vis der König dieser Region, der mächtige Monte Caplone. Endlich auch freie Sicht auf die Cima Tombea. An der Weggabelung links auf Nr. 67 direkt zur privaten **Malga Tombea** 03 (große Milchproduktion).

Oberhalb der Alm zweigt rechts der schmale, steinige Gipfelweg ab. Einige Serpentinen und etwas Geröll, dann haben wir es geschafft und stehen am grasigen Kamm der **Cima Tombea** 04. Oben weist ein gemauertes Rondell auf einige umliegende Gipfel hin. Mit grandiosem Rundblick und Erkundung kleiner ehemaliger Kriegskavernen lässt es sich in luftiger Höhe bestens rasten.

Zurück zur Alm und auf der früheren Kriegsstraße rechts. Links der Hügel Dosso delle Saette, rechts einige Kriegsgalerien. Schon nach 20 Minuten erreichen wir die **Bocca di Cablone** 05 mit kleiner Madonnenfigur. Ohne Markierung folgen wir links der aussichtsvollen Schotterstraße bergab.

Etwa 30 Minuten später an einem Eisenzaun zweigen wir links zur Privathütte **Il Bait** 06 ab, in der Käse hergestellt wird. Nach weiteren 15 Minuten auf unmarkiertem Pfad über Weiden hinunter umgehen wir ein Waldstück auf der rechten Seite. Bald treffen wir auf unseren bekannten Abzweig, ab dem wir rechts am Anstiegsweg zurückgehen.

Fantastische Natur: Die Hochalmen von Magasa und Cima Rest

Eine Schutzmauer statt eines Gipfelkreuzes auf der Cima Tombea

CAMPIONE DEL GARDA – PIEVE

Über uralte Schluchtenpfade zu den prominenten "Schauderterrassen" von Pieve (Tremosine)

6,7 km | 3:00 h | 515 hm | 515 hm

START | Campione del Garda (70 m), großer Parkplatz in der Ortsmitte, Bushaltestelle am Kreisverkehr
[GPS: UTM Zone 32T x: 636.128 m, y: 5.068.260 m]
CHARAKTER | Sehr abwechslungsreiche, sportliche Wanderung. Auf- und Abstieg durch teils feslige Steilhänge recht anstrengend. Meist markiert (außer bei Ló). Mitzubringen: Wasservorrat, Trittsicherheit und einen gewissen Reiz für überhängende Fotomotive.

Campione, einst bekannt für seine Seidenspinnerei, war durch den Porto di Tremosine wichtiger Versorgungsort für die Bewohner der Hochebene, die diesen genialen Steig durch die scheinbar unwegsame Wandflucht erschufen. Heute (via Straßentunnel erreichbar) ist Campione ein Kitesurf-Hotspot.

▶ In **Camione del Garda** 01 starten wir am besten an der Piazza Arrighini mit Lebensmittelshop und Restaurant. Wir nehmen die Brücke über den Bach San Michele und folgen den Schildern Nr. 267 Richtung Pregasio bergauf. Nach 10 Minuten Treppensteigen lädt ein **Wasserfall** zur Abkühlung ein (Abstecher: Trampelpfad mit Seilsicherung hinab, rechts des Geländers). Serpentinenreich geht es weiter in die Schlucht. Durch einen meist beleuchteten **Tunnel** 02 hindurch, am Wegweiser rechts (267), über die Brücke und dann durch leicht ausgesetzte Kehren im Fels auf der anderen Schluchtseite steil

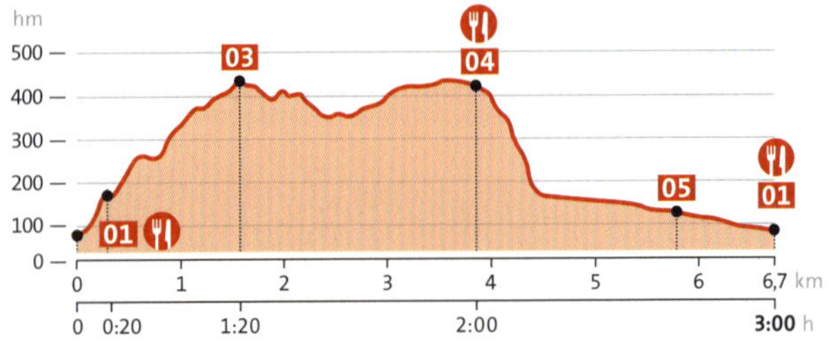

01 Campione del Garda, 70 m; 02 Tunnel, 170 m; 03 Ló, 478 m; 04 Pieve, 418 m; 05 Straßengalerie, 130 m

Kitesurf-Eldorado Campione unter der Felswand des Monte Castello

hinauf. Oben auf betonierter Straße durch Olivenhain.

Jetzt wichtig! Etwa 100 m nach dem letzten Haus, kurz vor der Straßenkurve zweigt rechts ein zunächst unmarkierter Weg ab. Dieser Punkt nennt sich **Ló** 03. Entlang einer Steinmauer entpuppt sich unser Weg dann als wunderschöner Wiesenpfad, der bald in eine breite Forststraße mündet. Nach einigem Auf und Ab und einer kleinen Bachquerung treffen wir auf die Hauptstraße "Viale Europa". Rechts das Hotel Paradiso: hier bietet sich ein Cappucchino oder Eis auf der genialen sog. **Schauderterrasse** an. Sie wurde in schwindelerregender Höhe direkt über die senkrechten Felsabgründe gebaut. Einzigartiges Panorama! Weiter der Hauptstraße bis zur Kirche von **Pieve** 04 mit ebenso herrlicher Aussicht. Die Via 4 Novembre bringt uns dann ins verwinkelte Zentrum direkt am Steilhang zum Gardasee. Hier die prominente Schauderterrasse am Restaurant Miralago.

Davor führen Stufen und ein alter, steiler Bergpfad talwärts. Etwa nach 30 Minuten unzähliger Serpentinen kommen wir zu einer dem Steinschlag verfallenen Teerstraße, die uns rechts umsäumt von Zypressen nach Campione führt. Nach einem Tunnel müs-

Restaurant Miralago am Abgrund

Pieve (Tremosine), Foto von der Schauderterrasse am Hotel Paradiso

sen wir leider für 150 Meter durch die neue **Straßengalerie** 05 (linke Seite) und biegen in der Kurve rechts wieder auf das aufgelassene Sträßlein. Sie wird erneut zu einem attraktiven Pfad mit mehreren Tunnels und einem großen Wasserfall. Danach wieder asphaltiert. Häufig kann man einige Waghalsige beim 15 Meter-Sprung in den See beobachten.

Wir erreichen einen Kreisverkehr von **Camione del Garda** 01 und gönnen uns noch einen ersehnten Hüpfer in den erfrischenden See.

MONTE STINO • 1467 m

Gemütliche Wanderung zum Panoramaberg mit bedeutender Kriegsgeschichte

7,6 km | 2:40 h | 480 hm | 480 hm

START | Zumie (Ortsteil von Capovalle, 960 m), Parkplatz am Ende der Via Cesare Battisti, Bus in Capovalle
[GPS: UTM Zone 32T x: 620.080 m, y: 5.068.054 m]
CHARAKTER | Kurzweilige Rundwanderung großteils auf breiter Straße oder Schotter. Rückweg auf schmalem Waldpfad, durchaus recht steil. Bei Nässe rutschig, sonst gefahrlos.

Auf zum ehem. Grenzberg, der hier einst das Kaiserreich Österreich-Ungarn von Italien trennte. In Capovalle gibt es dazu ein Kriegsmuseum im Municipio und am Monte Stino (nicht am Gipfel) einige Artefakte in einer Höhle.

▶ Den Parkplatz in **Zumie** 01 hinauf und der Via Monte Stino gemäß der Beschilderung nach rechts hinauf folgen. Mäßig steil auf baumfreier, geteerter Straße (Nr. 477) geht es durch die Coste di Stino in einigen Kurven ostwärts. Einige schöne Blicke zurück auf Capovalle, bis wir nach 40 Minuten vor dem Bauernhof der Fienili Lombardi stehen (1246 m). Kurz darauf können wir am **Rastplatz** 02 kurz verschnaufen und oberhalb einen sehr schönen Blick in Valvestinos Bergwelt genießen.

Wir bleiben auf der Straße und gewinnen weiter an Höhe inmitten herrlicher Bergweiden. Oben folgt ein am Holzpfahl markierter Linksabzweig (unser späterer Rückweg). Danach das große Staunen. Hinter

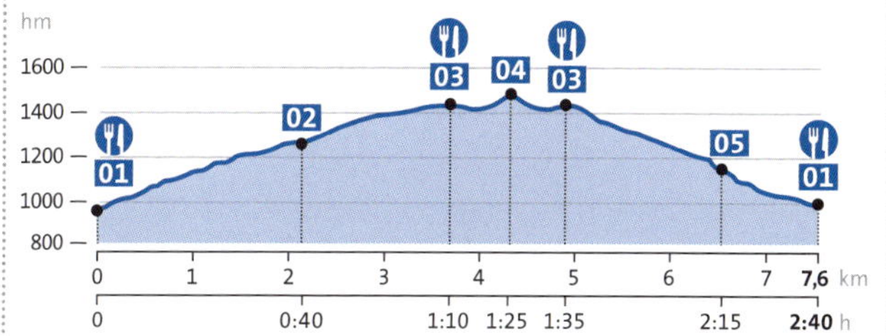

01 Zumie, 960 m; 02 Rastplatz, 1250 m; 03 Rifugio Monte Stino, 1416 m; 04 Kanzel Monte Stino, 1435 m; 05 Waldkreuzung, 1165 m

Fernblick auf den Idrosee und die westlichen Gardaseeberge

der kleinen Kapelle beeindruckt der imposante Tiefblick zum Idrosee. Das 2014 neu eröffnete **Rifugio Monte Stino** 03 (1:05 h) lässt keine Wünsche offen (auch mit dem Auto erreichbar).

Rechts setzen wir die letzten Meter auf Schotter fort, an privaten Häusern vorbei und am Abzweig links halten. Vor uns nun die spektakuläre **Kanzel Monte Stino** 04. Über den kurzen Sentiero delle Sentinelle erklettern wir spielerisch den Hügel. Trommelwirbel… eine italienische Flagge und ein phänomenales Panorama über den Idrosee und die Bergszenerie Richtung Brescia. Da kann man sich nicht satt sehen! Über Stufen gelangen wir wieder hinunter und am gleichen Weg zurück. Nach dem **Rifugio Monte Stino** 03 am besagten Abzweig scharf rechts einbiegen (Nr. 477). Auf Schotter hinab bis zur Schranke, dann links weiter, kurze Kehren und am Schotterweg erneut links hinunter, zum Teil steiler. Der schöne Waldpfad ist hier sehr naturbelassen, bietet aber keine Aussicht.

30 Minuten nach dem Rifugio an der **Waldkreuzung** 05 zweimal links stets Richtung Capovalle (Weg 477). Hier sollte man etwas langsamer gehen, da der Weg leicht steinig ist. Es geht nochmal steil bergab, ehe wir rechts von uns das großes Wegkreuz „Croce di Sassello" entdecken. An einer kleinen Gabelung rechts vorbei an der Felswand Richtung Osten auf steilem Waldboden. Später auf der Schotterstraße links, bevor wir wieder in Zumie eintreffen. Am Brunnen geradeaus zur T-Kreuzung. Dort die Via Cesare Battisti links zum Parkplatz in **Zumie** 01.

Das 2014 neu eröffnete Rifugio Monte Stino

PIOVERE – CIMA COMER • 1279 m

Lange Wald- und Wiesenrunde mit Gipfelgenuss

17,5 km | 5:45 h | ↗ 1060 hm | ↘ 1060 hm

START | Piovere (420 m), Parkplatz oberhalb Restaurant Al Poggio, Via Antonio Gramsci
[GPS: UTM Zone 32T x: 632.856 m, y: 5.065.239 m]
CHARAKTER | Sehr angenehme, breite Forstwege im Wald und über Almenwiesen. Teils auch rutschige Bergpfade (Trittsicherheit). Meist schattig. Getränke und Proviant mitnehmen.

Vom hübschen Piovere in Tignale werden wir in urige Wälder entführt und umrunden dabei den Monte Denervo. Höhepunkt ist die Aussichtsplattform auf der Cima Comer.

▶ In **Piovere** 01 lohnt vor oder nach der Tour ein Besuch der Kirche San Marco am südöstlichen Ortsrand. Von dort hat man einen sehr schönen Seeblick. Zunächst geht es aufwärts auf breiter Straße bis zur Via Noezzo, ab hier folgen wir Weg 252. Die Tour beginnt mit mäßiger Steigung, bei der nächsten Linkskurve folgen wir der schmaleren Asphaltstraße geradeaus auf Weg 253. Nun nimmt auch das Bachrauschen rechtsseitig zu und der Wald wird dichter. Zeitweise auf Schotter. Ein kleiner zu querender Bach mit Holzbrücke und eine wenig später folgende Wasserquelle sorgen für Erfrischung. Es geht erneut über den Bach, auf schattigem, feuchtem Waldweg bis zum **Passo di Fobia** 02 mit witzigem Eisentor und schönem Blick nach Norden.

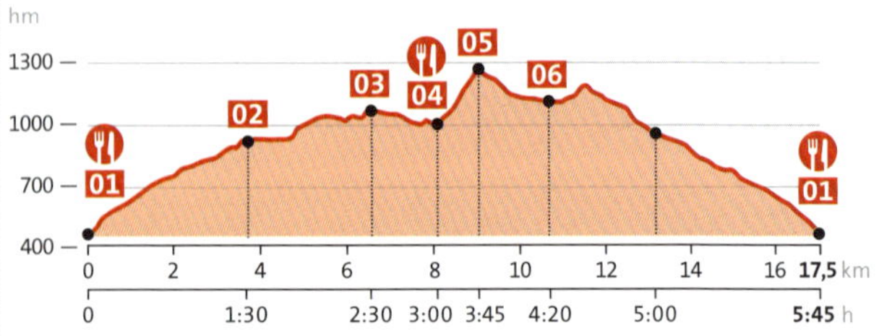

01 Piovere, 458 m; 02 Passo di Fobia, 907 m; 03 Bocchetta di Lovere, 1052 m; 04 Baita degli Alpini di Gargnano, 985 m; 05 Cima Comer, 1279 m; 06 Casina Piazze, 1111 m; 07 Boldis, 957 m

Rinder weiden rund um die Malga Nangui

Nun weiter auf Weg 33. Kurz darauf bietet die private Alm **Malga Nangui** herrliche Aussicht in idyllischer Umgebung. In weiterer Folge ist der steilere Weg über die Wiese bis hinauf zur Waldkante nur schwer zu erkennen, viele Rinderspuren bringen einen leicht vom Weg ab. Somit bleibt der Gang über oft matschigen Boden unvermeidbar.

Im Wald auf anspruchsvollem Pfad leicht steigend. Felsige Passagen, wildromantische Waldhänge und stets schöne Fernblicke zum Valvestino-Stausee und Monte Pizzocolo prägen diesen naturbelassenen Teil der Route. Schon bald erreichen wir das **Bocchetta di Lovere** 03. Ab hier auf breiter, aussichtsreicher Asphaltstraße durch die Häuser von Briano bis zur einladenden **Baita degli Alpini di Gargnano** 04, die an Wochenenden Getränke und Snacks anbietet.

Weiter auf Weg 32 im Wald steil bergauf auf weichem, teils auch felsigem Boden. Am Sattel kreuzen sich zwei Gipfelwege (links zum Monte Denervo), wir halten uns rechts. Es folgt die letzte steile Hürde bis zum Gipfel der **Cima Comer** 05 (mit Kreuzen), von der wir atemberaubende Fernblicke genießen.

Zurück zum Sattel auf gleichem Weg, danach rechts weiter auf Weg 35 abwärts durch einen pilzreichen Wald. Auf der bunten Blumenwiese der Ex-**Malga Premaur** ist der Weg kaum markiert und etwas zugewachsen. Hier einen weiten Linksbogen einschlagen, danach erneut hinab durch Wald. Nach einer Rechtskurve erreichen wir die große Lichtung mit Bauernhäusern und der versteckt liegenden Kapelle **Casina Piazze** 06. Ab hier verläuft die Strecke wieder auf breitem Forstweg, der noch

M. Sicione
Pso di Fobia 907
02
Roccolo di Calabria
-di Sopra
Paul-
Nota-
-di Sotto 679
-di Sopra 827
M.ga Paul 881
-di Sotto
880
Valle della Costa
Nargheri
V. d. Polenta
Terrae
Valle
Paul
Sorg. Cuel
M. Nota
Vione
Val Resega
39
Malga Nangui 890
1128
Marmer
C.na Galalnti
Markierung undeutlich
Costa del Vecchio
Pozze
07
Boldis 957 (ehem. Feriensiedlung)
39
M.ga di Denervo (rud.) 1373
M. Denervo
1459
Valzana 1064
M. Rocch
Bocchetta di Lovere 1052
03
stark zugewachsen
C.na Piazze 1111
06
C. Campaccio
C. Mainetto 1036
Strommast
Malga Premaur (rud.)
M. Palina 1143
Briano 1002
Val Daer
Dosso della Volpe 945
C. Comer 1279
Fornaci
Aussichtsplattform
05
B.ta Alp. Gargnano (solo fine settimana - nur Wochenende) 985
04
San Ma
Mus
463
M. Percasil 1043
0 400 m
M. Beole 1021
950
M. Comero
Paradiso 358
S. Gaudenzio

Oben: Panorama von der Cima Comer über den Gardasee
Links oben: Baita degli Alpini di Gargnano (Getränke nur Sa./So.)

ein letztes Mal kurz steil ansteigt. An der Gabelung geradeaus, nun auf Ashpalt steil bergab in Richtung Boldis. Am nächsten Abzweig (Parkplatz) der Markierung „Piovere“ folgen. Die Straße führt im Zickzack talwärts an den Ruinen der geplanten und nie fertig gebauten Feriensiedlung **Boldis** 07 vorbei. Zuletzt stoßen wir auf unseren Hinweg, dort rechts.

Aussicht auf die Gemeinde Tignale (vorne Piovere, hinten Gardola)

CIMA COMER – MONTE DENERVO • 1459 m

Zwei unterschiedliche Gipfel hoch über Gargnano

11 km | 5:20 h | 1145 hm ↗ | 1145 hm ↘

START | Muslone (463 m), Via Muslone, Parkplatz und Bus vorhanden [GPS: UTM Zone 32T x: 631.535 m, y: 5.063.189 m]
CHARAKTER | Steile Wald- und Felspassagen auf guten Bergpfaden, die schwerste Stelle ist mit Seilen gesichert. Beim sehr steilen Abstieg ist eine gute Orientierung von Vorteil. Nicht bei Nässe laufen. Trittsicherheit unbedingt erforderlich.

Der Monte Denervo zählt zu den Riesen des südlichen Westufers. Sein Vorgipfel Cima Comer stellt ihn durch sein himmlisches Panorama in den Schatten. Bereits in Muslone starten wir mit grandiosem Seeblick.

▶ Wir laufen durch die schmalen Gassen von **Muslone** 01, gehen an der Kirche San Matteo vorbei und begeben uns auf die obere Straße Via di Greggi (Nr. 36). Am oberen Ortsausgang zweigen wir links auf Weg 45 („Senter del Luf") ab. Anfangs leicht zugewachsen und kurz am Seil, dann links auf Schotter und gleich nach einer Hütte rechts auf einem recht steilen Weg durch einen sehr natürlichen, pilzreichen Wald hinauf. Gute Trittsicherheit und Ausdauer sind hier gefragt. Einige Holzstufen und felsige Passagen mit wenigen Seilsicherungen erwarten uns, dazu immer wieder Fernblicke über den südlichen See. Nach 1:30 Stunden stoßen wir auf eine Wegkreuzung. Der kurze Abstecher halblinks auf dem Weg 32 führt zur **Baita degli**

01 Muslone, 440 m; 02 Baita degli Alpini di Gargnano, 985 m; 03 Cima Comer, 1279 m; 04 Monte Denervo, 1459 m; 05 Casina Piazze, 1111 m

Blick auf Muslone, den Gardasee und Monte Baldo

Wunderbarer Aussichtsbalkon am Gipfel der Cima Comer

Alpini di Gargnano 02 und ist zu empfehlen. An Wochenenden gibt es hier einen Getränkeausschank. Dann wieder zurück zur besagten Kreuzung.

Links steigen wir nun durch Wald und einige Felspartien an der Gratkante auf. Nach dem Sendemast erreichen wir die **Cima Comer** 03. Zwei Kreuze, ein Vogelbeobachtungsstand und eine großartige Aussichtsplattform mit wunderbarem Blick über den See schmücken den felsigen Gipfel.

Danach nordwestwärts kurz bergab und an der Kreuzung zwischen Felsblöcken weiter geradeaus auf Weg 32 Richtung Denervo. Bergwärts an einem Sendemast sowie später an einem Aussichtspunkt mit Kreuz vorbei. Es folgt eine Blumenwiese mit zerfallener Hütte, bis wir letztlich über den eigentlichen Gipfel des dicht bewachsenen **Monte Denervo** 04 schreiten. Zwischendurch himmlische Blicke in die Tiefe.

Danach an der Ruine Malga Denervo (1373 m) inmitten weitläufiger Wiesen rechts weiter auf Weg 35 Richtung Muslone. Hinter einem kleinen Teich auf einer Lichtung die rot-weiße Marke an einer Birke suchen und durch ein Gatter hindurch. Über einen steilen, rutschigen Grashang (ähnlich einer Skipiste) hinab und an der Weggabelung links weiter auf Weg 35 wechseln. An einer großen Lichtung mit Bauernhäusern und der versteckten Kapelle **Casina Piazze** 05 weiter bergab und dann gleich rechts auf Weg 36. Auch bei der nächsten Gabelung (Localitá-Schilder) bleiben wir auf Weg 36 steil bergab Richtung Muslone, zumeist auf Asphalt.

Letzter Abzweig nach rechts und die letzten 300 Höhenmeter steil herab nach **Muslone** 01.

EREMO DI SAN VALENTINO • 772 m

Interessanter Aufstieg zur ehemaligen Pestkapelle

6,5 km | 3:30 h | 820 hm | 820 hm

START | Gargnano, Busterminal am großen Parkhaus (Via Libertà, Ecke Via Roma) [GPS: UTM Zone 32T x: 629.297 m, y: 5.060.556 m]
CHARAKTER | Steile An- und Abstiege auf Pflaster- und Waldwegen. Viele gesicherte Klettersteigpassagen. Hier sollte man trittsicher und schwindelfrei sein. Sonst ungefährlich.

Vom Busterminal in **Gargnano** 01 gehen wir durch die Via Roma ins Zentrum zur Piazza Feltrinelli direkt am Hafen, vorbei an einigen Läden und Cafés, bis kurz vor den Palazzo Feltrinelli. Die Villa gehört heute zur Mailänder Universität (im Zweiten Weltkrieg war sie das Generalquartier von Mussolini).

Links die Via D. P. Adami hinauf und in der Kurve nochmals nach links in die Via Dosso/Via Alloro wechseln, die die Hauptstraße unterquert. Auf Pflasterstein zwischen Mauern geht es aufwärts, umgeben von Feigen- und Olivenbäumen. Am ersten Heiligenschrein rechts in die Via Quarcina mit Markierung. Am **zweiten Heiligenschrein** 02 geradeaus leicht ansteigend (Weg 34). Inmitten von Oliven zweigt in einer Linkskurve rechts ein markierter Wiesenpfad zu einem idyllischen Weingarten ab. Auf der Asphaltstraße kurz links und am Strommast die Stufen hinauf.

Der Pflasterweg verwandelt sich zum steilen, grünen Naturpfad, der sich im Wald neben Stechpalmen und Farnen durch die Valle di San Martino schlängelt. In einem

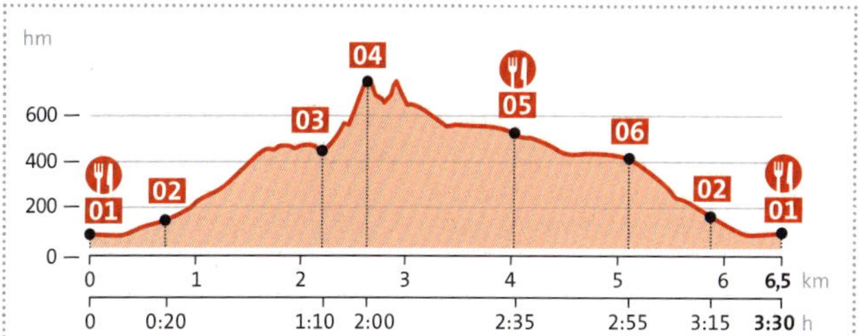

01 Gargnano, 98 m; 02 zweiter Heiligenschrein, 121 m; 03 Strommast, 432 m; 04 Eremo di San Valentino, 772 m; 05 Sasso, 531 m; 06 Santanella delle Laff, 410 m

Südblick auf den Monte Castello di Gaino am felsigen Klettersteig

Rechtsbogen über die Bachmulde zur Weggabelung (Nr. 30). Hier rechts dem unteren Hohlpfad (am Feuerlöscher) Richtung Muslone folgen. An der nächsten Gabelung links dem gelben Punkt nach, auf und ab, dann etwa 50 hm hinab zu den Steinmännchen. Wenig später erreichen wir einen **Strommast** 03 mit Panoramablick auf Gargnano und den See.

Danach beginnt links der schmale Steig hinauf Richtung San Valentino. Wir benötigen etwa 40 Minuten für diesen mit Drahtseilen gesicherten, rutschigen, teilweise auch felsigen Abschnitt.

Oben an der in den Fels geschlagenen Pestkapelle **Eremo di San Valentino** 04 genießen wir einen eindrucksvollen Blick unter Zypressen. Links am Grillplatz vorbei, in Serpentinen steil hinab, durch die Holztür, kurzer Gegenanstieg, bevor es links auf steinigem Weg nach **Sasso** 05 hinunter geht. Am Waschbrunnen gerade über die Kreuzung. Dann zweigen wir neben der Bar da Pisturi links ab und sofort rechts in die Via del Perdone (links die sehenswerte Kirche San Antonio). Auf steiler Asphaltstraße am Zaun mit schöner Aussicht nach Musaga. In den malerischen Gassen ist Weg 19 bestens markiert. Nach dem Parkplatz geradeaus bleiben (Brombeeren am Weg). An der Madonna **Santanella delle Laff** 06 links die Via Pastore hinab, die Provinzstraße queren und steil im Bach-

Eremo di San Valentino

Gegen 1650 kamen einige Bewohner von Gargnano bis knapp unter die Felsen hinauf, um der ausgebrochenen Pest im Ort zu entgehen. So entstand dieser Zufluchtsort. Das größte Problem war die Wasserversorgung. Ein schönes Gemälde am Altar erinnert an diese Zeit.

Die in den Fels gehauene Eremo di San Valentino

bett hinunter (Nr. 37). Eine weitere Straße passieren, über die Via Molini steil bergab, dann links auf schönem Waldweg (37) zurück zum bekannten Heiligenschrein. Die Via Quarcina rechts bis hinunter zur Straße gehen, diese überqueren und über Stufen die Via Convento zurück ins Zentrum von **Gargnano** 01 zum Busterminal.

42

MONTE CASTELLO DI GAINO • 866 m

Kurze Waldtour auf einen beliebten Felsenthron

5 km | 2:20 h | 400 hm | 400 hm

START | Navazzo (489 m), Via Valvestino (Anfahrt von Gargnano) [GPS: UTM Zone 32T x: 627.137 m, y: 5.060.269 m]
CHARAKTER | Kurze Gipfelbesteigung überwiegend auf schönem Waldboden. Später über steilen, felsigen Bergsteig am Drahtseil. Trittsicherheit von Vorteil.

Rund um den Gardasee zählt der Monte Castello di Gaino zu einem der beschaulichsten Berge der Region. Zwar wird er vom Monte Pizzocolo überschattet, ist dafür aber mit geringen Höhenmetern ein schnell erreichbares Wanderziel mit Top-Ausblick.

In **Navazzo** **01** gehen wir zum Brunnen an der Piazza Mons. C. G. Zanni und spazieren durch die enge Via del Travaglio gemütlich zum südlichen Ortsausgang. Vorbei an einem Holzlager kommen wir zur Kirche **Santa Maria** **02**, die schon von der Gardesana zu sehen und eine Besichtigung wert ist. Auch hier ein Parkplatz als Alternativstart sowie ein Sport- und Tennisplatz.

Dort führen uns Treppen oberhalb des Sportplatzes zum markierten Wanderweg durch Wald. Wir passieren eine Fahrstraße und unser Weg (Nr. 21) wird kurz steil und steinig. Im Buchenwald versteckt stehen einige Tierskulpturen. Dann kommt ein kleines Plateau mit besten Blicken auf die Cima Comer. Wir passieren einen ehemaligen Bunkereingang. Das Gelände ist sehr geröllig und der Wald dicht, beinahe wie unberührt. Indem wir stets der roten Aufschrift „Monte Castello“ folgen, erreichen wir einen lichten **Sattel** **03**. Hier können wir links zu einem Felsvorsprung vordringen, dort rasten und hervorragende Blicke auf Toscolano

Regenbogen über dem See

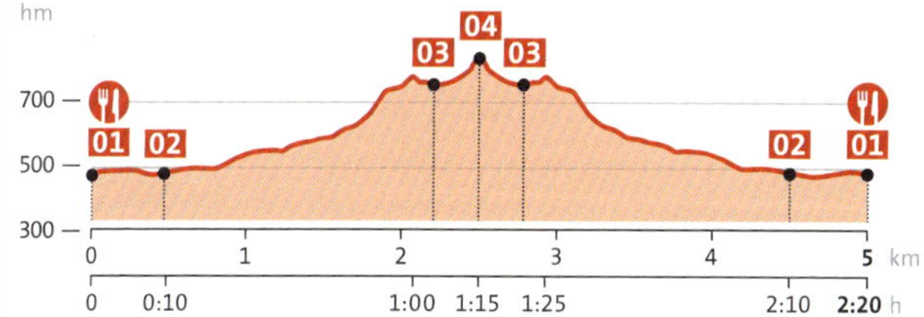

01 Navazzo, 482 m; 02 Santa Maria, 480 m; 03 Sattel, 742 m; 04 Monte Castello di Gaino, 866 m

genießen, bevor der anstrengendere Anstieg beginnt. Dieser ist sehr steil, felsig und mit einigen Seilsicherungen ausgestattet. Hier beim Abstieg später vorsichtig sein!

Am Gipfel des **Monte Castello di Gaino** 04 mit Kreuz und Bank angekommen, werden wir mit einem weiten fantastischen Rundumblick auf Monte Baldo, den südlichen See, den Monte Pizzocolo und die Cima Comer belohnt.

Für den **Rückweg** ist der Aufstiegsweg zu empfehlen. Zwar

Gipfelkreuz mit südlichem Gardasee

wäre eine gefährliche Kraxelpassage als Abstieg (nach Gaino) im Bereich des Sattels ebenfalls möglich, aber dieser Steig ist weder gesichert noch in ordentlicher Weise markiert (nur eine Gedenktafel und Steinmännchen helfen bei der Orientierung).

VALLE DELLE CARTIERE

Das Papiermühlental – eine kurze Reise in die Vergangenheit entlang antiker Ruinen

5,3 km | 2:00 h | 275 hm | 275 hm

START | Besucherparkplatz in der Valle delle Cartiere (110 m), nördlich von Toscolano-Maderno (Via Valle delle Cartiere) [GPS: UTM Zone 32T x: 625.081 m, y: 5.056.087 m]
CHARAKTER | Bequeme Schotter- und Teerstraßen. Aufsteig nach und Abstieg von Gaino steinig und steiler. Orientierungsgabe ab Gaino ist vorteilhaft.

Es erwartet uns eine sehr einfache, gemütliche Wanderung durch die italienische Geschichte zum Thema Papierindustrie. Zwischen Mauerresten alter Mühlen, Bachbrücken und subtropischer Flora verlieren wir uns in herrlicher Natur. Mit Gaino wird die Tour wieder urban, aber sehr aussichtsreich.

Im Zentrum von Toscolano-Maderno weisen die Schilder „Museo della Carta" durch die Via Valle delle Cartiere, vorbei an einer Ruine und ersten Tunnels leicht steigend in die Schlucht des Wildbachs Toscolano. Knapp 700 m nach der Gardesana zum **Besucherparkplatz** 01. Von hier aus zu Fuß auf Schotterstraße entlang einiger Felswände. Ein weiterer Tunnel, dann zeigen sich links die Gebäude einer ehemaligen Papierfabrik. Darin ist das interessante **Eco-Museo** 02 mit kleiner Bar zu finden. Die Atmosphäre ist durch den Wildbach „berauschend". Auch die steilen Zypressenhänge sorgen für idyllisches Flair. Danach einige Mühlenkomplexe.

Wir gelangen über eine Steinbrücke links über den Bach nach Maina Superiore. Am Wegwei-

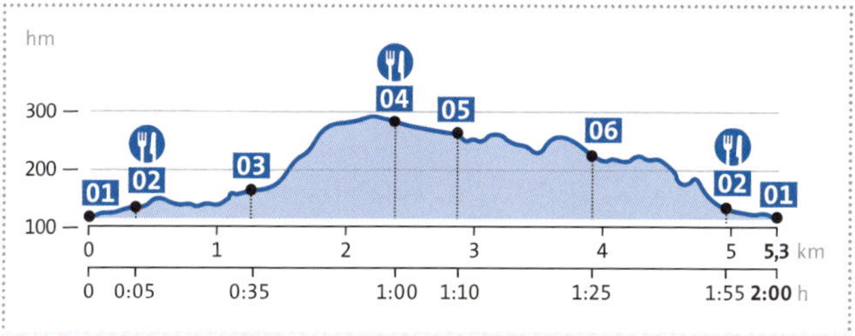

01 Parkplatz, 110 m; 02 Eco-Museo, 120 m; 03 Weggabelung, 165 m; 04 Gaino, 274 m; 05 Chiesa San Michele, 248 m; 06 Mauerende, 224 m

Zugewucherte Ruinen einstiger Papiermühlen

ser rechts (Nr. 19) an den Gebäuden von Lupo vorüber. Den hohen Felszacken (Monte Castello di Gaino) haben wir stets vor uns in Sicht. Schautafeln geben Einblick in die Geschichte des Tals. Ein archäologisches Highlight ist eine Mühlenausgrabung (16. Jh.). An Olivenbäumen vobei und über eine Brücke mit Rastplatz. Dann an den Häusern von Caneto vorbei bis vor zur **Weggabelung** 03. Leider ist schon seit längerem die Wegfortsetzung wegen eines Felssturzes gesperrt! (Der Weg endet derzeit am Rastplatz nach der Holzbrücke.)

Eco-Museo

Seit 1381 wurde in der Valle delle Cartiere entlang des Toscolano-Baches Papier hergestellt. Die Fabrik von **Maina Inferiore** aus dem 15. Jahrhundert wurde restauriert und zu einem beeindruckenden Museum und Ausstellungszentrum umgebaut. Auf die wechselnden Öffnungszeiten achten!

Rechts führt ein breiter Maultierpfad (Nr. 19) steil und steinig hinauf Richtung Gaino. Oben am Heiligenschrein links und an wunderschönen Gärten vorbei. An der T-Gabelung rechts auf die Via F.-Cabiana und weiter halbrechts durch eine schmale Gasse in den Ort **Gaino** 04 hinein. Links in die Via A. del Sarto am Spielplatz und an der Osteria Cantagai vorbei. Wir bleiben auf der Fahrstraße, biegen am Zebrastreifen links ab und besichtigen die prächtige Kirche von Pulciano, die **Chiesa San Michele** 05, inmitten von Zypressen. Wie aus dem Bilderbuch wirkt der traumhafte Seeblick mit Toscolano.

Zurück nach links 300 m der Via Pulciano Gaino folgen bis zur Spitzkehre. Rechts führt ein schmaler Pfad aufwärts, dann ei-

Idylle am Toscolano-Wildbach (hinten der Monte Castello di Gaino)

ne weitere Straße, nun 200 m links. Am **Mauerende** **06** zweigen wir rechts in den Schotterweg, dann geradeaus und rechts um die Kurve. Im Wald halblinks leicht steil hinab. Nach einigen Serpentinen kehren wir zurück ins Papiermühlental nahe Lupo. Links auf gleichem Weg zurück zum **Besucherparkplatz** **01**

MONTE PIZZOCOLO • 1581 m

Der höchste Gipfel am südlichen Gardasee

15 km | 6:20 h | 1300 hm | 1300 hm

START | Sanico (339 m), Parkplatz
[GPS: UTM Zone 32T x: 624.116 m, y: 5.056.215 m]
CHARAKTER | Sehr steiler, kraftraubender Aufstieg. In höheren Lagen schrofige Bergsteige. Sehr langwieriger, aber bequemer Rückweg. Viel Wasser mitnehmen, da keine Einkehr! Schwerster Abschnitt ist sehr sonnig. Trittsicherheit wichtig! Tour rot-schwarz.

Mit fast 1600 m Höhe ist der markante Monte Pizzocolo weit und breit die höchste Erhebung kurz vor der Po-Ebene.

▶ Von **Sanico** **01** aus ist der Gipfel des Pizzocolo bereits zu sehen, links davon der Monte Lavino. Zu Beginn auf Weg 6 in langen geteerten Kehren mäßig ansteigend auf der Via Sant'Urbano. An einer Aussichtsbank mit dem Wegkreuz „Croce del Ortello" haben wir einen schönen Blick hinunter nach Gaino und Toscolano. Bis zum **Abzweig Località Oppoli** **02** benötigen wir 45 Minuten, dann rechts weiter auf Weg Nr. 27. Erneut lang gezogene Kehren, bis die Straße in einen Waldpfad übergeht. Über Stufen und eine Holzbrücke, dann auf einem Bergsteig (27) links die anstrengende Südflanke **„Cresta Sud"** hinauf. Dabei stets gute Sicht auf den kleineren Nachbargipfel Monte Castello di Gaino.

Nach dem Wald wird es grobsteinig und steil, aber kleine Felsvorsprünge mit Tiefblick auf Toscolano ermöglichen kurze Verschnaufpausen. Über grobe Stein-

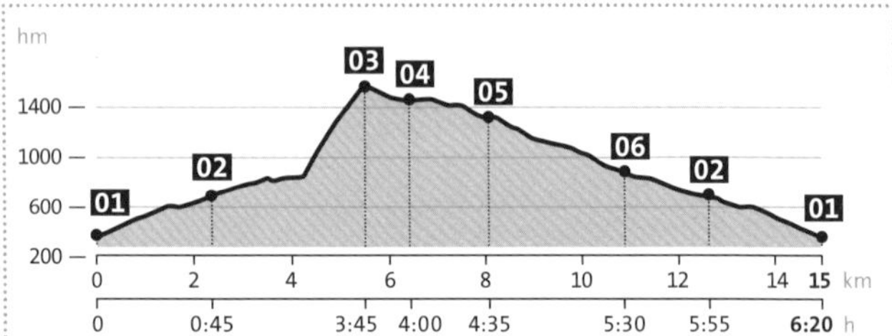

01 Sanico, 339 m; **02** Abzweig Località Oppoli, 694 m; **03** Monte Pizzocolo, 1581 m; **04** Abzweig (Weg 11), 1461 m; **05** Passo delle Prade, 1352 m; **06** Sant' Urbano, 872 m

Gipfelkamm Richtung Westen

Ausgesetzte, aber ungefährliche Drahtseilstelle beim Aufstieg

blöcke brauchen wir zusätzlich die Hände, vor allem an einem gesicherten Drahtseilstück knapp oberhalb 1000 m Höhe. Ein kurzes Waldstück, dann die letzte Steilstufe über Felsen mit tiefen Rinnen, bis wir nach etwa 3:30 Stunden am Gipfelplateau des **Monte Pizzocolo** **03** stehen. Oben werden wir von der italienischen Flagge, dem kleinen Gipfelkreuz und der urigen **Schutzhütte Due Aceri** (nur Notlager mit Selbstversorgung) empfangen. Zudem belohnen uns fantastische Fernblicke über den See, zum Monte Baldo im Osten, zur Cima Tombea im Norden und über das Valtènesi im Süden.

Hinab über den Westgrat bringt uns ein breiter Steinweg. Am **Wegabzweig (Weg 11)** **04** weiter in Richtung Passo di Spino (links die kürzeste Variante zurück). Auf breitem Schotterweg schlängeln wir uns schattenlos mit freier Aussicht um den Dosso le Prade.

Am **Passo delle Prade** **05** links auf Weg 23 leicht abwärts. Der Weg zieht nach Osten und kommt am Biwak Cà da Prada vorbei. Dahinter geht es auf einem Forstweg stetig bergab, begleitet von bunten Blumen wie Himmelschlüsseln. Bei der kleinen Kapelle **Sant' Urbano** **06** folgen wir der Forststraße, die sich durch schattigen Wald ewig bis zum bekannten **Wegabzweig** **02** zieht. Der weitere Abstieg erfolgt auf dem Hinweg.

Schutzhütte Due Aceri auf dem Monte Pizzocolo

MONTE SPINO • 1497 m

Lohnenswerter Aussichtsgipfel

9,2 km | 4:45 h | 1030 hm | 1030 hm

START | Wanderparkplatz Verghere (535 m). Talort ist Gardone Riviera. Anfahrt von San Michele über Colomber – hier links in die Valle di Sur auf Schotter bis zu den Parkbuchten. [GPS: UTM Zone 32T x: 620.167 m, y: 5.057.779 m]
CHARAKTER | Sehr steiler, anstrengender Aufstiegsweg zum Rifugio. Der Gipfel ist zum Teil etwas zugewachsen. Die Wege im Tal über die Bäche sind rutschig. Kondition und gute Orientierung am Gipfel hilfreich.

Von Colomber aus über den **Parkplatz Verghere** 01 führt der Wanderweg 1 durch die Valle di Sur zum Passo di Spino. Dem folgen wir für rund 600 m auf einem Schotter- und Geröllweg zu einer **Holzbrücke** 02. Am Wegweiser geradeaus, Weg 25 ins Seitental Valle Lobbia folgen. Steil aufwärts entlang der linken Bachseite, bevor wir den Bach überqueren und den Markierungen folgen. Der Weg unterscheidet sich zeitweise kaum vom Bachbett und ist oft rutschig und sehr steinig.

Nach einem Rechtsknick wenden wir uns ab vom Bach, es wird extrem steil und wir wechseln auf Waldboden. Oben am Wegweiser ist der schweißtreibendste Teil geschafft. Rechts (Weg 9) in Richtung Rifugio über einen fußbreiten, sehr schönen Graspfad. Linker Hand die schrofige Marmera-Felskette. Leicht steigend im Rechtsbo-

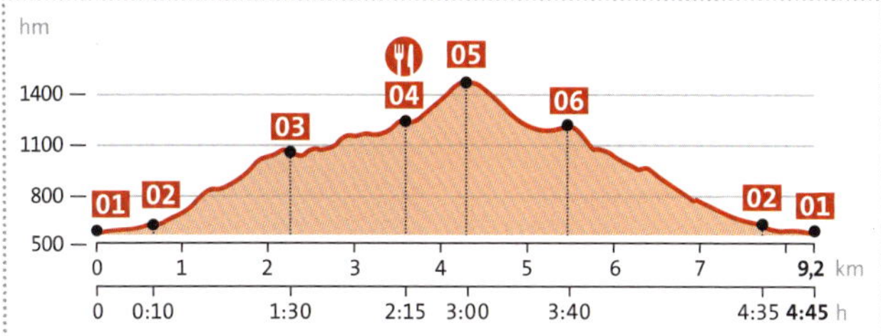

01 Parkplatz Verghere, 535 m; 02 Holzbrücke, 625 m; 03 Abzweig Nr. 4, 1058 m; 04 Rif. Giorgio Pirlo allo Spino, 1167 m; 05 Monte Spino, 1486 m; 06 Passo di Spino, 1154 m

Ostblick vom Gipfel zum benachberten Monte Pizzocolo

gen auf einen kleinen Bergrücken hinauf zum **Wegabzweig Nr. 4** **03**, hier rechts (Weg 9). Kurz bergab, dann leicht bergan (sehr grüner Wald- und Wiesenpfad) bis zum Zwischenziel, dem **Rifugio Giorgio Pirlo allo Spino** **04**. Für eine Rast optimal. Getränke, warme Speisen und eine hervorragende Aussicht lassen keine Wünsche offen. Hinter dem Haus die Stiege zum Steinaltar (Nr. 4A) Richtung „Buco del Gatto" nehmen. Über einen sehr schmalen Wiesensteig geht es auf dem Südwesthang der Costa Mandria bergauf. Es wird steiler und am folgenden Wegkreuz geht es rechts (Nr. 4) in Kehren über hohes Gras aufwärts.

Durch wenige Büsche hindurch, dann stehen wir bereits am Gipfel des **Monte Spino** **05**. Überwältigende Fernblicke in die Bergwelt und ins Valtènesi mit Gardasee. Gekrönt wird der höchste Punkt durch ein Metallgestell mit goldenem Vogel.

Der **Abstieg** beginnt am Steig hinter dem Gestell rechts haltend und verläuft zunächst durch Baumgruppen abwärts und sogleich leicht hinauf zum **Vorgipfel**. Am Waldrand minimal ausgesetzt und leicht rechts über sehr schmale, kaum markierte Grasspuren steil abwärts in den Wald hinein. Erneut am Waldrand bis zum Abzweig.

Rechts wären wir in 5 Minuten wieder am Rifugio, geradeaus kommen wir zum **Passo di Spino** **06**. Ein Ausstellungsgebäude informiert über den Schutz verschiedener Vogelarten. Danach geht es hier rechts zum Wegkreuz (Nr. 1) und in zwei großen Kehren im Wald hinab zur Ruine Casina Gemelle (952 m). Wir steigen danach links auf breitem, steilem Weg ab. Vorbei an Kaskaden und stets auf rutschigen Steinplatten queren wir mehrfach den Bachlauf. Zahlreiche Farne, ständiges Rauschen... Ein schöner Rückweg.

Wieder an der **Holzbrücke** **02**, wandern wir auf bekanntem Weg zurück zum Ausgangspunkt, dem **Wanderparkplatz Verghere** **01**.

Passo di Spino mit Vorgipfel

Flagge am Rifugio G. Pirlo

Rif. G. Pirlo allo Spino

Der Betreiber des Berggasthofs engagiert sich für das karitative Hilfsprojekt „Mato Grosso". Ein Teil der Einnahmen wird nach Brasilien gespendet, um dort die südamerikanischen Völker zu unterstützen.

Durch die Übernachtungsmöglichkeit kann man von hier aus problemlos eine weitere Tour anhängen.

SALÒ UND SEINE DREI BERGKIRCHEN

Abwechslungsreiche Wald- und Kirchentour mit Panorama-Spots

13 km | 4:10 h | 570 hm | 570 hm

START | Salò, Schiffsanleger (Piazza Vittoria). Parken in der Nähe. [GPS: UTM Zone 32T x: 619.237 m, y: 5.051.501 m]
CHARAKTER | Breite Asphalt- und Schotterstraßen, aber auch Waldpfade. Nach Madonna del Rio steiles, schrofiges Gelände.

Hoch über Salò besuchen wir herrliche Pilgerorte in unglaublich schöner Umgebung. Ob im Wald, am Bach oder auf einem Aussichtshügel, die drei Kirchen sind eine wahre Überraschung.

Los geht es am **Schiffsanleger Salò** 01 an der beliebten, langen Uferpromenade, die viele Touristen ansteuern. Westwärts folgen der prächtige Dom und das Rathaus. Wir müssen vielen Restaurants und Eisdielen widerstehen, bevor wir kurz vor einer kleinen Brücke rechts in die Piazza Vittorio Emanuele II biegen. An deren Ende geradeaus in die Salita Marconi und über 145 Stufen („Scala Santa") hinauf zur Gardesana Occidentale, hier ca. 200 m links (vorsichtig die Straße queren, es herrscht starker Verkehr!).

Danach rechts die Straße nach **Renzano** 02 hinauf. Am Dorfende geradeaus auf breitem Schotterweg (Nr. 16) nordwärts Richtung „Santuario". Nach über einer Stunde erreichen wir die Wallfahrtskirche **Madonna del Rio** 03. Ein großer Picknickplatz und ein dahinter versteckt liegender idyllischer **Wasserfall** laden zur Rast

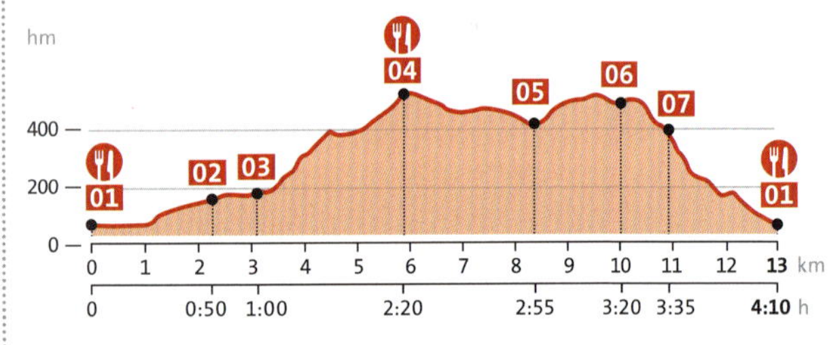

01 Schiffsanleger Salò, 73 m; 02 Renzano, 171 m; 03 Madonna del Rio, 185 m; 04 Madonna del Buon Consiglio, 519 m; 05 Serniga, 413 m; 06 San Bartolomeo, 477 m; 07 Aussichtspunkt Belvedere, 407 m

ein. Rechts der Kirche (Nr. 16) geht es bergauf Richtung Milord. Außerhalb des Waldes wird es steil, felsig und teils geröllig.

Einige Bänke verschönern den Aufstieg durch herrliche Talblicke. Am Abzweig beim Tor links und über weite Kehren an den Häusern von Milordino und Milord (405 m) vorbei. Später zweimal rechts und wir stehen vor dem Torbogen der Kirche **Madonna del Buon Consiglio** 04. Geradeaus zum Restaurant Azienda Agrituristica il Bagnolo. Leckere Küche lockt zur Einkehr.

Auf dessen Zufahrtsstraße abwärts zur Kreuzung. Scharf rechts über Waldforstweg unterhalb des Gasthauses in großem Linksbogen auf Nr. 17B erreichen wir nach 20 Minuten die Kapelle oberhalb von **Serniga** 05 mit absolutem Traumblick zum Gardasee.

Oben: Perfekte Sicht auf Salò (Rastbank mit Flagge nahe Corna)
Unten: Kirche San Bartolomeo

Kurz rechts hinunter und sogleich an der markierten Steinmauer rechts. Nach Ortsende rechts auf Nr. 17 durch Laubwald hinauf zum Passo della Stacca (458 m) mit erneutem Seeblick. Links geht es entlang einiger Gärten zu der von Zypressen bewachten, romanischen Kirche **San Bartolomeo** **06**. Ein feiner Rastplatz in schöner Lage. Der Weg führt nach der Schranke am Holzzaun an der Wiese entlang in den Wald und talwärts. Nun stets auf Weg 17 Richtung Corna bzw. Salò halten. Steil herab auf Geröll gelangen wir zum **Aussichtspunkt Belvedere** **07** mit Bank und atemberaubendem Panorama auf die Bucht von Salò. Den herrlichen Waldpfad westwärts weiter, kurz steil und am Abzweig links steil hinab auf Weg 17 wieder gen Osten. Alles sehr blumenreich.

Wir kommen bald an eine Straße mit Bank und Wegweiser. Diese links hinauf bis zu einer Einfahrt, dort rechts die Pflasterstraße steil hinab, links halten, über die Gardesana und zwischen den Mauern hindurch zur Piazza Carmine. Rechts bis zum Kreisverkehr, dann links in die Uferpromenade und zurück zum Auto oder zum Schiffsanleger **Salò** **01**.

MANERBA DEL GARDA

Strände und Dörfer, dazwischen Natur pur!

8,3 km | 2:45 h | 170 hm | 170 hm

START | Lido di Manerba, Porto del Torchio, Via Belvedere [GPS: UTM Zone 32T x: 621.835 m, y: 5.046.487 m]
CHARAKTER | Einfache, aber abwechslungsreiche Rundtour zumeist auf Asphalt durch Ortschaften. Bademöglichkeit.

Manerba ist die größte Gemeinde im Valtènesi. Die von historischen Schlachten geprägte Region hat viel zu „erzählen" und bietet sich mit herrlicher Natur für Spaziergänge an.

▶ Die kleine Hafenanlage des **Porto Torchio** 01 mit Bar und Pizzeria organisiert Schiffsrundfahrten, aber auch Ausflüge zur Isola del Garda. Wir starten links über die schöne Uferpromenade Richtung San Felice (markierter Teerweg mit viel Aussicht auf den See). Nach der Hafenbucht an der kleinen Landnase über die Brücke des Rio Avigo, danach an der Eisdiele und einigen Campingplätzen vorbei. Am Camping Romantica biegen wir links (rot-weiß) in die Via G. Verdi ein und erreichen kurz darauf **Pieve Vecchia** 02.

Nach der Dorfkirche, dem ältesten romanischen Bauwerk im Valtènesi, halbrechts in die Via della Valle (Nr. 802). Die Straße führt durch uriges Grün. Eine Brücke führt erneut über den Wildbach Rio Avigo. Bergauf und am Schild rechts auf der Via G. Marconi bis nach **Balbiana** 03. Unter dem Parkplatz von Passo's Pizzeria finden wir versteckt ein Freilichttheater mit Spielplatz und Blick auf Manerba.

Eindrucksvolle Fresken verzieren die Kirche Santa Lucia. Vor der

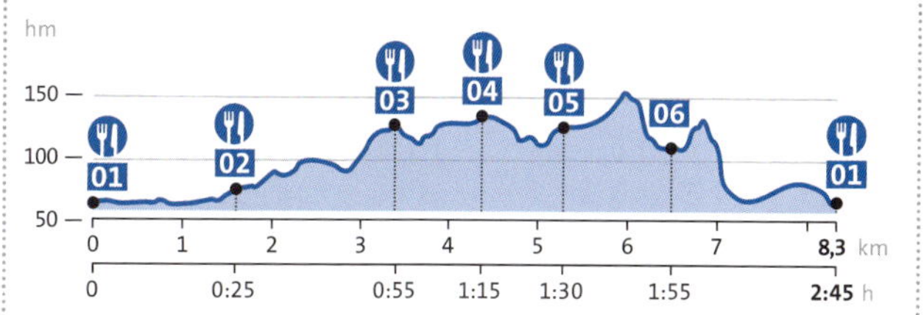

01 Porto Torchio, 70 m; 02 Pieve Vecchia, 79 m; 03 Balbiana, 125 m; 04 Solarolo, 126 m; 05 Montinelle, 122 m; 06 Bus La Paül, 105 m

Rauschendes Erlebnis am Rio Avigo (kurz vor Balbiana)

Hauptstraße biegen wir scharf links in die Via della Valle, am Ende rechts auf die Via Cantarane.

Dann links am Gehsteig bis ins Zentrum von **Solarolo** **04**, dem Hauptort der Gemeinde. Besonders prunkvoll ist das künstlerische Innere der Pfarrkirche Santa Maria Assunta. Unter dem Vorplatz hinter den Stufen findet freitags ein Markt statt. Nach der Kirche in die Via D. A. Merici, am Postamt links hinunter und rechts (Vig. Fontana, Nr. 802B) auf idyllischem Weg bis nach **Montinelle** **05**.

Am Ende links, über den Platz und geradeaus in die schmale Via Leutelmonte. An der T-Kreuzung am orangefarbenen Haus links zur Via Rocca, kurz darauf am Abzweig mit weißem Wegweiser rechts Richtung Pisenze (Via Rupestre). Erst den Wald hoch, dann hinunter, an der Gabelung nach Osten, um somit zum romantischen Biotop **Bus La Paül** **06** mit Schilf und Wildenten zu kommen. Links geht es leicht steigend weiter zu einer großen Kreuzung im Wald (links Rocca, rechts Punta Sasso), wir gehen geradeaus Richtung Pisenze (Nr. 801). Der sehr schöne, aber

Santa Maria Assunta in Solarolo

Biotop Bus La Paül – mehr Natur geht nicht!

steile Waldweg und die folgende Treppe bringen uns zum Strand **Lido di Manerba**. Am Kieselufer entlang und die hintere Treppe hoch, am Tor rechts aufwärts (unmarkiert), eine Linkskurve und auf der Via Cavalle an Campingplätzen vorbei. Am Schluss rechts in die Via Belvedere abbiegen und zurück zum **Porto Torchio** 01.

48

ROCCA DI MANERBA • 216 m

Historischer Ruinengipfel und spektakuläre Felsklippen

5,9 km | 2:00 h | 215 hm | 215 hm

START | Parco Archeologico Naturalistico (150 m) bei Montinelle, Via Rocca [GPS: UTM Zone 32T x: 622.449 m, y: 5.045.968 m]
CHARAKTER | Kurzweilige Runde auf meist breiten Wegen. Nicht zu unterschätzen: der steile Abstieg von der Rocca und die ungesicherte Felsabbruchkante am Sasso. Trittsicherheit und Vorsicht sind geboten. Bademöglichkeit bei Porto Dusano.

Vom **Parkplatz** 01 des **Parco Archeologico Naturalistico** (mit Museum) führt die Via Rocca noch ein Stück bergauf durch ein gemauertes Portal. Ab hier steigen wir bequem über Treppen und Holzstegen hinauf zur Ausgrabungsstätte und den Überresten der ehemaligen Langobarden-Festung. Obenauf thront das weithin sichtbare Gipfelkreuz der **Rocca di Manerba** 02 mit fulminantem Rundum-Panorama (Monte Pizzocolo, Monte Baldo, Valtènesi). Der Gipfel ist durch einen Schützengraben umrundbar. Hinter dem Kreuz geht es auf steilen Stufen mit lockerem Geröll, zum Teil seilgesichert hinab. Hier unbedingt aufpassen und trittsicher sein. Bei Nässe nicht zu empfehlen!

In einer schattigen Waldsenke mit Wegkreuzung empfiehlt sich ein zehnminütiger Abstecher nach rechts zum **Biotop Bus La Paül**.

Weiter auf erdigem, mit Felsplatten versehenem Pfad hinauf zur **Punta Sasso** 03, einem herrlichen Aussichtspunkt direkt am Abgrund. Rechts weiter auf breitem

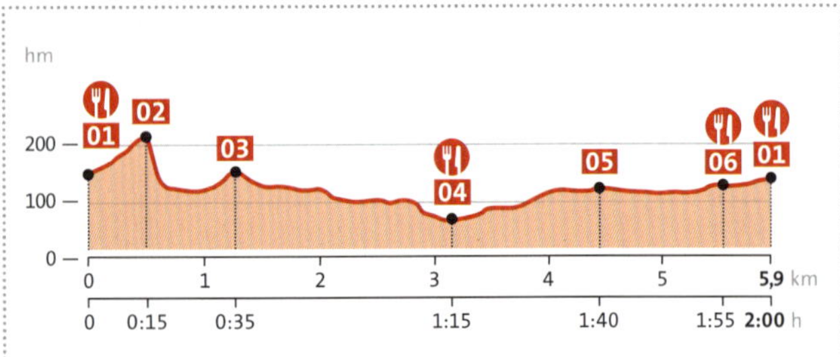

01 Parkplatz Parco, 150 m; 02 Rocca di Manerba, 216 m; 03 Punta Sasso, 125 m; 04 Porto Dusano, 67 m; 05 San Giorgio, 123 m; 06 Montinelle, 122 m

Weg bleiben wir an der Felskante, die 100 m tief zum Seeufer abfällt, wo versteckt einige romantische Badestrände liegen.

Wer Kinder dabei hat oder unter Höhenangst leidet, sollte besser auf Abstand bleiben!

Später am markierten Betonturm „Casello“ vorbei und entlang des Stacheldrahtzauns links halten. An dessen Ende kurz links durch eine Lücke und gleich wieder rechts abwärts dem breiten Weg an der Felskante durch dichten Wald folgen (Nr. 802). Etwa 15 Minuten später treffen wir auf die Via Giosuè Carducci, die uns geradeaus hinunter zum Yachthafen von **Porto Dusano** 04 bringt, wo sich eine Einkehr und ein Sprung ins kühle Nass anbieten. Die Via G. Carducci zurück und auf ihr in Kurven hinauf bringt sie uns erneut auf das Rocca-Plateau. An der T-Kreuzung rechts und am nächsten Abzweig links in die Via Agello.

Zuvor jedoch lohnt ein minimaler Abstecher geradeaus zur aussichtsreichen Kapelle **Chiesa di San Giorgio** 05. Am Ende der Via Agello links in die Via Sadat durch eine herrliche Baumallee. Dann links halten. An einer gemauerten Kurve biegen wir rechts nach **Montinelle** 06 hinein und an der T-Kreuzung erneut rechts ab. Dieses Sträßlein bringt uns an den Mauern entlang direkt zum Beginn der Via Rocca, die uns zurück zum **Parkplatz** 01 hinaufführt.

Punta Sasso mit Blick zur Rocca di Manerba

Parco Archeologico Naturalistico

Das Museum (Eintritt kostenfrei) bietet einen archäologischen und naturwissenschaftlichen Rundgang auf zwei Ebenen an. Ausgestellt sind Freilegungen frühgeschichtlicher Gegenstände und Reste von Pfahlbauten. Eine Bar lädt zudem zur Kaffeezeit ein. Parkplatz vorhanden.
Öffnungszeiten: April bis Sept. Mo–So 10–20 Uhr, Okt. bis März Do–So 10–18 Uhr.

DRUGOLO – PADENGHE SUL GARDA

Rundtour im ländlichen Valtènesi mit zwei Bilderbuch-Burgen als Highlight

12,5 km 3:05 h 195 hm 195 hm

START | Maguzzano (115 m), Parkplatz am Kloster Abbazia di Maguzzano (Via Maccarona)
[GPS: UTM Zone 32T x: 617.440 m, y: 5.037.982 m]
CHARAKTER | Gemütliche Wanderung auf Asphalt oder Schotterstraßen. Nur geringe Steigungen. In Drugolo staubtrocken.

Der „Sentiero 801" führt uns über einen Moränenhügel des Valtènesi und direkt in scheinbar mittelalterliche Gefilde.

▶ Am mittelalterlichen Kloster **Abbazia di Maguzzano** 01 mit weitem Blick auf den Monte Corno geht es auf Weg 801A kurz nach Norden. Danach über die Straße und nach links, geradeaus in die Via Breda. Rechts ein Torbogen, links Weinreben. Wir passieren einen Sportplatz und queren eine Straße, dann die Via Benaco, mäßig ansteigend. An der **Wegkreuzung** 02 weiter geradeaus (801A) in die Via Valsorda Richtung Drugolo. Kurz durch Wald und nach einem langen Rechtsbogen bergauf sind wir auch schon oben (nun 801). Wir wandern unter einer Baumallee, rechts über uns der Monte Falo (270 m). Saftige Weiden und Wiesen bieten vielen Pferden Nahrung. Das Sträßlein endet am Ortsrand von **Sedena** 03. Wir biegen rechts auf Schotter und begrüßen neugierige Esel. Kurzer Rechtsknick um den Wald, dann beidseitig Biobauernhöfe mit Rindern, Ziegen und Schafen; dazu hervorragende Aussicht auf Lonato.

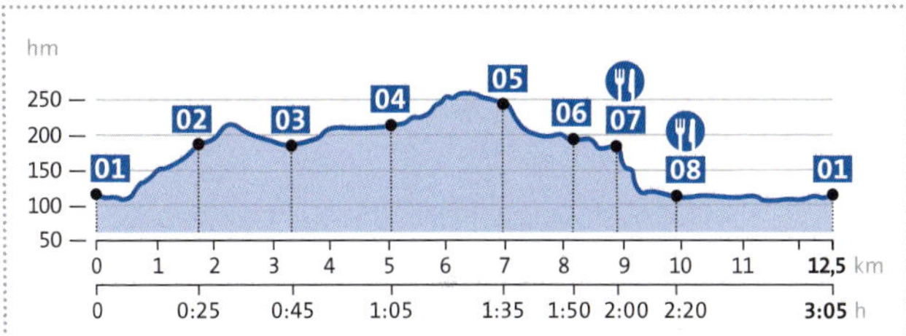

01 Abbazia di Maguzzano, 116 m; 02 Wegkreuzung, 186 m; 03 Sedena, 182 m; 04 Burg Drugolo, 214 m; 05 Bed & Breakfast, 244 m; 06 Sant' Emiliano, 191 m; 07 Castello di Padenghe, 185 m; 08 Vaso di Rì, 115 m

Danach stoßen wir direkt auf die Mauern des fast verlassenen Drugolo, die wir links entlang umgehen. Am Ende rechts, nach der Kirche zur imposanten **Burg Drugolo** 04 aus dem 10. Jh., die sich in Privatbesitz befindet. An Samstagen ist eine Weinkellerei vor dem Burgtor geöffnet. So ist der Innenhof über die alte Zugbrücke erreichbar. Nach den Mauern folgen wir dem Schotterweg 801B links in den schattigen Wald hinauf, vorbei am Pferdegehöft. Großer Linksbogen zum urigen **Bed & Breakfast** 05.

Hinter einer Olivenallee geht es zügig bergab. An der stark befahrenen Straße kurz links, dann wird sie an der Bushaltestelle gequert. Rechts weiter (801B) zur Kapelle **Sant' Emiliano** 06.

Danach rechts die Hauptstraße bergab Richtung Padenghe. An einer kleinen Straßenkreuzung mit Schild „Castello" schräg halblinks den schmalen Pfad hoch, der zu den Außenmauern des mächtigen **Castello di Padenghe** 07 führt. Das Panorama auf den Ort und den südlichen See ist überwältigend. Die Burganlage ist bewohnt und sehr gepflegt und beherbergt ein Museum. Schilder weisen den Weg nach Padenghe (breite Stufen). Über eine Straße und weitere Stufen bis zur Via Roma. Diese nach links in die Via Beretta und bis zur Kreuzung, hier rechts zum Kreisverkehr. Halbrechts über den Spielplatz.

Kurz nach einem Café rechts über eine kleine Brücke in den 2012 neu angelegten Garten **Parco Vaso di Rì** 08 (500 m lang mit 50 Maulbeerbäumen). So gelangen wir zum Hauptkreisverkehr. Gegenüber in der Via dell' Artigianato weiter an Lagerhallen vorbei. Am Waldrand entlang wandern wir nun 30 Minuten auf breitem Schotter-/Radweg ganz gemütlich durch romantisches Terrain. Am Ende zum bekannten Straßenübergang und zurück zum Kloster.

Burg von Drugolo aus dem frühen Mittelalter

Mehrere Pferde-, Rinder- und Eselfarmen am Wegrand (hier eine Pferderanch bei Drugolo)

50 SIRMIONE

Uferspaziergang mit beeindruckenden Zeugnissen aus der Römerzeit

8 km | 2:00 h | 45 hm | 45 hm

START | Yachthafen von Sirmione, Parkplätze in der Via Salvo d'Acquisto [GPS: UTM Zone 32T x: 625.554 m, y: 5.036.773 m]
CHARAKTER | Breite, geteerte Uferpromenaden und Straßen. Wenige Treppen. Der Weg verläuft überwiegend direkt am Wasser.

Sirmione ist wahrlich das „i"-Tüpfelchen des südlichen Gardasees. Die kleine Halbinsel ragt 4 km in den See. Die größte Burg am Gardasee ist das Tor zur touristischen Altstadt, die italienische Träume wahr werden lässt.

▶ Der **Yachthafen** 01 liegt am Beginn der schmalen Landzunge. Nordwärts treten wir zunächst durch ein Tor in den sehr ruhigen öffentlichen Parco San Vito. Geradeaus passieren wir gepflege Grundstücke und erreichen am Ende die Via Benaco. Rechts bis direkt zur Uferpromenade weitergehen. Nun folgen wir dem Fußweg mit weißen Kopfsteinlinien parallel der Via 25 Aprile etwa 1,5 km nach Norden.

Dann stehen wir vor dem mittelalterlichen Wahrzeichen von Sirmione, dem berühmten **Castello Scaligero** 02 aus dem 13. Jh. Ein schmaler Wassergraben trennt die verkehrsberuhigte Altstadt vom Festland. Eisdielen und Souvenirläden prägen das Bild. Durch die Via V. Emanuele zur **Terme Catullo**.

Danach halbrechts die Via Catullo hinauf. Am Anfang eines schönen Parks biegen wir links in die Via C. Arici, kurz darauf erneut links.

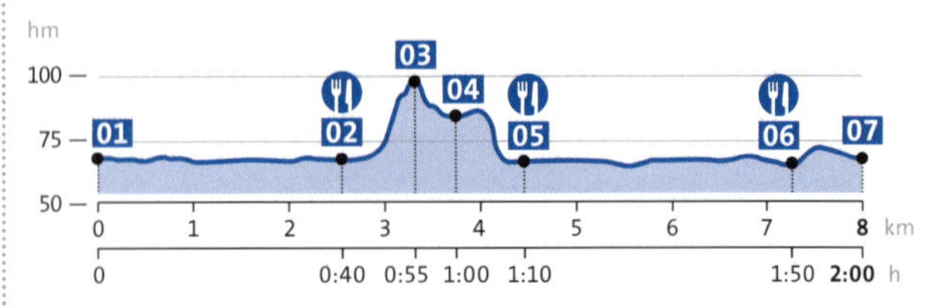

01 Yachthafen, 69 m; 02 Castello Scaligero, 73 m; 03 San Pietro in Mavino, 95 m; 04 Grotte di Catullo, 85 m; 05 Lido delle Bionde, 70 m; 06 Porto Galeazzi, 67 m

Die besterhaltene Skaligerburg am Gardasee steht in Sirmione

Ein Blick ins romanische Kirchlein **San Pietro in Mavino** **03** ist zu empfehlen. Die Kirche zählt zu den hübschesten am Gardasee. Daneben die „Glocke der Gefallenen“ und eine Kanone als Relikt des Ersten Weltkrieges. Zurück zur

Kanone neben San Pietro

Straße und links durch Olivenhaine zu den **Grotte di Catullo** **04**. Der Besuch ist sein Geld wert.

Retour über die Via Catullo. Knapp 100 m nach dem Hotel Ideal biegen wir links in einen Fußweg, der über Treppen zum **Lido delle Bionde** **05** hinabführt. Hier sorgt ein Café für das leibliche Wohl.

Links ein langer Steg in den See. Zudem ist es bei Niedrigwasser möglich, zu romantischen Badestellen unterhalb der „Grotten“ zu gelangen. Rechts weiter am gemauerten Seeuferweg bis zurück vor die mächtige Burg. Über Treppen vorbei an der Kirche Santa M. Maggiore und zurück zum Ausgang.

Nach der Zugbrücke rechts an den Bootsanlegern vorbei (westliches Ufer). Am Ende dieser Promenade links zurück auf die Via 25 Aprile und dieser knapp 1 km nach Süden

Der schlichte Innensaal der Kirche San Pietro in Mavino (13. Jh.)

folgen. Am Schilf und Steg vorbei (auf Holzbuhnen).

Wir machen an der idyllischen Marina **Porto Galeazzi** 06 Halt, um kurz vor dem Ziel noch in der Trattoria einzukehren oder einfach nur dem Plätschern der Boote zu lauschen. Danach weiter südwärts und bei der Snackbar rechts in die Via Marolda. Die Via Colombare nach links, kurz darauf nach rechts in die Via Bagnera, die uns zurück zum Parkplatz bringt.

Abstecher: Am unteren Ende des Yachthafens zweigt rechts die Via Como ab, dann rechts ein schöner Fußweg zur Via Manzoni. Dem bis zur Promenade am Westufer folgen. Links führt diese Promenade zum Strand Spiagga Brema mit Café und Bademöglichkeit. Sehr zu empfehlen!

Grotte di Catullo – Eine Grotte, die keine Grotte ist

Ganz am Zipfel der Insel befinden sich die Ruinen einer römischen Villa aus dem 1. Jh. und somit der größte archäologische Fund in Oberitalien. Grotten gibt es hier keine, dafür antike Gemäuer und Säulen mit sensationellem Seeblick. Das dazugehörige Museum gibt zudem Einblicke in die Gewinnung des heißen Thermalwassers für den Betrieb der beiden Thermen in Sirmione.
Ganzjährig geöffnet, montags geschlossen.
Weitere Infos: www.grottedicatullo.beniculturali.it

51

SOLFERINO UND DAS ROTE KREUZ – ORT DER WIEDERVEREINIGUNG

Rundweg zu kriegshistorischen Gedenkstätten

5 km | 1:30 h | 110 hm | 110 hm

START | Solferino (127 m), Piazza Guglielmo Marconi (Bus und Parkplatz) [GPS: UTM Zone 32T x: 622.726 m, y: 5.025.050 m]
CHARAKTER | Sehr kurzer, informativer Orts- und Feldspaziergang. Überwiegend auf Straßen, zwischendurch breite Feldwege. Steiler Waldpfad unterhalb der Rocca.

Eine sehr bewegte und tragische Geschichte lastet auf Solferino. Heute ist es ein sehr ruhiges, verträumtes Nest mit mehreren Kriegsgedenkstätten, die viele Besucher anlocken.

Im lang gezogen **Solferino** eignet sich unser Parkplatz an der **Piazza G. Marconi** 01 knapp südlich der Ortsmitte perfekt für diesen Rundgang. Vor zur Kreuzung und halbrechts in die Via 20 Settembre. Vorbei an der Dorfkirche (rechts) zum Municipio auf der Piazza Torelli. Rechts in die Via G. Garibaldi und 50 m nach der Trattoria gehen wir rechts durch die Via Prati zunächst einmal hinaus aus dem Ort. Der Schotterweg führt uns 400 m über die Felder. Hinter dem Waldstück links in einen schmalen Trampelpfad.

Ein kleines **Biotop** 02 liegt uns zu Füßen und Solferinos Burgruine spiegelt sich im naturbelassenen Weiher. Vor über die Brücke, an der Hauptstraße links. 100 m weiter rechts in die Via Possessione. Darauf gleich links durch eine Schranke und dahinter nah der Baumgruppe über die Wiese. Den sehr schönen Pfad nach Westen durch

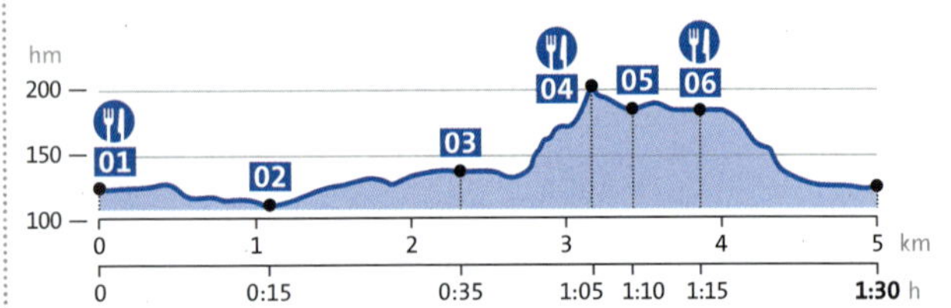

01 Piazza G. Marconi, 127 m; 02 Biotop, 110 m; 03 Ossario del Solferino, 153 m; 04 Rocca di Solferino, 204 m; 05 Memoriale della Croce Rossa, 205 m; 06 Piazza Castello, 176 m

Rocca di Solferino

den unteren Wald zum Spielplatz folgen und zurück zur Straße. Am Gasthaus „La Spia d'Italia" rechts in die Via Ossario. Am Platz mit Denkmal und Kriegsmuseum nehmen wir rechts die Zypressenallee hinauf zum **Ossario di Solferino 03**, eine Knochenkapelle als Mahnmal der Kriegsopfer (mit Gebeinen von 7000 Soldaten).

Zurück zum Platz, links, dann an der Kreuzung rechts (Via Ortensie). Oben dann rechts auf Via Ripa Bianca und wenige Meter nach der Ampel treten wir links über Stufen in den Wald hinein. Recht steil steigen wir zur **Rocca di Solferino 04**. Unbedingt die Treppen zur Turmspitze hoch. Von hier genießen wir eine unglaubliche Aussicht in alle Richtungen

Die Gründung des Roten Kreuzes

Nach der Schlacht 1859 blieben auf dem Schlachtfeld 40.000 Tote und Verwundete zurück, um die sich zunächst niemand kümmerte. Erst als das einfache Volk tausende Verletzte ins benachbarte Castiglione delle Stivere trugen, gründete der Genfer Kaufmann Henry Dunant das Internat. Rote Kreuz. Dafür bekam er den ersten Friedensnobelpreis. In Gedenken an den Krankentransport findet zum Jahrestag ein Fackelzug von Solferino bis Castiglione statt. Dort befindet sich heute das Rot-Kreuz-Museum.

Turm-Panorama auf Solferino

über die Hügellandschaft. Hinter den Turmmauern verläuft ein schmales Pflastersträßlein zwischen Zypressen hinunter. An der Gabelung geradeaus und nach dem Holztor in eine wunderbare Zypressenallee vor bis zum **Memoriale della Croce Rossa** 05. Sehr beeindruckend, vor allem aber nachdenklich stimmend. Wieder zurück zum Tor.

Wer noch etwas in der Natur spazieren möchte, dem sei die **Extrarunde** scharf nach rechts empfohlen. Sonst weiter halblinks zu den Burgmauern auf die **Piazza Castello** 06 mit der Kirche San Nicola. Eine Pizzeria und herrliches Nordpanorama. Mahlzeit! Zuvor am Kiosk führt links die Straße zurück nach Solferino. Nach der Ampel links, dann rechts (Via Garibaldi).

Rocca di Solferino und die grausame Schlacht

Der 23 m hohe Turm (1022 erbaut) galt während der Unabhängigkeitskriege stets als „La Spia d'Italia" (Spion Italiens). Hier in Solferino und nördlich bei San Martino di Battaglia stand 1859 die österreichische Front der französisch-italienischen Allianz mit insg. 320.000 Soldaten gegenüber. Nach dem Sieg über Österreich kam es zur Wiederherstellung eines vereinten Italiens. Ein schönes Museum im oberen Turmtrakt zeigt Relikte der historischen Schlacht.

Monarchenzimmer im oberen Turm

BORGHETTO – PARCO GIARDINO SIGURTÀ

Namhafte Attraktionen rund um Valeggio sul Mincio verbunden mit einer Rundtour am Fluss

8,5 km | 2:25 h | 145 hm | 145 hm

START | Valeggio sul Mincio (88 m), Parkplatz Piazza San Rocco. Bus in der Nähe [GPS: UTM Zone 32T x: 635.715 m, y: 5.023.876 m]
CHARAKTER | Asphalt im Ort, am Fluss teilweise auf Schotter, kurzer Feldweg.

Faszinierende Orte sind immer einen längeren Besuch wert. Allein im riesigen Botanischen Garten könnte man viele Stunden spazieren und verweilen. Darum kann die Tour gesplittet werden.

Teil 1: Skaligerschloss und Borghetto

Der Spaziergang begint an der **Piazza San Rocco** 01, von hier aus Via San Rocco und auf dem Bürgersteig links Richtung Borghetto. Nach dem Zebrastreifen halblinks 300 m auf Kopfsteinpflaster mäßig ansteigend zur sehr gut erhaltenen Ruine des **Castello Scaligero** 02. Hier haben wir schöne Ausblicke in die Ebene und auf Valeggio. Rechts am Eingang steigen wir breite Steinstufen durch dichten Wald hinunter zur Via Mantegna. Geradewegs durch die Parkplätze hinein ins malerische **Borghetto** 03. Mehrere Cafés laden zur Einkehr ein. Durch den Torbogen und über die Fußgängerbrücke, am anderen Flussufer links vorbei an Restaurants. Vor dem Parkplatz links zum Uferweg. Vor-

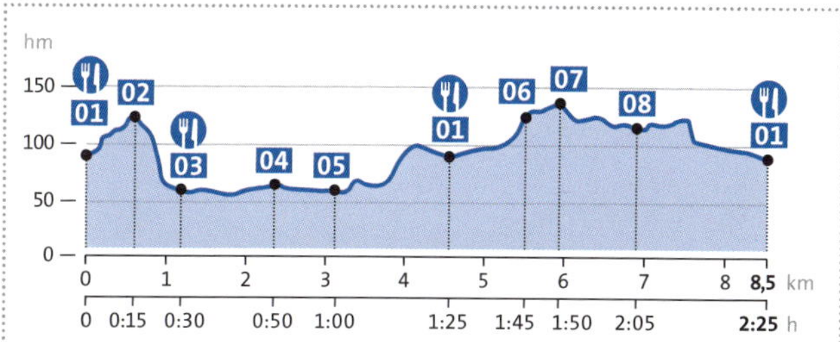

01 Piazza San Rocco, 88 m; 02 Castello Scaligero, 126 m; 03 Borghetto, 66 m; 04 Ponte Visconteo, 64 m; 05 Radbrücke, 60 m; 06 Eremo San Zeno, 121 m; 07 Carlo-Sigurtà-Denkmal, 130 m; 08 Giardini Acquatici, 117 m

bei am Sportplatz, um die Inselspitze und weiter zur Kreuzung. Kurz links, vor der Brücke rechts. Am Kanal unterqueren wir die berühmte **Ponte Visconteo** 04. Dann rechts, nach der Brücke am Feld links (Radweg). 700 m nach Nordosten entlang des Seitenarms zur **Radbrücke** 05 über den Mincio, der durch Wellenbrecher wunderbar rauscht. Direkt am Brückenschluss rechts hinab ins Feld und über einen schmalen Graspfad (nicht leicht zu erkennen) zu einem Gebäude. Weiter zu einer Dreier-Gabelung, hier dem mittleren Weg folgen. Der Radweg trifft bald auf einen Parkplatz. Anschließend links zur Straße und sofort rechts in den schattigen Parco Comunale. Oben an der Via San Rocco zurück zur **Piazza San Rocco** 01.

Teil 2: Parco Giardino Sigurtà
Vis-à-vis von der Piazza führt die Via G. Verdi nordwärts in die Via C. Maffei, der wir rechts gegen die Fahrtrichtung folgen. An der Kreuzung links zum Eingang in den Park. Durch den 600.000 m² großen Parco Giardino Sigurtà zieht sich ein 7 km langes Wegenetz.

Borghetto und Ponte Visconteo

Das mittelalterliche Mühlen- und Festungsdorf **Borghetto** (12 km südlich des Gardasees) zählt zu den schönsten Dörfern Italiens. Einige seiner Wassermühlen wurden zu Ferienhäusern mit senasationeller Kulisse ausgebaut. Im Juni findet das traditionelle Tortellini-Fest mit 4000 Besuchern auf der **Ponte Visconteo** (14. Jh.) statt. Sie wurde als Bollwerk und Staudamm erbaut und ist 650 m lang und 21 m breit. Die Festung verfiel, ist aber heute Besuchermagnet.

Links oben: Ponte Visconteo in Borghetto (aus dem 14. Jh.)
Rechts: Ein schöner Seerosenteich im Parco Giardino Sigurtà

Der Park zählt zu den schönsten seiner Art weltweit und beheimatet unzählige exotische Pflanzen. Ein Stück geradeaus, am ersten Abzweig links („Giardini Acquatici") und dem Weg 400 m nach Norden folgen. An der Kreuzung geradeaus. Unter Bäumen verläuft ein schmaler Weg zur **Eremo San Zeno** **06**. Links weiter entlang von Zypressen, dann über die Wiese hinauf zur Sonnenuhr und dem **Carlo-Sigurtà-Denkmal** **07**. Herrliche Aussicht über den Park und in die Mincio-Ebene. An der Mauer wieder südwärts. Alternativ kann man auch über die Wiese (zwei schöne Teiche) laufen. An der Kreuzung rechts in die Rosengasse.

Nach einer weiteren Kreuzung beginnen die kunstvollen **Giardini Acquatici** **08** (bezaubernde Seerosenteiche). Links daneben ein großes Labyrinth und unser Rückweg (nordwärts). Rechts die Treppe hinunter, zum Eingang und retour.

53 PASTRENGO

Bummel entlang der Etsch und zu ehemaligen Kriegsschauplätzen

9,5 km | 2:45 h | 240 hm | 240 hm

START | Pastrengo (192 m), Via Oliveti an der Post [GPS: UTM Zone 32T x: 640.543 m, y: 5.039.226 m]
CHARAKTER | Asphalt- und Schotterwege, Waldpfade. An der Etsch sandig. Orientierungssinn vorteilhaft, da keine Beschilderungen.

▶ Vom Parkplatz an der Post von **Pastrengo** 01 über die Provinzstraße und am Rathaus geradeaus. Gleich links in die Via Salva d'Acquisto, am Ende rechts und erneut links. Nach der Via Fontane zweigen wir rechts auf ein autofreies Sträßlein am Feld. Am Ende der Mauer geradeaus. Linksseitig die schlichte Kirche San Zeno. Weiterhin geradeaus an steinernen Häuserruinen vorbei und auf schönem Schotterweg direkt an Weinreben entlang Richtung Osten. Der folgende Abzweig ist schwer zu sehen! Kurz nach dem Wein- und Maisfeld geht es links hinter einer Sperrkette in den Wald auf schmalem, aber schönem Pfad weiter. Er führt recht steil den Hang hinab. An der Gabelung rechts zur Kanalbrücke **Ponte Tortella** 02.

Tipp: Wenn der Abzweig nicht zu finden ist, dann den Schotterweg weiter folgen und nach der Lichtung an der Baumgruppe links den Pfad in langen Spitzkehren hinab und am Kanal entlang zur Brücke.

Nach der Brücke am Radweg links und sofort scharf rechts über

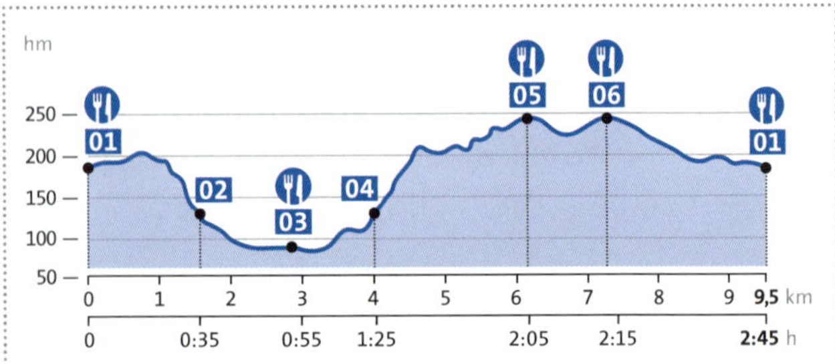

01 Pastrengo, 192 m; 02 Ponte Tortella, 131 m; 03 Località Garberia, 86 m; 04 Ponte Val di Pol, 131 m; 05 Forte Poggio Pol, 248 m; 06 Forte Poggio Croce, 247 m

Schotter hinab und die Fahrstraße queren (Località Pol di Pastrengo). In einigen Schwüngen vorbei an Weinreben über eine weitere Kanalbrücke. An der T-Gabelung rechts an einer Steinmauer entlang, dann rechts um eine alte Häusergruppe.

Am B&B Fernanda der **Località Garberia** 03 links auf der Straße durch eine schöne Gartensiedlung. Am Ende links. Die Osteria Barcarol lädt zu einer kleinen Stärkung ein. Danach rechts direkt entlang der Etsch auf einem Feldweg. Erst am Zaunende rechts zur Kanalbrücke hinauf, an der Straße rechts und nach wenigen 100 m nach dem Straßenschild („Loc. Gobbi") links (zwei Zypressen). Auf engem Pfad durch Dickicht aufwärts erreichen wir die letzte Kanalbrücke **Ponte Val di Pol** 04. Am anderen Ufer erwartet uns ein idyllischer, schattiger Waldpfad, dem wir links haltend nach oben folgen.

Historische Schlacht bei Pastrengo

Die Ortschaft Pastrengo hatte während der italienischen Unabhängigkeitskriege eine strategisch wichtige Rolle. Sie lag inmitten der Stellungen österreichischer Truppen (unter Feldmarschall Radetzky). Am 30. April 1848 erfolgte eine erfolgreiche Kavallerieattacke der piemontischen Carabinieri (von Karl Albert, König von Sardinien). 1866 gehörte Pastrengo dann zu Italien. Es gibt ein jährliches Gedenkfest mit Nachinszenierung in Originaluniformen.

Rechts über einen Wiesenweg an Obstbäumen und einem Brunnen vorbei zur Schotterstraße. An der Gabelung rechts und im großen Linksbogen um den Waldhügel herum und an ausgedehnten Fel-

Mohnblumenfeld vor Pastrengo

dern entlang Richtung Pastrengo. Im Frühling sorgen hier unzählige Mohnblumen für einen roten Teppich.

An der Straßenkreuzung gibt es nun zwei sehr historische Ruinen zu bestaunen, heute beide mit Gastronomiebetrieb. Links gelangen wir zum privaten **Forte Poggio Pol** 05 mit hervorragender Küche im „Al Forte" und grandiosem Blick Richtung Süden. Halbrechts kommen wir zum **Forte Poggio Croce** 06 (Caserma Leopold) mit Pizzeria und schöner Aussicht nach Nordwesten. Zurück an der Kreuzung nun links, am Kreisverkehr rechts (Via Sambuco) und vorbei am Friedhof. Nach dem Agriturismo links abzweigen. Über den kleinen Kirchplatz und links durch die schmale Via Roma wieder zurück nach **Pastrengo** 01.

Hof der Festung Leopold (Forte Poggio Croce)

VALSORDA – MONTE MOSCAL • 427 m

Erfrischendes Naturhighlight mit kleiner Bergrunde

6,5 km | 2:30 h | 315 hm | 315 hm

START | Eingang Valsorda (157 m), Bushaltestelle „Fermata Valsorda" mit Pendelbus (Servizio Bus Navetta, Linie Bardolino – Cisano – Calmasino). Parknische (Via Valconara)
[GPS: UTM Zone 32T x: 636.004 m, y: 5.045.420 m]
CHARAKTER | Vielerorts unmarkiert, aber unfehlbar. Gute Schotter- und Waldwege, Asphalt. Am Gipfel steiniger Pfad und kurz anspruchsvoll.

Unweit von Bardolino und doch fernab vom Trubel lockt uns diese kleine, aber feine Runde in ein naturbelassenes Tal, an das sich oben ein Panorama-„Hügel" anschließt.

▶ Los geht's an der Bushaltestelle **Fermata Valsorda** 01, an der wir der Straße aufwärts folgen, und dann halblinks auf Schotter am rosafarbenen Haus mit Schranke vorbei in den Wald gehen. Am Bach steigt der schöne Waldweg nur leicht an und wechselt gleich auf die linke Uferseite. Hier wachsen köstliche Walderdbeeren. Kleine Kaskaden, brückenlose Bachquerungen und der weiche Naturboden machen dieses enge Tal zu einem erfrischenden Erlebnis.

Wir ignorieren den Abzweig nach rechts und umwandern gleich einen mächtigen Felsturm linksseitig. Bei der vorletzten Bachquerung dient ein Holzbrett als Tritthilfe. Danach unbedingt links über den Bach und hinauf zur Straße (40 Min., Via Casetta), dort rechts. Wir durchlaufen Weinplantagen und kommen am Agriturismo Incaffi mit privater Gastronomie vorbei.

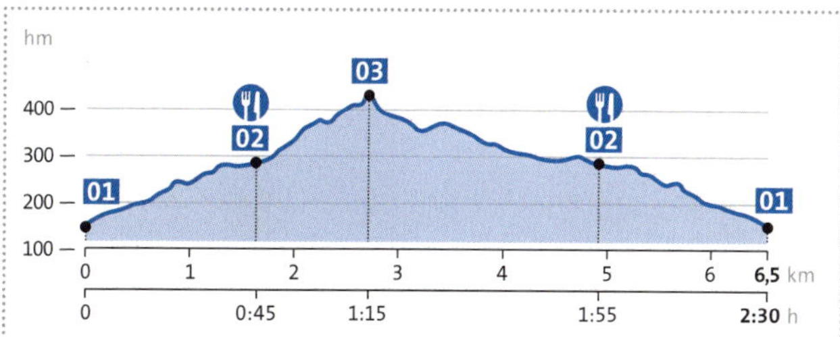

01 Fermata Valsorda, 157 m; 02 Incaffi, 294 m; 03 Monte Moscal, 427 m

Der Monte Moscal ist fest in italienischer Hand…

Danach vor zur Kreuzung nach **Incaffi** 02, links weiter. Die Augen richten sich neben der herrlichen Landschaft auch auf Hausnummer 64, bei der es gleich rechts die schmale Straße bergauf geht. Nach der Schranke betreten wir wieder schattigen Laubwald (Kastanien, Buchen, Eichen). Zur Linken die mächtige Felswand des ruhenden Steinbruchs und die Antenne vom Monte Moscal. Stets am grünen Metallzaun entlang, an der Weggabelung rechts hoch (weiß-rot markiert). Oben nochmal links und zum sehr stei-

Alternativer Start in Cavaion Veronese

Interessant ist auch der Aufstieg bis Incaffi über den Monte San Michele, ausgehend von Cavaion Veronese. Wertvolle prähistorische Funde präsentiert das Heimatmuseum im Ort, der durch seine vorteilhafte Südhanglage auch hochwertige Weine und Öle herstellt. Durch malerische Gassen den Ort hinauf erreichen wir die Via San Michele, die uns zu einem märchenhaften Themenweg bringt. In 20 Minuten stehen wir am kleinen Weinfeld, das wir links umgehen, um später an der Schranke links über die Via Castello nach Incaffi zu gelangen.

Kapelle oberhalb von Cavaion

len und steinigen Schlussanstieg bis zur italienischen Flagge am **Monte Moscal** 03. Das Panorama nach Norden ist grandios!

Der Rückweg: Westwärts auf steinigem Pfad durch Wald, dann geradeaus über eine Wiese und auf Schotter mit Drehung nach Süden wieder talwärts. Rechts von uns die große Sendeanlage (abgesperrt).

Ohne Markierung geht es nach der Schranke auf Teerstraße links hinunter mit hervorragender Sicht auf den kleineren Monte San Michele. Nach einigen S-Kurven dreht die Via Moscal stark nach Norden, bevor es im Rechtsbogen vorbei an einer Rastbank wieder zur bekannten Kreuzung (1:30 h) nach **Incaffi** 02 geht.

Der restliche Rückweg erfolgt auf dem Hinweg.

Die Kaskaden im Valsorda

BARDOLINO – LAZISE

Langgezogene, abwechslungsreiche Uferpromenade

12,5 km | 2:30 h | 15 hm | 15 hm

START | Campingplatz San Nicolo (Piazzale Gramsci), Bus und Parkplätze in der Nähe
[GPS: UTM Zone 32T x: 634.140 m, y: 5.045.699 m]
CHARAKTER | Aussichtsreicher Spaziergang durchweg am Ufer auf gepflastertem Weg, streckenweise Schotter.

Der Uferbereich zwischen der Landzunge San Vigilio und Lazise ist durchgängig begehbar und einer der schönsten am Gardasee.

▶ Nach dem **Campingplatz San Nicolo** 01 spazieren wir in südlicher Richtung „Area pedonale“ zur gepflasterten Uferpromenade. Entlang von Riesenmagnolien erreichen wir die Landspitze Punta Cornicello. Danach teilt sich der blumenreiche Uferbereich in Promenade und Radweg. An den Markttagen (jeden Donnerstag) tummeln sich hier viele Touristen.

Eine Fußgängerbrücke bringt uns direkt zum **Bootsanleger Bardolino** 02, der mit Länderflaggen und vielen Cafés und Bars wunderschön gestaltet ist. Das schmucke Rathaus und das eindrucksvolle Kriegerdenkmal auf der Piazza Principe Amadeo laden zum Stadtbummel in den schönen Ort ein.

Es folgt die Landnase **Punta Mirabelle** 03, sehr sauber angelegt mit Bar neben der Straße. Es wird ruhiger, wir verlassen den Trubel. Am Camping Europa vorbei, dann bieten sich einige Uferbereiche zum Sprung ins kühle Nass an.

Am Ristorante Piccolo Doge können wir den authentischen Nachbau einer venezianischen Gondel

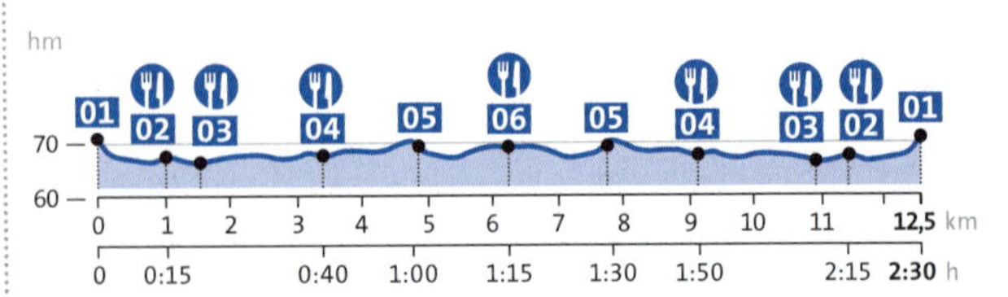

01 Campingplatz San Nicolo, 71 m; 02 Bootsanleger Bardolino, 67 m; 03 Punta Mirabelle, 68 m 04 Bootsanleger Cisano, 68 m; 05 Yachthafen, 70 m; 06 Lazise, 68 m

Lazise: Promenade & Rosenpark

bewundern. Weiter nah der Straße kommen wir an einem Yachtclub vorbei und befinden uns kurz darauf am **Bootsanleger Cisano** **04**. Wenige 100 m nach Cisano erwartet uns der schönste Abschnitt, sehr naturbelassen mit viel Schilf. Zunächst der abgezäunte Camping Cisano, später prächtige Villen. Der Weg wird enger. Durch einen großen **Yachthafen** **05** und über eine kleine Brücke weiter.

Der Hafen von Bardolino mit Rathaus

Vor Lazise gleicht die Promenade einem Blumenpark mit Pinien und Palmen, schön geschmückt. Am Sportboothafen vorbei zum terrassenförmig angelegten Lungolago Marconi von **Lazise** 06. Das Angebot an Restaurants und Eisdielen ist riesig. Das Zentrum ist klein und touristisch, hat aber Stil und seinen mittelalterlichen Charakter bewahrt. Umrahmt wird es von einer gut erhaltenen Stadtmauer, oben thront die stolze Skaligerburg am Südportal. Der **Rückweg** erfolgt über den Hinweg.

Abstecher zu interessanten Museen

Am **Bootsanleger Cisano** 04 folgen wir ortseinwärts einem Durchgang zur Bushaltestelle an der Hauptsstraße. Kurz links-rechts in die Via Marzan. 200 m danach das **Museo Ornitologico (Vogelmuseum).** Danach rechts in die Via Fontane zur Hauptstraße. Diese queren und links leicht ansteigend 250 m bis zum berühmten **Museo dell' Olio d'Oliva (Olivenölmuseum)**, freier Eintritt, ein Top-Highlight! Wochentags 9–12.30, 14.30–19 Uhr, sonntags und feiertags 9–12.30 Uhr (www.museum.it).

Olivenölmuseum in Cisano

Ebenfalls zu empfehlen ist der Besuch im **Museo del Vino Zeni** (Weinmuseum) im östlichen Bardolino (Via Costabella 9).

GARDA – ROCCA VECCHIA • 291 m

Auf zum Panoramafelsen über Garda mit Klosterbesuch

6,7 km 2:20 h 285 hm 285 hm

START | Garda, Pfarrkirche Santa Maria Maggiore (Via Roma). Bushaltestelle und Parkplätze in der Nähe [GPS: UTM Zone 32T x: 633.459 m, y: 5.048.033 m]
CHARAKTER | Bequeme Waldwege auf Asphalt oder Schotter. Kurze steile Anstiege. Abstieg steinig, über Treppen. Orientierungssinn an einigen Stellen nötig.

Garda ist ein hübscher und beliebter Touristenort mit schöner Promenade, Palästen und üppigem Hinterland. Es liegt eingekesselt zwischen Monte Luppia und Rocca Vecchia. Letzterer ist Gardas Hausberg, der schnell erreichbar ist.

▶ In **Garda** 01 begeben wir uns zur gelbfarbenen Pfarrkirche Santa Maria Maggiore mit ihrem großem Kirchturm und schönem Altar. In die Einbahnstraße Via San Bernardo und dann dem braunen Wegschild „Eremo (B)" folgen. Dann gleich halbrechts die Via degli Alpini hinauf. Kurz darauf an Hausnummer 29 ohne Markierung links halten (wichtig!), durch einen Haustunnel und an schönen Grundstücken vorbei. Auf der Via Boschi dann rechts aufwärts („B" auf orange). Von hier bietet sich eine herrliche Aussicht auf Gardas Vororte. Vor den letzten Häusern halblinks vorbei, weiter steigend. Es geht in den Wald kurz abwärts.

An der **Straßenkreuzung** 02 am Waldrand nun geradeaus („B"), über eine Wiese und anschließend leicht ansteigend erneut in dich-

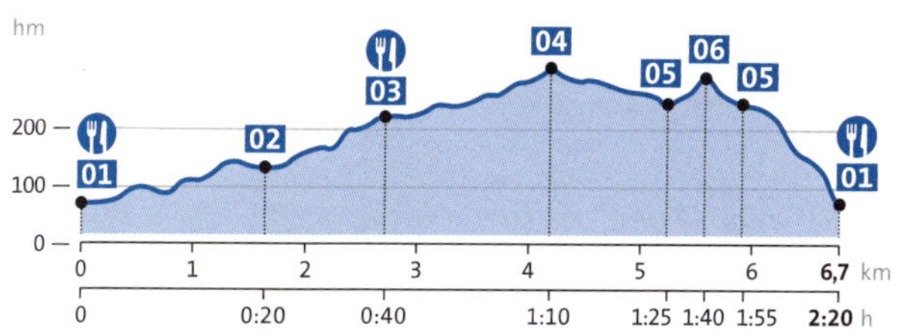

01 Garda, 67 m; 02 Straßenkreuzung, 130 m; 03 Località Bondi, 224 m; 04 Eremo di Camaldolesi San Giorgio, 305 m; 05 Waldkreuzung, 250 m; 06 Rocca Vecchia, 291 m

Bucht von Garda mit Punta di San Vigilio und Monte Luppia

ten Wald hinein. Stets am Hauptweg bleiben und alle Abzweige ignorieren. Jetzt wird es mit 15 % Steigung ziemlich steil, ehe wir die **Località Bondi** 03 mit Wegweisern und dem Restaurant La Dacia erreichen. Gut umsehen, denn 10 m nach der Schranke rechts (hinter den Mülltonnen) führt ohne Markierung knapp neben dem Gasthaus ein sehr schmaler Pfad nach Westen.

Durch eine **Olivenallee** und am Weinfeld entlang ist das einer der schönsten Abschnitte der Tour. Stets geradeaus wird der Pfad breiter und trifft auf eine große Schotterstraße, der wir rechts folgen („B"). Herrlich angelegt an hohen Zypressen kommen wir an eine Kreuzung mit Wegkreuz und Schildern. Geradeaus entlang der Zy- pressenstraße lohnt eine Besichtigung der **Eremo di Camaldolesi San Giorgio** 04 aus dem 17. Jh. Gleich zu Beginn bieten Mönche im Klosterladen eigens hergestellte Produkte wie Käse, Schokolade und Honig an. Hinterm Ladenausgang locken die Kirche mit schönem Altar und die bezaubernden Gartenanlagen.

Zurück am Wegkreuz setzen wir den Weg links fort („M" auf grün), der uns recht steil und steinig herab zu einer großen **Waldkreuzung** 05 bringt. Geradeaus weiter („A/B") auf breitem, sehr steinigem Weg, der uns hinauf auf Gardas Tafelberg führt. Kurz durch ein Waldstück und wir können uns an der **Rocca Vecchia** 06 auf sensationelle Ausblicke auf Garda sowie auf Bardolino bis nach Sirmione freuen. Wir wählen denselben Weg hinab zurück zur **Waldkreuzung** 05 (Achtung! Bei Nässe Rutschgefahr!) und steigen links über eine Treppenanlage steil hinab bis zur Straße. Direkt links hinter den Wassertanks am Geländer (schwer zu erkennen!) zweigt ein Pfad in den Wald hinein und führt westwärts hinunter. In der Rechtskurve steigen wir ge-

Eindrucksvolle Olivenallee hinter dem Restaurant La Dacia

radeaus steil die Stufen hinab und halten uns unten auf der Straße rechts, damit wir danach wieder zur Pfarrkirche **Garda** 01 gelangen.

Tipp: Sollte der letzte Pfad nicht zu finden sein, dann einfach weiter die Straße hinab bis zur Via d. Alpini und auf bekanntem Weg zurück.

57

MONTE LUPPIA • 416 m

Auf Entdeckungstour hoch über der Zypressen-Halbinsel Punta San Vigilio

10,2 km | 3:20 h | 340 hm | 340 hm

START | Punta San Vigilio. Bus und Parkplatz direkt an der Gardesana [GPS: UTM Zone 32T x: 630.739 m, y: 5.048.033 m]
CHARAKTER | Mäßig steile Waldwege. Auch schmale, steinige Pfade. Am Gipfelrücken in exponierter Lage am Felshang. Orientierungssinn zwingend notwendig. Unbedingt Getränke mitnehmen.

Der Monte Luppia ist bekannt für seine prähistorischen Felsgravuren und besticht durch ein sagenhaftes Panorama.

▶ Nach individuellem Aufenthalt im romantischen Areal der **Punta San Vigilio** 01 überschreiten wir vorsichtig die viel befahrene Gardesana und durchforsten eine schöne Oliventerrasse. An der Weggabelung direkt oberhalb einer erweiterten Parkplatzanlage gehen wir geradeaus in den Wald. An weiteren Abzweigen stets links halten, nun auf Schotterstraße direkt oberhalb der Gardesana. An einem scharfen Rechtsknick gibt es einen Felsvorsprung mit **Aussichtspunkt** 02 (25 Min.), der uns ein herrliches Panorama zur **Baia delle Sirene** uwwnd über den südlichen Gardasee verschafft. Die Straße wird nach einem Linksbogen schmäler und an der T-Kreuzung am Monte Pomo links gehen (rote 2). Bei der nächsten Gabelung wieder rechts der Beschilde-

Die Zypressen-Halbinsel Punta San Vigilio mit dem Luxusstrand „Baia delle Sirene" (oberstes Preisniveau)

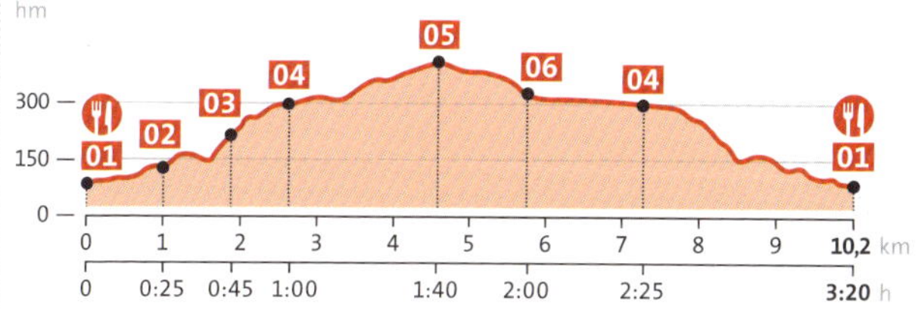

01 Punta San Vigilio, 88 m; 02 Aussichtspunkt, 115 m; 03 Felsgravuren, 211 m; 04 Abzweig Nr. 2b, 298 m; 05 Monte Luppia, 416 m; 06 Le Sorte, 320 m

rung „Graffiti" mit gelbem Strichmännchen folgen. Leicht steigend auf steinigem Pfad erblicken wir rechter Hand bald die ersten glatten Felsen mit **Gravuren** 03 aus verschiedenen Zeitepochen. Zu erkennen sind neben Schiffen und Waffen auch Reiter und Olivenbäume.

Wir gewinnen an Höhe und folgen am **Abzweig Nr. 2b** 04 knapp oberhalb der **Casa Bianca** rechts dem breiteren Weg „2b" Richtung Monte Luppia. Entlang einer hübschen **Zypressenreihe** nach Süden. An der Lichtung oberhalb von Gebäuden links in den Wald. Leider ist hier die Markierung mangelhaft. Nach Linksknick und Rechtsbogen stoßen wir auf den Hauptweg zum Monte Luppia nahe des Felsabbruchs. Nordöstlich weiter, an der Wiese mit großer Eiche rechts.

Ein schöner Waldpfad nahe der Felswände, die bis zu 300 m tief Richtung Garda abfallen. Durch lichtes Buschwerk immer wieder herrliche Blicke. Auf dem Hauptweg (rot-weiß) wandern

wir, gesäumt von Wacholder und Zypressen, bis zur grasigen Kuppe des **Monte Luppia** 05 (1:30 h). Hier genießen wir ein einzigartiges Panorama auf die Bucht von Garda und den südlichen See.

Weiter auf dem Pfad entlang des kuppigen Rückens, danach auf breiterem Weg links. Auf dem Querweg rechts hinunter, bis wir bereits die Dächer von Torri del Benaco tief unter uns sehen. Am Monte Toél vorbei und beim ersten Gebäude der Località **Le Sorte** 06 (1:50 h) biegen wir scharf links auf die schmale Fahrstraße. Nach dem Brunnen passieren wir hübsche Villen und eine herrliche Kulturlandschaft.

Am Weiler Le Murette vorbei, dann nehmen wir kurz vor der herrlichen Zypressenreihe den Weg rechts und gelangen zum bekannten **Abzweig Nr. 2b** 04. Hier nun halbrechts zur Casa Bianca und dann auf dem bekannten Anstiegsweg

Punta di San Vigilio

Die markante Landzunge zwischen Garda und Torri del Benaco ist ein landschaftliches Kunstwerk. Die prächtige Zypressenallee fungiert als „roter Teppich" im Eingangsbereich. Das wunderschöne Anwesen und seine Gärten sind privat. Sehr lohnenswert ist der Besuch der Kapelle und des kleine Hafens mit romantischem Café. Am Nordufer bietet sich der kostenpflichtige, lagunenförmige Kiesstrand der Baia delle Sirene zum Baden an.

zurück. An der Gabelung Monte Pomo folgen wir der grünen Markierung „3" Richtung Garda. Entlang der schmalen Straße geht es steil abwärts. Am Ende an der Kreuzung rechts auf Schotter zurück zur Oliventerrasse und zur **Punta San Vigilio** 01.

Das einladende Restaurant Locanda San Vigilio

TORRI DEL BENACO – CRERO – ALBISANO

Einzigartige Panoramaorte zwischen Oliven und Felsgravuren

11,2 km | 3:05 h | 425 hm ↗ | 425 hm ↘

START | Torri del Benaco, Castello di Scaligero (Parkplatz in der Viale G. Marconi) [GPS: UTM Zone 32T x: 631.392 m, y: 5.051.866 m]
CHARAKTER | Schotterwege, Waldwege und Asphalt. Einige geröllige Abschnitte beim Aufstieg, Rückweg steil, teils über Stufen.

Eine aussichtsreiche Entdeckungsreise zu den legendären Felszeichnungen von Crero. Das eigentliche Highlight ist Crero selbst.

Das **Castello Scaligero** 01 – 1383 fertiggebaut – beherbergt ein Museum und eines der ältesten *Limonaie* (Zitronengewächshäuser) am Gardasee. Wir schlendern ganz gemütlich durch die Flaniermeile oder an der idyllischen Uferpromenade nordwärts bis zur Piazza Chiesa mit der beachtlichen Stadtkirche. Dahinter rechts zur Gardesana (Via San Carlo), kurz links. Gegenüber von Haus Nr. 77 führt uns ein gepflasterter Fußweg leicht aufwärts hinaus aus dem Zentrum von Torri. Am Ende die Via G. Rossini, hier links. Bei der nächsten Kreuzung über Stufen rechts hinauf, dann bei Località Coi links halten.

An einem steinernen Haus der **Località Loncrino** 02 – gegenüber ein Schrein der Heiligen Madonna della Corona – folgen wir der Pflasterstraße hinauf (Nr. 41, „Percorso Pellegrini“) Richtung „Graffiti del Crero“. Der Weg steigt mäßig an. Bei der nächsten Gabelung links, dann über einen Bach. Im Auf und Ab durch eine grüne Landschaft aus Olivenhainen, da-

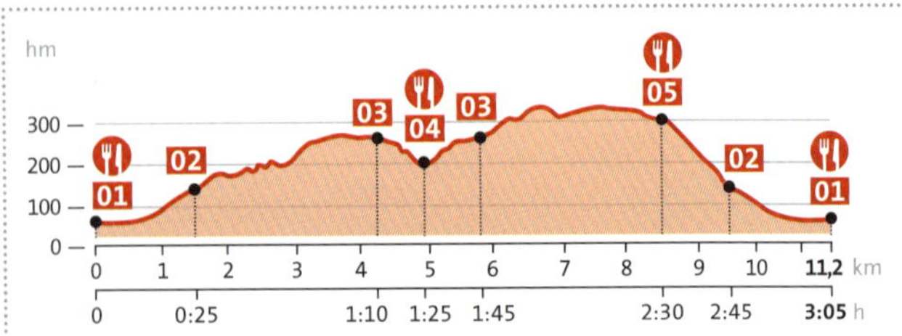

01 Castello Scaligero (Torri del Benaco), 67 m; 02 Località Loncrino, 141 m; 03 Weggabelung, 273 m; 04 Crero, 210 m; 05 Albisano, 311 m

Pfad durch Oliven oberhalb von Torri del Benaco

Sonnenuntergang am Monte Pizzocolo gegenüber

Trattoria in Crero mit Panorama-Wintergarten

zu herrliche Seeblicke. Nach der Straßenquerung wird es schmäler, steiniger, zum Teil geröllig und steil. Fast 1 Stunde nach Loncrino erreichen wir eine **Weggabelung** 03 mit Bank. Hier links nach Crero. Es geht leicht bergab und nach 10 Minuten können wir rechter Hand die **Graffiti del Crero** (Felsritzungen) betrachten.

Kurz danach entführt uns das malerische **Crero** 04 mit seinen hübschen Steinhäusern und der kleinen Kirche San Siro (leicht außerhalb des Ortes) ins Mittelalter.

Lust auf eine unvergessliche Einkehr? In der **Trattoria Panoramico** (Panoramaterrasse) werden kulinarische Leckerbissen aufgetischt.

Zurück an der bekannten **Weggabelung** 03 folgen wir dem breiten, leicht ansteigenden Weg 40 halblinks hinauf. Unterwegs gibt es einige Rastmöglichkeiten mit herrlichem Blick zum Monte Pizzocolo.

Bald treffen wir auf die geteerte Via delle Fittanze. An der Provinzstraße kurz nach rechts, nach der Bushaltestelle links auf die autofreie Schotterstraße Via Ca' Bianca ausweichen. An ihrem Ende rechts zum Spielplatz und links der SP9 folgen. Wir kommen am beliebten Hotel Panorama mit schöner Aussichtsterrasse vorbei.

Die Kirche San Martino von **Albisano** 05 wird rechts umgangen und direkt nach dem großen Parkplatz zeigt rechts ein braunes Schild „Torri" an. Es sind 110 Stufen hinunter, an der Forststraße links und auf Asphalt zur T-Kreuzung, nun rechts hinunter. Zwischen Olivengärten geht es in S-Kurven bis kurz vor die Trattoria agli Olivi. Zuvor jedoch links weiter Richtung Torri. An der nächsten Kreuzung erneut rechts und zwischen Mauern schließlich zur **Località Loncrino** 02. Ab hier links gleicher Weg wie zu Beginn zurück nach zum **Castello Scaligero** 01 in Torri del Benaco.

MONTE BELPO • 880 m

Durchs Waldparadies zum Schmetterlingshügel

7,3 km | 2:40 h | 320 hm | 320 hm

START | Jungle Adventure Park (700 m) bei San Zeno, Parkplatz davor [GPS: UTM Zone 32T x: 635.310 m, y: 5.054.018 m]
CHARAKTER | Einfache bis leicht anspruchsvolle Wanderung. Vorwiegend einsame Wald- und Wiesenpfade. Teils fast zugewachsene Bergwege. Orientierungssinn von Vorteil (Tour blau-rot).

Diese wunderschöne Runde entführt uns in die wohltuende Natur auf fast unberührten Wegen. Fernab vom Getümmel am Seeufer kann man hier richtig tief durchatmen und entspannen.

▶ Etwas unterhalb des Besucherparkplatzes des **Jungle Adventure Park** 01 überqueren wir die Provinzstraße und treten nach Süden in den Wald ein. Hier beginnt der Rundweg „Sentiero Natura Pineta Sperone", der uns entlang einiger Schautafeln durch eine idyllische Natur leitet. Perfekt für jeden Baumliebhaber! Kurz nach der Straße zunächst geradeaus sowie an wunderschönen Aussichtsbänken und dem Kletterwald vorbei, stets leicht bergab.

An der **Abzweigung** 02 wechseln wir auf Weg S21 und folgen diesem bergauf bis hinauf zur Straße. Links der obere Waldeinstieg (Rückweg). Rechts folgen wir an der **Kreuzung „Sperane"** 03 der S31. Dahinter biegt die Straße nach links, wir gehen aber kurz rechts und zweigen noch vor einer Kurve links in einen gelb-rot markierten Pfad ein. **Achtung!** Der Einstieg ist nicht leicht zu sehen (stark bewachsen). Hier müssen wir uns zum Teil bücken. Wenig später an einem Teich kurz

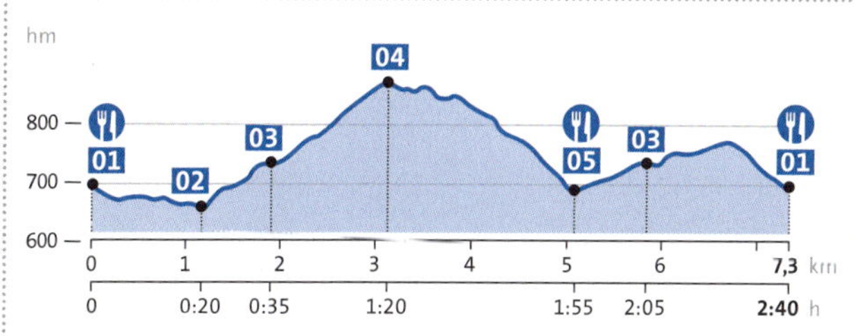

01 Jungle Adventure Park, 700 m; 02 Abzweigung, 660 m; 03 Kreuzung „Sperane", 732 m; 04 Monte Belpo, 880 m; 05 Lumini, 695 m

Kreuz und Altar auf dem Monte Belpo, Blick ins Etschtal

rechts steil hi-nauf, an der Gabelung kurz rechts halten. Sofort danach links aufwärts (gelb-rot). Durch lichtes Buschwerk auf natürlichem Untergrund erreichen wir nach 40 Minuten Aufstieg den letzten Wegweiser und folgen ihm zum Gipfelkreuz (Crocetta) des **Monte Belpo** 04. Von hier genießen wir einen weiten, beeindruckenden Südblick.

Zurück wandern wir rechts auf Weg S32 über den lang gezogenen Bergrücken und entdecken eine Vielzahl an Schmetterlingen und bunten Wildblumen. Auf einer großen Wiese schauen wir auf Caprino und die östliche Bergwelt.

Der **Abstiegspfad** ist erneut halb zugewachsen, schmal und steinig. Nach 20 Minuten durch die

In den Gassen des mittelalterlichen Bergdorfs Lumini

Lücke einer Steinmauer und weiter geradeaus über die Wiese und zwischen Kastanienbäumen nordwärts. Der Kirchturm von Lumini vor uns dient als Orientierung. Hinab über eine Wiese, bevor wir diese links durch einen entsperrbaren Elektrozaun verlassen und durch einen Torbogen das verträumte **Lumini** 05 erreichen.

Im Ort bietet die Bar Campagnari Getränke oder Eis an, für eine größere Einkehr sollte man besser das Albergo Montebaldina (an der Straßenkreuzung) besuchen. Vom Dorfplatz gehen wir nur 10 Minuten links auf Straße an Weiden vorbei bergauf zur **Kreuzung „Sperane“** 03. Hier rechts und am besagten Einstieg in den oberen Wald weist uns das Schild S22 den Weg zurück zum Kletterpark. Dazu gibt es zwei Varianten. Die obere/unsere (geradeaus, kurz bergauf) auf der „Via Fittanze“ verläuft an der Waldgrenze über den **Monte Sisam** und bietet einen guten Blick auf den Monte Baldo, die untere Variante verläuft durch blickdichten Wald. Beide Wege treffen am Ende wieder auf die Straße, knapp oberhalb des **Parkplatzes** 01.

Natur pur am Blumen- und Schmetterlingsberg Monte Belpo

MADONNA DELLA CORONA • 773 m

Über spektakuläre Felsstufen zu einem der schönsten Wallfahrtsorte Norditaliens

6,5 km | 3:30 h | 695 hm | 695 hm

START | Brentino (187 m), Parkplatz unterhalb der Bushaltestelle (Via C. Battisti) [GPS: UTM Zone 32T x: 645.957 m, y: 5.055.988 m]
CHARAKTER | Sehr steile und überwiegend schattige Weganlage. Unzählige Steinstufen, teils am Fels und seilgesichert. Dazwischen schöne, breite Waldpfade. Ausdauer und Abenteuerlust sind hier absolute Bedingung.

Rekordverdächtig viele Treppenstufen müssen bei diesem Aufstieg überwunden werden. Der Autor hat bei etwa 1400 aufgehört zu zählen...

Vom Ortskern **Brentino** 01 aus gehen wir durch die Via Santuario bis hinauf zu den beiden großen Kastanienbäumen, daneben ein Wasserbecken. Links begeben wir uns auf den ausgewiesenen **„Sentiero della Speranza“** (Nr. 73), der uns auf fantastische Weise zur Madonna della Corona führt. Auf breiten, gleichmäßigen Stufen bewältigen wir zunächst 100 Höhenmeter und wechseln dann auf kieseligen, angenehmen Bergweg. Nach etwa 20 Minuten nehmen wir den minimalen Abstecher links zum großen **Wegkreuz** 02. Der Ausblick ins Etschtal ist sehr schön. In einem großen Rechtsbogen laufend treffen wir auf einen steinernen historischen Rastplatz, den sogenannten **„Polsoara-Stein“**. Weiter in nordwest-

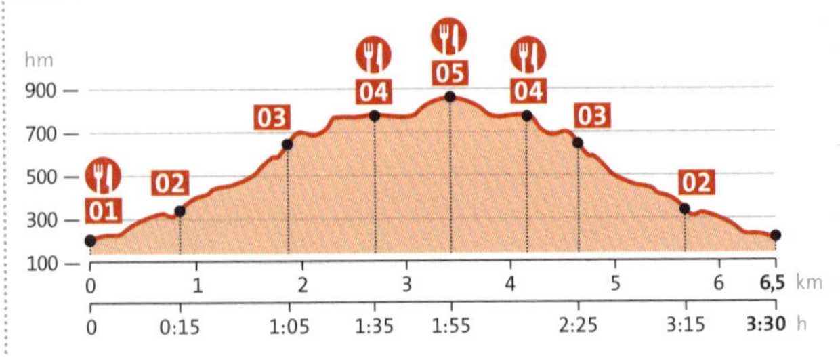

01 Brentino, 187 m; 02 Wegkreuz, 318 m; 03 Zickzack-Treppe, 660 m; 04 Madonna della Corona, 773 m; 05 Spiazzi, 864 m

licher Richtung über felsigem Untergrund, zum Teil am Drahtseil. Über uns gewaltige Felsklippen, an denen sich 1921 der letzte Felsrutsch ereignete und bis heute sichtbare Spuren hinterließ. Nun durch Wald ansteigend stehen wir fragend vor einer gigantischen, senkrechten Felswand. Dort soll es weitergehen? Ja!

Eine steile, in den Fels gemauerte **Zickzack-Treppe** 03 beschert uns einen atemberaubenden und verblüffenden Weg entlang der Wand. In derer Mitte befindet sich die Grotta della Pietà mit einer Miniatur der Madonna und einem Pilgerregister. Weiterhin ein Panoramapunkt mit traumhaftem Blick auf die sich nähernde Kirche. Fortgesetzt wird der Weg nun auf einem Schotterweg im Wald. Die Abzweige nach Canale oder zur Malga Orsa ignorieren wir.

Polsoara-Stein

Der Stein erinnert an das tragische Unglück von 1835. Stets galt der Stein als Treffpunkt zweier Karfreitagsprozessionen, wozu es 1835 nicht mehr kam. Der Priester und sein Mesner der Kirche Madonna della Corona wurden zuvor von herabstürzenden Felsbrocken begraben.

Kreuzwegstation vor Spiazzi

Über die schmale Brücke Ponte del Tiglio und auf weiteren zahlreichen, breiten Stufen gelangen wir nach etwa 1:30 Stunden

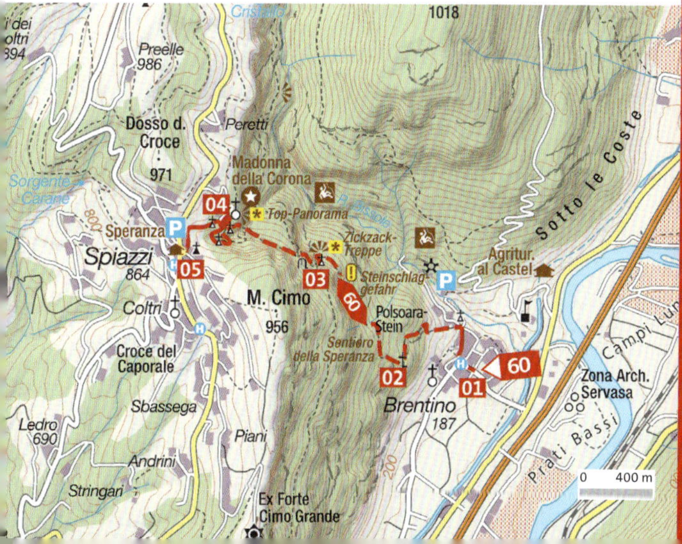

Madonna della Corona

Die Wallfahrtskirche ist eine in den Fels gebaute Eremitage (Mittelalter) und einer der bekanntesten Wallfahrtsorte in Norditalien. Ihre einmalige Lage in 773 m Höhe knapp überm senkrechten Felsabbruch ist auch ein Grund für den Besucheransturm.

zur berühmten Wallfahrtskirche **Madonna della Corona** 04. Getränke und kleine Speisen werden im Café angeboten. Der Innenraum mit großem Altar direkt am Fels und der wunderbare Ausblick ziehen viele Besucher an. Bequem auch von Spiazzi aus zu erreichen. Einfach der Fahrstraße bzw. dem breiten **Kreuzweg** oberhalb der Stufen in zahlreichen engen Kehren hinauf folgen. An der Gabelung links halten. Nach knapp 20 Minuten gelangen wir nach **Spiazzi** 05. Mehrere Restaurants empfehlen sich hier für eine Einkehr. Zurück geht es auf dem Hinweg.

FORTE DI NAOLE – COSTABELLA

Großartiges Panorama über dem südlichen Monte-Baldo-Kamm

13 km | 4:00 h | 720 hm | 720 hm

START | Wanderparkplatz Due Pozze di Pralungo (1284 m) [GPS: UTM Zone 32T x: 639.457 m, y: 5.057.046 m]
CHARAKTER | Großteils Forststraßen, dazu Wiesen- und Waldpfade. Auf der Costabella luftiger Bergpfad.

Der Wanderparkplatz der Pozze di Pralungo ist der optimale Ausgangspunkt, um flink ohne zu viele Höhenmeter zum aussichtsreichen Höhenkamm Costabella zu kommen.

Zu Beginn wählen wir am **Parkplatz Due Pozze di Pralungo** 01 die Schotterstraße Richtung Naole (S47, grün-weiß) nach Osten durch Wald. Am Abzweig danach rechts auf Nr. 655 (rot-weiß) südostwärts wechseln. Die Forststraße schlängelt sich in einem großen Linksbogen bis knapp unter den Kamm der Creste di Naole, danach leicht steiler Richtung Norden. An der **Gabelung** 02 nach der Kurve scharf rechts Richtung Naole. (Nur wer abkürzen möchte, geht geradeaus auf Schotter oder knapp danach am oberen Kamm weiter.) Dabei kommen wir an einem kleinen Teich in einer Wiesensenke vorbei und folgen weiterhin dem steinigen, breiten Weg aufwärts. Der gesamte Graskamm über uns ist mit einer langen Steinmauer versehen. Wir sehen die Malga Naole

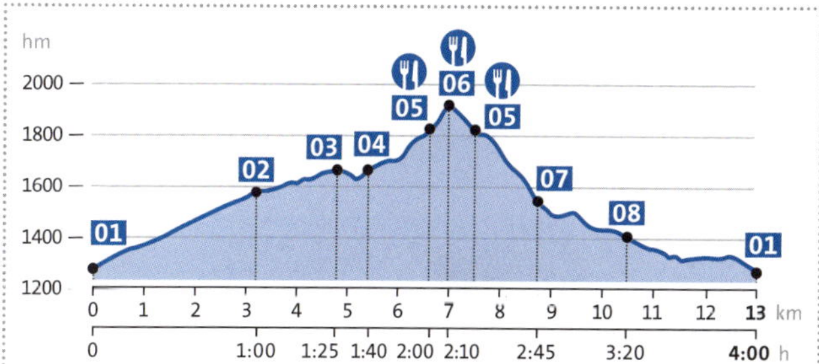

01 Due Pozze, 1284 m; 02 Gabelung, 1560 m; 03 Forte di Naole, 1675 m; 04 Costabella, 1673 m; 05 Rifugio Fiori del Baldo, 1815 m; 06 Rifugio Chierego, 1911 m; 07 Malga Prada, 1550 m; 08 Baiti di Ortigara, 1406 m

Forte di Naole

direkt vor uns, dahinter die Festungsruine **Forte di Naole** 03 aus dem Jahr 1914. Hier werden wir mit einem sehr schönen Blick ins Etschtal belohnt. Auf dem westlicheren Naole-Kamm sehen wir den Obelisken der Partisanenbrigade Avesani. Weiter auf Wiesenweg hinunter zur Steinmauer und zur Bocchetta di Naole (1686 m), an der wir halblinks den steilen Hang hinaufwandern und unter der Stromleitung zur Hangkante der **Costabella** 04 gelangen. Am Stacheldrahtzaun halten wir uns auf den Pfadspuren rechts und genießen das wundervolle Panorama ins östliche Etschtal und zum Gardasee im Westen. Der oft leicht steinige und spärlich markierte „Sentiero Naturalistico" bringt uns direkt zur Sessellift-Bergstation (derzeit außer Betrieb) am **Rifugio Fiori del Baldo** 05.

Die beste Panoramalage bietet das nur 15 Minuten entfernt liegende **Rifugio Chierego** 06 knapp darüber. Auf der Forststraße zur Kapelle San Bernardo und dann scharf links zurück zur Bergstation des nicht mehr in Betrieb befindlichen Sessellifts. Nun rechts auf Pfadspuren hinab über offenes Weideland zur verlassenen **Malga Prada** 07 (Mittelstation). Weiter geht es links auf markiertem Pfad 51 am Steingebäude der Sennerei Ortigaretta vorbei und kurz danach unbedingt links (Weg 51) abzweigen. Kurz auf, sogar über eine Steinmauer hinweg, dann bergab und am Teich vorbei (links halten). Wir durchstreifen nun einen der schönsten Buchenwälder am Monte Baldo. Noch vor den Häusern der **Baiti di Ortigara** 08 am Abzweig rechts durch Buchenwald hinab. (Links darüber die kleine Kirche Madonna della Neve.) An der nächsten Gabelung führt uns links die breite Forststraße leicht fallend bis zum bekannten Abzweig. Nun rechts zurück zum **Parkplatz Due Pozze di Pralungo** 01.

Kammweg nach Norden auf der Costabella. Rechts oben: Rif. Chierego

Residence Romantica
Monte Baldo
C. del Crodon
S. Francesco
1196
M.ga Pra del Becco
Malga Prada ex Rif. Mondini 1550
(fuori servizio/ außer Betrieb)
(fuori servizio)
06
S. Bernardo
Rif. Chierego 1911
Panoramabalkon
Rif. Fiori del Baldo 1815
05
07
Edelweiss
Sole Neve
Costa Tiglia
Ortigaretta 1494
Prada Alta 1013
Il Vallone
Val da Sacco
C. Folesino
V. di Sacco
Costabella
Val Fredda
04
Obelisk Avesani (Kriegsmahnmal)
Bocchetta di Naole 1686
Baiti di Ortigara
Stein-männchen
08
Mad. della Neve 1438
03
Ex Forte di Naole 1675
Pozze Nuove
Pralungo Basso
Fondi di Pralungo
02
P.ta di Naole 1659
Baito di Naole 1583
Fontana Rubiana
Cima Mandra 1294
Traure 1111
Pozze di Pralungo
Spurga di Ortigara
61
01
Dosso dei Cavalli
Coste di Naole
M. Sparviero 1516
Salve Regina 1022
Pozza Vecchia
Colonei di Caprino
Pradonego
Malga
0 400 m

PUNTA TELEGRAFO • 2200 m

Panoramatour über Almwiesen in alpines Felsgelände

17 km | 6:45 h | 1410 hm | 1410 hm

START | Prada Alta (1013 m), Bus und Parkplatz [GPS: UTM Zone 32T x: 638.749 m, y: 5.059.259 m]
CHARAKTER | Anstrengende und lange Tour auf schmalen Bergpfaden. Mehrfach steil auf und ab. Am Bergkamm grobsteinig, zerklüftet und nah am Abhang. Orientierungssinn, Trittsicherheit, Kondition und Wasservorrat sind erforderlich. Bei Nässe unratsam.

der „Sentiero Natura" ist geprägt von Murmeltieren, Bergschafen und vielen bunten Blumen. Oberhalb der Latschenzone können auch Gämsen beobachtet werden. Die Wiesen bieten weite Sicht auf den Gardasee.

▶ Bei der ehem. Seilbahnstation in **Prada Alta** 01 folgen wir Weg S44 (grün-weiß) Richtung „Stazione Intermedia". Es wird gleich steil. An den folgenden Gabelungen stets auf S44 bzw. geradeaus bleiben. Erst nach dem Viehzaun rechts auf einen steinigen Waldweg (rot-gelb). Unter der Seilbahn durch zu den Wiesen mit kleinem Holzpfahl (rot-gelb). Dahinter links empor zum nächsten Viehzaun. Genießen wir den prächtigen Bilderbuch-Blick auf den See. Rechts durch ein Waldstück in einem Linksbogen hoch zu den Almwiesen bis zur ehem. Mittelstation **Malga Prada** 02.

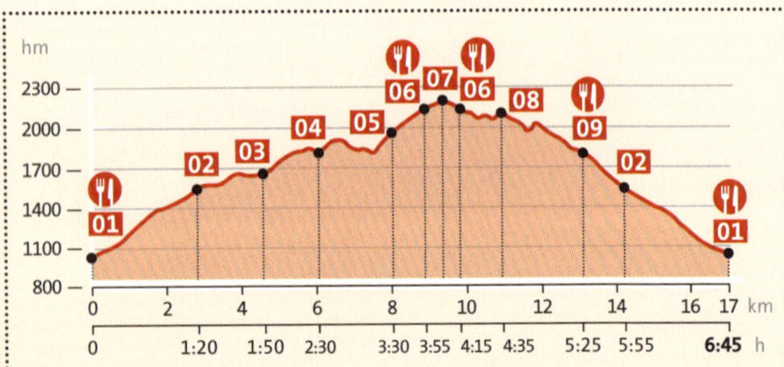

01 Prada Alta, 1013 m; 02 Malga Prada, 1550 m; 03 Baito Buse, 1639 m; 04 Talmulde, 1825 m; 05 Wegweiser, 1951 m; 06 Rifugio Gaetano Barana (Telegrafo), 2147 m; 07 Punta Telegrafo, 2220 m; 08 Passo del Camino, 2128 m; 09 Rifugio Chierego, 1911 m

Rifugio Gaetano Barana unterhalb der Punta Telegrafo

Ab hier auf etwa gleicher Höhe (Nr. 55) nordwärts auf einem Wiesenpfad weiter, an Almgebäuden und Speicherteichen vorbei. Später am **Baito Buse** 03 kurze Rast, um den fantastischen Blick zu würdigen. Am Wegweiser rechts steile Serpentinen hinauf, durch einen Steingraben und am Signalmast vorbei. Es geht zwischen Latschenkiefern und Zwergtannen ostwärts bergab.

Inmitten der **Talmulde** 04 auf der Lichtung an Felsblöcken links in nordwestlicher Richtung halten. Der schöne Bergpfad umgeht aufwärts einen Bergrücken, um uns dann wieder steil nach Osten hinunter zu bringen. Hier kann noch bis Mai Schnee liegen! In dieser Senke zwischen Latschen und Steinen müssen wir durch zwei markierte, große Felsen hindurch und steigen erneut nach Nordwesten unter einer Felswand auf. Es folgen sehr steile Kehren bis zum **Wegweiser** 05, dort rechts (Nr. 654). Leicht steigend kommen wir zum **Rifugio Gaetano Barana (Telegrafo)** 06, wo rasten und uns so richtig stärken.

Dahinter sind es nur 10 Minuten zur **Punta Telegrafo** 07 mit Gipfelkreuz und weitem Rundblick. Am Wegweiser oberhalb des Rifugios steigen wir zur Ostflanke ab, dann rechts (Nr. 658). Die Kurzvariante ab der Hütte rechts ist seilgesichert. Bei Höhenangst abzuraten.

Steil geht es bergauf und an der Vetta delle Buse vorbei. Der karge Weg führt durch zerklüftete Felslandschaft und verschafft uns ein Top-Panorama ins Etschtal. Durch zwei Felstürme und wir stehen am **Passo del Camino** 08, wo es westseitig erneut herab geht. Willkommen im Reich der Gämsen!
An der Bocchetta di Coal Santo (1993 m) steigen wir ein letztes Mal ostseitig bergan, bis uns das **Rifugio Chierego** 09 eine perfekte Pause beschert. Sehr beeindruckend – die fantastische Weitsicht ins Etschtal, auf die Costabella und zum Gardasee!

Weiter hinab zum **Rifugio Fiori del Baldo** und den breiten Weg weiter abwärts zur **Malga Prada** 02. Der restliche Abstieg erfolgt auf dem uns bekannten Hinweg.

Oben: Höhenweg an der felsigen Ostflanke vor dem Passo del Camino
Rechts oben: Ein Traum - die Sicht von der Punta Telegrafo

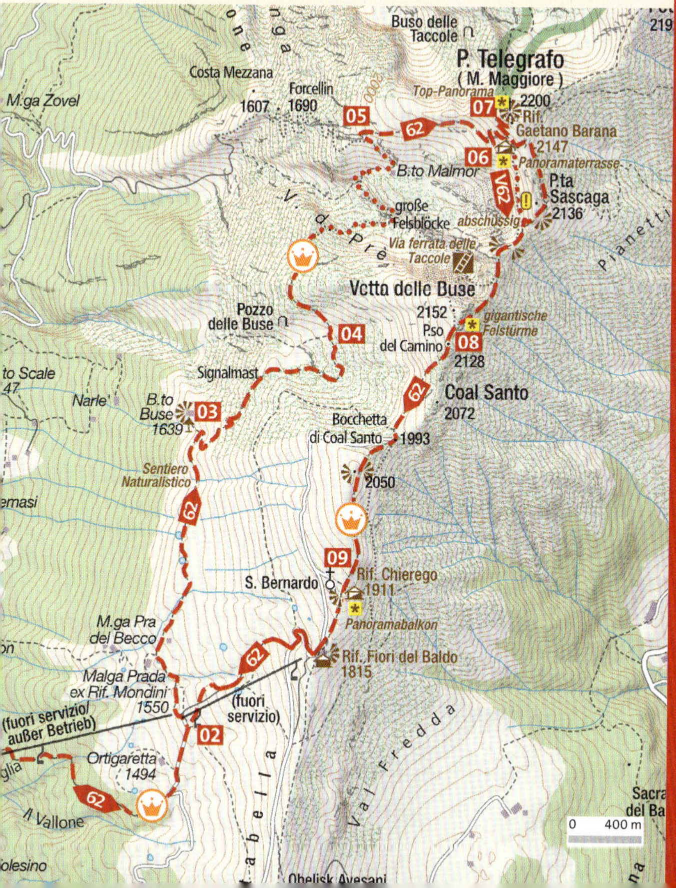
Buso delle Taccole
P. Telegrafo
(M. Maggiore)
Top-Panorama
07
2200
Rif. Gaetano Barana
2147
06
Panoramaterrasse
P.ta Sascaga
2136
Costa Mezzana
Forcellin
1607
1690
05
62
M.ga Zovel
B.to Malmor
V62
große Felsblöcke
abschüssig
V. d. Prè
Via ferrata delle Taccole
Vetta delle Buse
2152
Pozzo delle Buse
04
P.so del Camino
08
2128
gigantische Felstürme
Signalmast
Coal Santo
2072
to Scale
47
Narle
B.to Buse
1639
03
Bocchetta di Coal Santo
1993
Sentiero Naturalistico
2050
09
S. Bernardo
Rif. Chierego
1911
Panoramabalkon
M.ga Pra del Becco
Rif. Fiori del Baldo
1815
Malga Prada ex Rif. Mondini
1550
(fuori servizio/ außer Betrieb)
(fuori servizio)
02
Ortigaretta
1494
Il Vallone
Val Fredda
Sacra del Ba
0 400 m
Obelisk Avesani
Pianetti

CASSONE – CAMPO

Über Oliventerrassen zum malerischen Künstlerdorf

7,5 km | 2:20 h | 460 hm | 460 hm

START | Cassone, Bushaltestelle
[GPS: UTM Zone 32T x: 639.229 m, y: 5.066.062 m]
CHARAKTER | Maultierpfade, Trockensteinmauern und steile, holprige Kopfsteinpflasterwege. Technisch einfach, jedoch steile, tückische Abstiegspassagen, besonders bei Nässe (Tour-blau-rot).

Auf der Wanderung durchqueren wir das Zentrum der Olivenölproduktion am Gardasee und besuchen drei mittelalterliche Dörfer.

▶ Gleich neben der Bushaltestelle von **Cassone** 01 befindet sich übrigens der kürzeste Fluss der Welt, der **Fiume Aril** (175 m lang). Über die Via Chiesa an der schönen Kirche vorbei hinauf zum Parkplatz. Weiter halbrechts durch die Via San Zeno (Nr. 31) auf mittelalterlichem Kopfstein Richtung Campo. Dann erneut halbrechts und wir genießen auf einem schönen Pfad durch Olivenhaine perfekte Panoramablicke. Nun stets geradeaus (Via Alpini) durch zwei Torbögen und an der T-Gabelung rechts der Markierung zur Fahrstraße nach **Sommavilla** 02 folgen. Links durch den Ort und die Via Monteccio hinauf zum Parkplatz. Nach Torbogen und Trinkwasserquelle an der Kreuzung in einer Kurve weiter geradeaus auf markiertem Pflasterweg aufwärts. Dabei immer wieder schöne Blicke auf den See. Es folgt ein Themenweg mit Schautafeln. Ein **Kalkofen** zeugt noch von einer

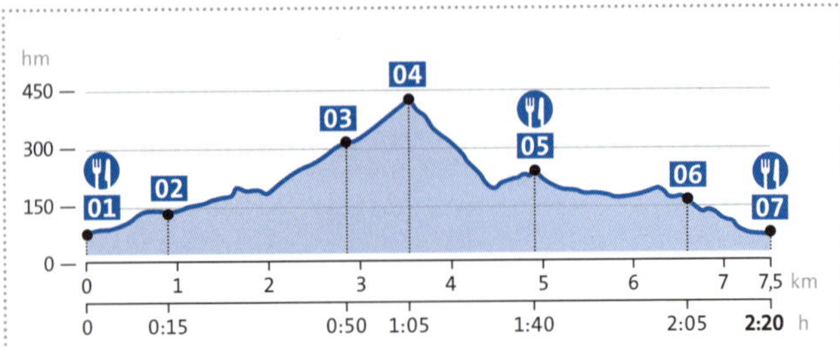

01 Cassone, 68 m; 02 Sommavilla, 129 m; 03 Perotti, 315 m; 04 San Antonio delle Pontare, 415 m; 05 Campo, 234 m; 06 Fasor, 170 m; 07 Castelletto di Brenzone, 68 m

Der farbenfrohe Bootshafen von Cassone mit Fischereimuseum

Zeit, als hier Ton gebrannt wurde. Oberhalb von Castello di Brenzone lockt eine Aussichtsbank zum Verweilen. Danach leicht steiler auf Kopfstein zur **Ruine Perotti** 03 am Wegkreuz. Noch ein steiniges Steilstück bis zur großen Weggabelung. Weg 31/33 bringt uns zur Kapelle **San Antonio delle Pontare** 04 (höchster Punkt), gleichzeitig ein romantischer Rastplatz.

Hinab auf sehr steilem Maultierpfad (glatt und verwittert, Nr. 31 oder blaue Route Nr. 4). Dies ist vielleicht sogar die anspruchsvollste Stelle (Rutschgefahr). Am Ende an der Pflasterstraße rechts noch steiler hinab. An der Hauseinfahrt kurz abwärts auf Asphalt, danach am Wegweiser links abbiegen und wieder steigend Richtung Campo/Fasor (Weg 31). Wo man hinblickt: Oliven über Oliven und jede Menge Trockenmauern.

Endlich erreichen wir die Ruinen des mittelalterlichen **Campo** 05.

Mittelalterdorf Campo

Das malerische Künstlerdorf ist einer der spektakulärsten Orte am Ostufer des Gardasees, aber nur zu Fuß erreichbar und somit kaum vom Massentourismus betroffen. Mehrere Ausstellungsräume und kreative Galerien veranschaulichen das frühere Alltagsleben im Dorf, auch zu Kriegszeiten. Besucht werden können außerdem ein Museum und außergewöhnliche Ateliers. Es gibt zudem ein Förderprojekt, durch das in naher Zukunft ein B&B, Restaurant sowie ein Infopoint entstehen werden.

Blick auf das mittelalterliche Campo, umgeben von weiten Olivenhainen

Besonders schön ist die Kirche San Pietro in Vineoli. Eine Osteria mit Spendenkasse stillt indessen den kleinen Hunger.

Tipp: Hinter der Kirche ein Stück an der Mauer hinauf, dann folgt ein imposantes Panorama!

Farbenfrohe Häuser in Castelletto

An der Kirche folgen wir Nr. 31 abwärts, passieren einen Torbogen und wandern am Heiligenschrein weiter auf Route 4 Richtung Biaza.

Durch lichten Olivenhain entlang von Steinmauern und einzelnen Feigenbäumen, dann an der Straße halbrechts hinunter. Durch **Fasor** 06 hindurch, später in Biaza am Heiligenbild dem Schild nach Castelletto rechts folgen. Über die Via Monte Baldo weiter in die Via D. G. Trecca abwärts.

Zum Schluss links über die Via Valle in den wunderschönen Ortskern von **Castelletto di Brenzone** 07. Neben dem Museo Etnografico und mehreren guten Restaurants bezaubert der Ort mit seiner idyllischen Uferpromenade und guten Eisdielen.

Nördlich der Hafenmole befindet sich das Frauenkloster (eines der größten Klöster am See). Daneben die imposante Kirche und unsere Bushaltestelle für den Rückweg.

63
Fiume Aril
"Kürzester Fluss der Welt"
01
Cassone
Isola
Trimelone
Panorama
Bellavista
Antonio
82
Assenza
02
Sommavilla
127
Lucia
C. Roccolo
Monja
Castello
di Brenzone
Calchera
Panoramabank
Denis
Boccino
03
Perotti (Ruine)
315
Pianise
565
Magugnano
74
Val delle Nogare
Top-Rastplatz
S. Giovanni
Primavera
Pontare
S. Antonio
delle Pontare
04
Marniga
249
Tormentaie
Valle di Trovai
Mura
S.Maria
Atelier mit Panorama
05
Künstlerdorf
Villagio di artisti
Baldo
Campo
234
Palazzina
Bosco
di Quain
Gainet
C. Marte
Basso
1116
astelletto
di Brenzone
07
06
Fasor
Sant' Antonio
e Maior
Biaza
M.ga
Val di Fies
Residence
Romantica
Ca Lunghe
Monte
0 400 m
S. Francesco

CIMA DELLE POZZETTE • 2132 m – CIMA VALDRITTA • 2218 m

Hochalpine Bergtour am felsigen Baldo-Kamm

11,6 km 5:45 h 665 hm 665 hm

START | Bergstation der Funivia Monte Baldo (1741 m), per Seilbahn von Malcesine [GPS: UTM Zone 32T x: 644.980 m, y: 5.070.100 m]
CHARAKTER | Bis zum ersten Gipfel Fels- und Wiesenpfade. Danach kurze, aber sehr steile Auf- und Abstiege. Einige unwegsame und abschüssige Stellen. Eine gesicherte Passage. Trittsicherheit, Schwindelfreiheit, Ausdauer und Bergerfahrung erforderlich.

Mit garantiertem Dauerpanorama ist diese Tour ein spektakuläres Highlight am Gardasee. Zwar nimmt uns die Seilbahn viele Höhenmeter ab, dennoch fordert der Aufstieg im stetigen Auf und Ab alle Kräfte und Mut. Diese Tour sollte man nur bei gutem Wetter unternehmen, keinesfalls bei Nebel. Generell muss man mit Wetterumstürzen rechnen. Kleiner Tipp: Besser frühzeitig in Malcesine starten, sonst Warteschlange an der Seilbahn. Orientierungssinn und Wasservorrat nötig.

Von der **Bergstation 01** aus nach Süden (Nr. 651) und hinab zum einzigen Gasthaus der Tour, der Baita dei Forti. Unten an der Bocca Tratto di Spino folgen wir dem schmalen Steig 651 auf felsigem Untergrund leicht ansteigend hinauf. Hinterm Sendemast liegt die Liftstation **Prà Alpesina 02**. Das Panorama zurück ist jetzt be-

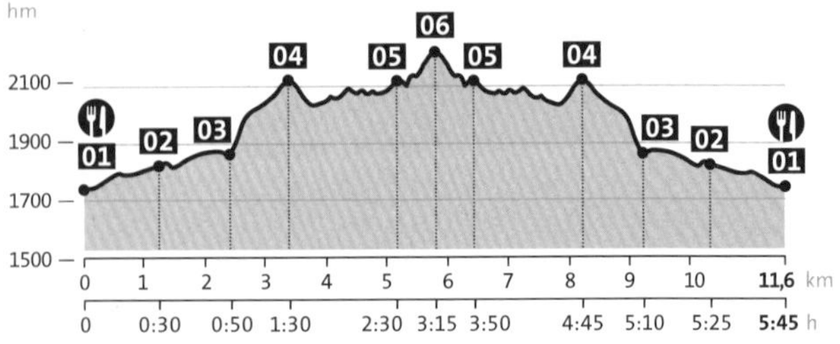

01 Bergstation Funivia Monte Baldo, 1741 m; 02 Prà Alpesina, 1823 m; 03 Steintürmchen, 1883 m; 04 Cima delle Pozzette, 2132 m; 05 Cima Val Finestra, 2086 m; 06 Cima Valdritta, 2218 m

Gipfelsieg Cima Valdritta nach luftigem, oft sehr windigem Aufstieg

reits überwältigend. Auf dem zauberhaften Wiesenplateau leiten uns gelbe Holzpfähle über erdigen Boden (im Frühling sehr blumig). Rechts hinter Latschen steht eine ganze Schar von **Steintürmchen** **03**. Jetzt wird es richtig steil und äußerst steinig. Oben auf der **Cima delle Pozzette** **04** erleben wir einen herrlichen Rundblick. Ein kleines Holzkreuz schmückt den Zwischengipfel, bei dem die meisten Touristen wieder umdrehen.

Nun ein deutlich anspruchsvolleres Niveau in hochalpinem Gelände. Der Pfad führt etwa 100 hm steil durch Latschenkiefern hinunter zur Sella di Val d'Angual. Entlang des Grates am Geröllabhang schreiten wir an der Latschenkante auf die felsige Nordwand der **Cima Longino** zu. Diesen Gipfel umgehen wir an der Ostflanke erst ab-, dann aufwärts auf einem schmalen Bergsteig, der sich durch das Geröll schlängelt. Dann unwegsam über Latschenwurzeln kurz steil hoch und bis zur völlig freien und exponierten Gratkante auf Felsen hinab (ungefährlich, aber besser an den Latschen festhalten). Vor uns türmt sich bereits eindrucksvoll die Cima Valdritta auf.

Der Steig zieht nun steil bergauf und ist an der **Schlüsselstelle** auf sehr ausgesetzten Steinplatten mit einer Stahlkette gesichert. Weiter steil hinter Felsen bergwärts (vorab gut orientieren).
An der **Cima Val Finestra** **05** angekommen (das Vadritta-Kreuz ist nun erkennbar), geht es nochmals kurz sehr steil und rutschig abwärts, dann auf Geröllfeldern über die Valdritta-Ostflanke. Bergan zum Wegabzweig. Rechts steigen wir 15 Minuten durch den steilen, felsigen Gipfelaufbau hoch zum Metallkreuz. Ein Stück weiter nordwärts, dem Steig bzw. Trittspuren folgend, erreichen wir den eigentlichen Gipfel der **Cima Valdritta** **06**. Das Panorama auf den gesamten Gardasee ist unbeschreiblich. Der Blick reicht bis zu den nördlichen Alpen und nach Verona (bei perfekter Sicht sogar bis nach Venedig).

Oben: Vordere Cima Valdritta (2218 m). Top-Panorama. Ein Gefühl von Freiheit!

Mitte: Geröllreise unterhalb des Valdritta-Kar

Unten: Junger Gamsbock nur wenige Meter vor der Linse. Ein unvergesslicher Moment!

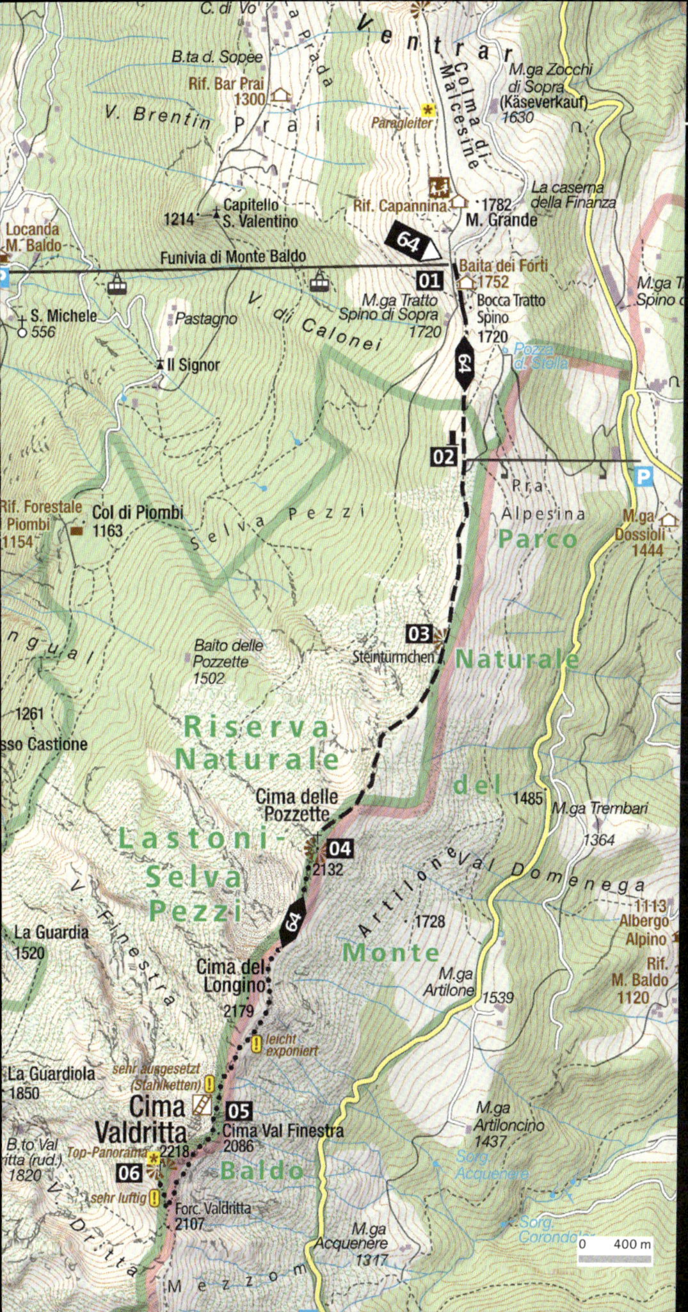
Ventrar
Colma di Malcesine
M.ga Zocchi di Sopra (Käseverkauf) 1630
B.ta d. Sopee
Rif. Bar Prai 1300
V. Brentin
Prai
Paragleiter
La caserna della Finanza
Rif. Capannina
1782 M. Grande
Capitello S. Valentino
1214
Locanda M. Baldo
Funivia di Monte Baldo
Baita dei Forti 1752
01
M.ga Tratto Spino di Sopra 1720
Bocca Tratto Spino 1720
S. Michele 556
Pastagno
V. di Calonei
Pozza d. Stella
Il Signor
02
Pra Alpesina
M.ga Dossioli 1444
Parco
Rif. Forestale Piombi 1154
Col di Piombi 1163
Selva Pezzi
03
Steintürmchen
Naturale
Baito delle Pozzette 1502
1261
Riserva Naturale
Cima delle Pozzette
04
2132
del
1485
M.ga Trembari
1364
Lastoni-Selva Pezzi
Val Domenega
Artilone
1728
1113 Albergo Alpino
Rif. M. Baldo 1120
La Guardia 1520
Monte
M.ga Artilone
1539
Cima del Longino 2179
V. Finestra
leicht exponiert
La Guardiola 1850
sehr ausgesetzt (Stahlketten)
Cima Valdritta
05
Cima Val Finestra 2086
M.ga Artiloncino 1437
Top-Panorama
2218
06
Baldo
Sorg. Acquenere
sehr luftig
Forc. Valdritta 2107
V. Dritta
M.ga Acquenere 1317
Sorg. Corondole
0 400 m
Mezzom

SENTIERO DEL VENTRAR

Kontrastreiche Panoramawanderung mit spektakulärem Felssteig am Monte Baldo

4,7 km | 2:05 h | 345 hm | 345 hm

START | Bergstation der Funivia Monte Baldo (1741 m), per Seilbahn von Malcesine [GPS: UTM Zone 32T x: 644.980 m, y: 5.070.100 m]
CHARAKTER | Sehr kurze, aber abwechslungsreiche Bergtour. Schmale Graspfade am Hang, breite Wiesenwege. Gesicherte Steiganlagen, etwas ausgesetzt. Trittsicherheit und Schwindelfreiheit notwendig. Vorsicht bei Nässe!

Die Seilbahn (Wartezeiten berücksichtigen) bringt uns in aussichtsreiche Lage. Mit nur wenig Anstrengung meistern wir den aufregenden Felsengang unterhalb der Cime di Ventrar, deren schroffe Felswände senkrecht in die Tiefe abfallen.

▶ Von der **Bergstation** 01 der Seilbahn geht es zunächst links (Nr. 3) auf breiter Schotterbahn leicht aufwärts und durch eine Art Brücke hindurch. Über die Anhöhe und vorbei am **Restaurant La Capannina** 02, das uns am Ende mit zünftigen Speisen belohnt.
Wir folgen dem ebenen Weg (651) über das weite Wiesenplateau der Colma di Malcesine. Viele Touristen. Dafür aber spannend, wenn ein Paragleiter startet!

Am **Aussichtspunkt** 03 erfreuen wir uns am sagenhaften Panorama über den See. Dann rechts am Stacheldraht hinunter. Der Bergpfad zieht steil hinab zu einer saf-

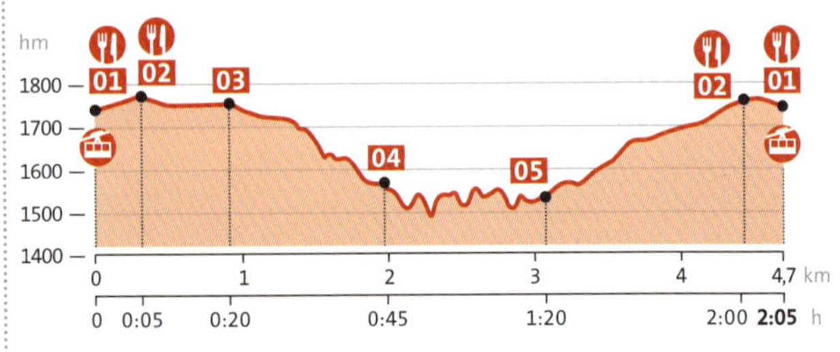

01 Bergstation, 1741 m; 02 Restaurant La Capannina, 1770 m; 03 Aussichtspunkt, 11751 m; 04 Schautafel, 1575 m; 05 Infotafel, 1530 m

Weidende Rinder an der Schautafel (Beginn des „Sentiero del Ventrar“)

tigen Almwiese mit **Schautafel** **04** (Einstieg "**Sentiero del Ventrar**").

Hinter der Drehtür (Nr. 3) führt ein Pfad durch Wald hinab, dann hoch zu einem Felsturm. Hier links ums Eck. Nun die beiden Schlüsselstellen der Tour: steile Stufen langsam hinab (teils gesichert) und zwei Spitzkehren über Geröll. Höhen-

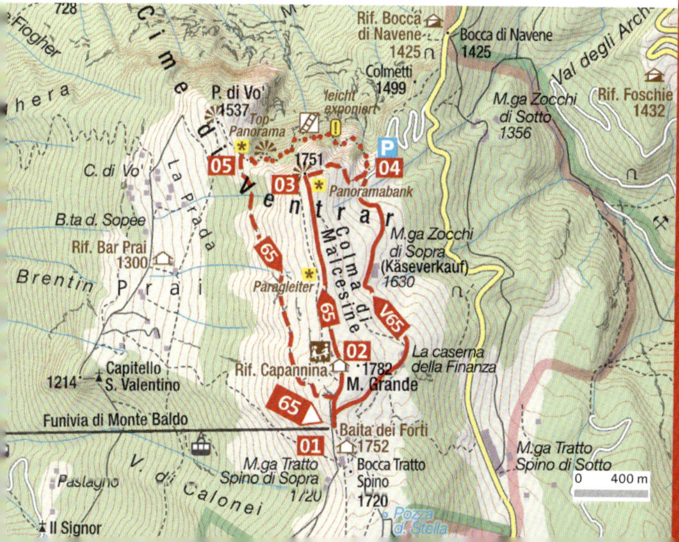

Enger Felssteig nah am Abgrund

angst sollte man hier nicht haben! Es folgen mehrere leichte Drahtseilpassagen über tiefe Schluchten (teils etwas exponiert) entlang hoher Felswände, teils Waldpfade.

Am Ende der Traverse treffen wir auf eine **Infotafel** 05. Dahinter kurzer Abstecher geradeaus hinter die Latschenkiefern: ein herrlicher **Aussichtspunkt** auf den Gardasee an einem Felszipfel, knapp darunter die freie Punta di Vo, 1535 m.

Links der Tafel wandern wir den markierten, leicht steilen Wiesenpfad hinauf, stets mit Panorama zum See. Ein Traum! Unter uns Malcesine. Nach einer Baumgruppe wird das Gelände steinig. An den großen Steinblöcken die Pfadspuren nach links und gemäß der Beschilderung "16-3" den Skihang entlang hinauf zum breiten Weg.

Wem der Magen knurrt, dem sei eine Mahlzeit im **La Capannina** 02 nicht vergönnt. Rechts geht es zurück zur **Bergstation** 01.

Option ohne Felssteig (Tour blau): Nach dem Seilbahnareal folgen wir rechts der Schotterstraße nach Nordosten hinunter. Vorbei an der ehem. Caserna della Finanza zur Malga (mit Käseverkauf). Weitere 15 Minuten und wir erreichen die **Schautafel** 04. Die Drehtür ignorieren und links den Bergpfad (651) hinauf zum Wiesenplateau.

Das Ende des Sentiero del Ventrar beschert unglaubliche Fernblicke.

MONTE ALTISSIMO DI NAGO • 2079 m

Gemütliche Gipfeltour mit Top-Panorama

8,5 km | 3:00 h | 520 hm ↗ | 520 hm ↘

START | Bocca del Creer, 1617m (Monte Baldo-Höhenstraße) [GPS: UTM Zone 32T x: 647.161 m, y: 5.073.421 m]
CHARAKTER | Vorwiegend auf breiten Wirtschaftswegen. Aufstieg über Wiesenpfade. Keine Schwierigkeiten, aber komplett in der Sonne, also Sonnenschutz und Getränke mitnehmen.

Das Ziel ist einer der aussichtsreichsten Gipfel im Gardaseeraum. Mühelos auf grasigen Wegen bis zur Gipfelrast mit Einkehr und Relikten aus dem Ersten Weltkrieg.

▶ Zunächst umgehen wir direkt neben der **Bocca del Creer** 01 links das Bergrestaurant Rifugio Graziani und bleiben am folgenden Wegweiser geradeaus auf Weg 650. An einem kleinen Parkplatz vorbei, dann leicht bergab in Richtung Norden auf breiter Schotterstraße. Nach nur 40 Minuten treffen wir nach einem Elektrozaun und Viehteich auf die idyllisch gelegene **Malga Campo** 02. Hier werden Käse, Butter und Milch verkauft. Sehr lohnenswert ist ein zehnminütiger Abstecher zum Gipfelkreuz des **Monte Campo** (1666 m) mit fantastischem Blick ins Etschtal. Kurz vor den Almgebäuden biegen wir nach links (Nr. 622) auf Pfadspuren ab, die südwestlich einen großen Rechtsbogen beschreiben. Bergwärts queren wir einige Serpentinen der Almwiesen Pra delle Valsirve. Bei einem Querweg gehen wir rechts bis zur **Bocca Paltrane** 03, wo wir scharf links Richtung Altissimo abzweigen (Nr. 622). Noch ist vom

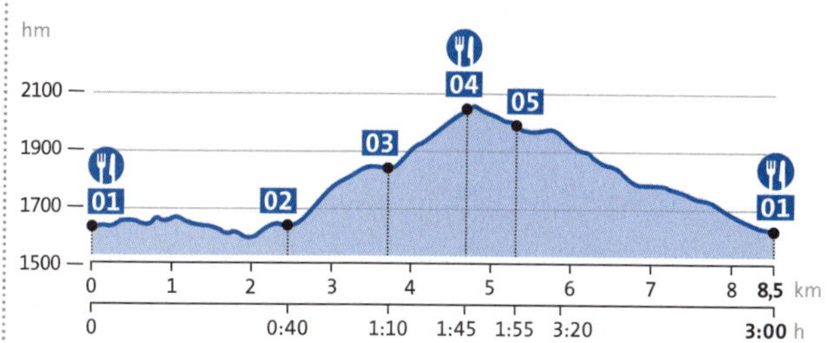

01 Bocca del Creer, 1617 m; 02 Malga Campo, 1637 m; 03 Bocca Paltrane, 1831 m; 04 Rifugio Damiano Chiesa, 2059 m; 05 Busa Brodeghera, 1990 m

Malga Campo mit einzigem Gipfelkreuz der Tour (Monte Campo)

Gardasee nichts zu sehen, dafür genießen wir die Aussicht zur Corna Piana und auf die umliegenden Almen. Vorbei an ehemaligen Kriegsstellungen steigen wir teils recht steil auf schönem Bergpfad durch üppige Wiesen hinauf zum **Rifugio Damiano Chiesa** **04**. Hier empfiehlt sich eine ausgiebige Rast inklusive Gipfelrundgang.

Der höchste Punkt des Monte Altissimo wird von einem Eisengestell markiert. Interessanter ist jedoch das Nachbarplateau mit der kleinen **Steinkapelle** (Kriegsopfer-Gedenkstätte), Schützengräben und kleinen Höhlen. Oben auf einer halbrunden Mauer ein wunderbares Rundum-Panorama!

Sensationelle Weitsicht vom Monte Altissimo di Nago

Südblick bei Busa Brodeghera zur Cima Vadritta und zum Gardasee

Auf der alten steinigen Kriegsstraße, dem „Sentiero della Pace“, geht es nun Richtung Südwesten aussichtsreich zum Wegweiser **Busa Brodeghera** 05. Gegenüber liegt der Monte-Baldo-Kamm. Nun in südöstlicher Richtung über lange Kehren bergab. An einer kleinen Madonna in einer Felshöhle vorbei, bis wir wieder am Rifugio Graziani ankommen und uns eine Stärkung verdient haben.

PARCO DELLE CASCATE DI MOLINA

Wassererlebniswelt im nördlichen Valpolicella

4,1 km | 2:00 h | 340 hm | 340 hm

START | Molina (580 m), Kirche, Bus und großer Parkplatz knapp nördlich der Ortseinfahrt
[GPS: UTM Zone 32T x: 649.031 m, y: 5.052.744 m]
CHARAKTER | Kurzweilige und einfache, aber abenteuerliche Rundwanderung. Für Familien mit Kindern geeignet. Häufig auf und ab und zeitweise steinige und feuchte Abschnitte.

Viel Spaß im Wasserspielpark mit großartigem Naturspektakel. Achtung! Es spritzt...

Im malerischen Örtchen **Molina** 01 weisen Schilder zum Parco delle Cascate und in Richtung Progno di Breonio (Nr. 252). In südlicher Richtung der Markierung durch die Via la Consiliazione leicht abwärts folgen, der Weg führt an der Pizzeria mit Spielplatz vorbei. Zwischen Mauern aus Steinplatten erreichen wir nach etwa 15 Minuten den **Eingang Parco delle Cascate** 02. Am Beginn ein großer Picknickbereich mit Restaurant, hier folgen wir der **schwarzen Route** nach rechts zur prähistorischen Grotte (Station 2). Von ihr kurz zurück und am Abzweig nun rechts in schattigen Kehren hinab in die Senke des herrlichen Bachlaufs Progno di Breonio. Über die Brücke an Feigenbäumen vorbei und dann auf steinigem Bergweg in nördlicher Richtung zum erfrischenden Wasserfall **Cascata dell' Orso** 03. Weiter am Abzweig gerade auf groben Steinen und

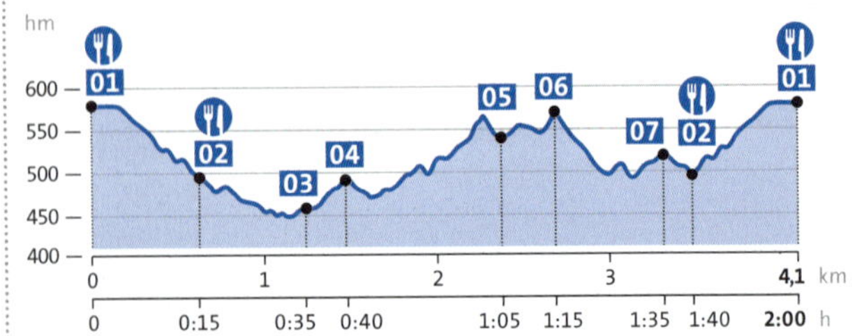

01 Molina, 580 m; 02 Eingang Parco delle Cascate, 492 m; 03 Cascata dell' Orso, 452 m; 04 Doppelhöhle, 482 m; 05 Aussichtspunkt, 515 m; 06 „Grotte der dunklen Brüste", 570 m; 07 Cascata Verde, 521 m

Grotte delle tette more („Grotte der dunklen Brüste")

Stufen, gesäumt von Hirschzungen und Veilchen, treffen wir auf eine riesige, ausgewaschene **Doppelhöhle** 04, dem stillsten Fleck der Tour. Zurück und am Abzweig rechts über steile Serpentinen und

Cascata Verde (Grüner Wasserfall)

eine Eisenleiter hinauf zu mehreren kleinen Wasserfällen und dem **Flying Fox**.

Darüber kommen wir auf mehreren Stufen am Sprühwasserfall vorbei zu einem netten Rastplatz mit kleinem Kletterfelsen. An der Rot-Grün-Abkürzung bleiben wir rechts auf dem schwarzen Kurs und steigen in steilen Serpentinen und Stufen durch Wald nach oben zu einem wunderbaren **Aussichtspunkt** 05.

Nun wieder abwärts und dann an der Gabelung rechts hinauf zur **„Grotte der dunklen Brüste“** 06 (einzigartige Gesteinsformen, verschlossen). Zurück und an den folgenden Gabelungen geradeaus zur **Riesenschaukel** am Schwarzen Wasserfall. Diesen Spaß können wir uns am nächsten Abzweig rechts noch einmal von oben ansehen, dazu ein idyllischer Rastplatz. Am Ende des Abstechers erreichen wir den **Cascata Verde** 07 mit mehreren versteckten Kraxelhöhlen. Auf gleichem Weg zurück und geradeaus zum **Parkeingang** 02 und hinaus aufwärts auf bekanntem Weg nach **Molina** 01, wo man seinen Hunger in einer Pizzeria und Trattoria stillen kann.

Parco delle Cascate di Molina

Der Wasserfallpark gehört zu den Top-Naturhighlights in der Umgebung des Gardasees. Er bietet mit seinen drei Rundwegen einen unvergesslichen Ausflug in die Natur, umgeben von steilen Felsen, brausenden Wasserfällen und wilden Orchideen. Flying Fox oder Riesenschaukel sorgen nebenbei für Spaß.
Der Wasserfallpark hat von April bis Sept. von 9–19.30 Uhr und von März bis Okt. von 10–18 Uhr geöffnet.
www.parcodellecascate.it

VAL SORDA – PONTE TIBETANO

Abenteuer in und über einer Schlucht wie aus dem Dschungelbuch

6,7 km | 3:45 h | 590 hm | 590 hm

START | Molin de Cao (315 m). Parkplatz gegenüber der Bar und Trattoria de la Val Sorda (alte Straße nach Molina) [GPS: UTM Zone 32T x: 648.771 m, y: 5.050.211 m]
CHARAKTER | Sehr sportliche und anspruchsvolle Wanderung durch die tiefe, felsige Val-Sorda-Schlucht. Zugang zur Hängebrücke steil. Finalabstieg sehr knackig und felsig. Trittsicherheit, Orientierung und Fitness unbedingt erforderlich (Tour dunkelrot).

Wer Lust hat, mal eine andere Welt kennenzulernen, ist hier richtig. Die Landschaft von seltener Schönheit macht jeden sprachlos. Am Ende der Tour erwartet uns eine spannende Hängebrücke.

An der ersten Weggabelung nach dem Parkplatz auf „CAI 238" geradeaus über das Bachbett zur ehemaligen Mühle **Molin de Cao** 01. Geradeaus finden wir den Eingang zum Val Sorda, das wir auf abenteuerliche, aber ungefährliche Weise durchwandern. Bei leichter Steigung auf schmalem Pfad überwinden wir kleinere, spannende Drahtseilabschnitte an Felswänden sowie kurze Metallbrücken und -leitern.

Nach etwa 30 Minuten ist über uns die Hängebrücke zu erkennen. Den Abzweig zur Biancari-Alm ignorieren wir und gelangen auf einem wunderbaren Naturpfad zur eingemauerten Schotterstraße, dort rechts ins verschlafene Örtchen

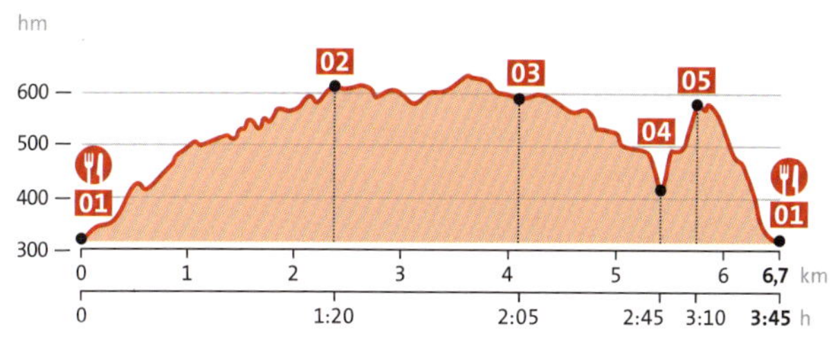

01 Molin de Cao, 315 m; 02 Mondrago, 610 m; 03 Malga Biancari, 594 m; 04 Ponte Tibetano, 442 m; 05 Grotta di Campore, 578 m

Weg in der Val-Sorda-Schlucht (Leitern, Stege, Drahtseile, Felskanten)

Mondrago 02 mit einem Trinkbrunnen neben der Kirche.

Abenteuer Val Sorda

Hier entstand eine Schlucht mit dschungelhafter Vegetation zwischen senkrechten Felsbarrieren. Viele Farne, Lianen, Hirschzungen, große Höhlen und Wassermolen begleiten den fast unüberwindbaren Weg hindurch. Nur mittels sicheren Trittelementen und Steighilfen ist ein Durchkommen möglich.

Auf Weg 231 folgen wir am Ortsbeginn rechts die Straße hinab (Feigenbäume). Oben an der Kreuzung gerade auf Schotter erneut abwärts in ein Waldstück. Einen kurzen Abschnitt entlang von Kirschbäumen hinauf, durch zwei entriegelbare Zäune und auf herrlichem Feldweg mit markierten Holzpfählen zum Gehöft **Baiaghe**. Rechts weiter, dann in der Rechtskurve der Straße links abzweigen und am Zaun entlang zur privaten **Malga Biancari** 03 (Punkt „A") mit Grillplatz wandern. In weiterer Folge den Schildern Richtung Ponte Tibetano (rot-blau) nach, zunächst gerade-

Blick zurück auf den Feldweg zum Gehöft Baiaghe (hinten Cerna)

Die Ponte Tibetano ist 52 m lang, 70 cm breit und 40 m hoch

aus, an der Gabelung (Punkt „B") dann rechts.

Der **Abstieg** ins Val Sorda zurück auf grobem Gestein ist steil und rutschig. Ostwärts auf schönem Waldpfad und zuletzt Stufen bis zur Hängebrücke **Ponte Tibetano** 04. Spektakulär in schwindeliger Höhe schreiten wir mit berauschendem Tiefblick zur anderen Schluchtseite. Noch einmal steile Kehren, gesäumt von Stechpalmen, am Wegweiser links und hoch zur **Grotta di Campore** 05. Knappe 200 Höhenmeter. Bravo, geschafft!

Kurz rasten (die kühlen Höhlen zu erkunden ist ein Abenteuer für sich). Weitere 30 Minuten benötigen wir für den geröllig bis felsigen, sehr steilen Serpentinenpfad zur **Molin de Cao** 01 (durchaus schwierigster Abschnitt!).

SAN GIORGIO DI VALPOLICELLA • 387 m

Das Panorama, die Kirche, der Wein … ein Juwel am Rande einer großartigen Weinregion

6,3 m | 2:00 h | 305 hm | 305 hm

START | Gargagnago (200 m), Parkplatz nahe der Kirche (Via XXV Aprile 9) [GPS: UTM Zone 32T x: 645.110 m, y: 5.043.462 m]
CHARAKTER | Schotterpisten, Asphaltstraßen und Waldpfade. Orientierungssinn nötig, da beim Aufstieg fehlende Markierung.

Los geht es an der eindrucksvollen Pfarrkirche Santa Maria della Misericordia (14. Jh.) in **Gargagnago** 01. Links der Kirche über die Strada delle Pinete nordwärts, an der Gabelung rechts und oberhalb des Spielplatzes geradeaus („Sentiero Panoramico"). In einer Linkskurve verlassen wir die Straße nach Osten und gehen eben zwischen Feldern mit schönem Blick Richtung Verona. Nach der Loc. Fontanelle leicht aufwärts und in nur 15 Minuten erreichen wir die **Località Armaron** 02. Danach folgt eine markante Wegkreuzung mit Wegweisern und Pfeilen. Wir bleiben am „braunen" Kurs, somit kurz links-rechts, dann in einem großen Linksbogen auf Schotter zwischen Weinfeldern zur nächsten Gabelung. Rechts weiter nordwärts auf eine Baumgruppe zu, vor dieser links steil aufwärts und dann rechts halten. In weiterem großen Linksbogen wenden wir uns wieder Richtung Süden, leider ohne Markierungen. Wir treffen auf ein langes Gebäude, der **Località Caverna di Sotto** 03. Aus diesem Bereich kommen die Baustoffe der berühmten Arena di Verona. Ab hier steigen wir auf dem komfortablen Radweg in langen Kehren hinauf zur Straße. Links führt diese vorbei an der **Località Pipion** 04, dem höchsten Punkt der Tour.
Leicht abwärts passieren wir Le Porte und erreichen südwärts das malerische **San Giorgio di Valpolicella** 05. Direkt hinter dem Orts- eingangsschild zweigt links an einer Bank unser späterer Ab-

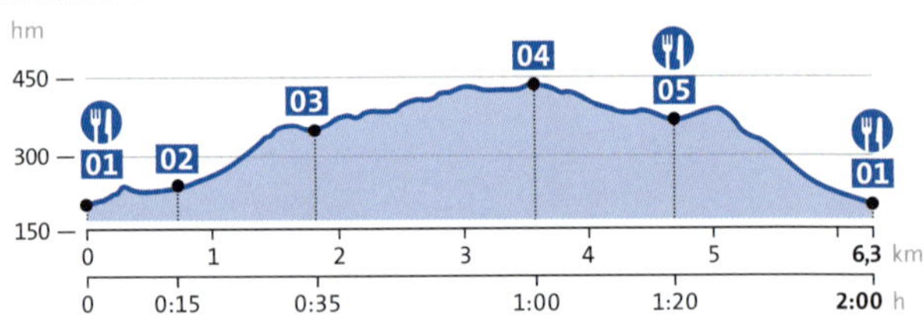

01 Gargagnago, 200 m; 02 Loc. Armaron, 236 m; 03 Loc. Caverna di Sotto, 357 m; 04 Loc. Pipion, 431 m; 05 San Giorgio di Valpolicella, 385 m

Oben: Terrasse der Trattoria della Rosa Alda in San Giorgio
Unten: Westblick von San Giorgio über Weinfelder zum Gardasee

San Giorgio di Valpolicella

Der wunderschöne Ort liegt in aussichtsreicher Lage zwischen Gardasee und Verona. Weitläufige Weinhügel prägen hier die Umgebung. Die dreischiffige Pfarrkirche Pieve di San Giorgio di Valpolicella (8. und 11. Jh.) ist eines der ältesten und wichtigsten romanischen Bauwerke in der Region Veneto. Nebenan gibt es zudem ein Museum zu besichtigen.

stieg ab. Zuvor aber ist der Besuch des Ortes ein Muss. Dazu hier die Stufen zum Friedhof hinauf, um dann über die Via della Torre auf die Piazza della Pieve mit unglaublicher Aussichtsterrasse zu kommen. Für kulinarische Feinschmecker empfiehlt sich eine Einkehr in einer der Top-Restaurants im Valpolicella. Die idyllische **Trattoria dalla Rosa Alda** mit sagenhafter Küche, eigenem Weinkeller und großartiger Terrasse lohnt unbedingt einen Besuch! Ein großartiges Panorama gibt es gratis dazu.

Zurück zum bekannten Abzweig mit Bank (Nr. 233) und im Rechtsbogen durch herrlichen Laubwald. Wir folgen dem „Sentiero Salute“ (Fitnesspfad) mit 16 Stationen recht steil hinunter und queren zweimal den Bach La Prognetta. Nach Station 3 links auf Schotter zurück zur Pfarrkirche in **Gargagnago** 01.

Der Abstieg über den „Sentiero Salute“ (Trimm-Dich-Pfad)

STADTRUNDGANG VERONA

Flanieren und Entdecken in der italienischen Liebesstadt

5,1 km 2:10 h 70 hm 70 hm

START | Piazza Brà [GPS: UTM Zone 32T x: 655.931 m, y: 5.033.557 m]
CHARAKTER | Kulturelle Stadttour mit typisch italienischem Flair.

Verona liegt nur 30 km entfernt vom Gardasee und eignet sich wunderbar als Tagesausflug. Die attraktive Altstadt mit all ihren Museen, Kunstgalerien und antiken Gebäuden zählt seit 2010 zum UNESCO-Weltkulturerbe. Die Piazza Brà empfiehlt sich als Ausgangspunkt für den Stadtspaziergang.

Am östlichen Ende der **Piazza Brà** 01 befindet sich der Palazzo Barbieri (heutige Stadtregierung), mit seinen Säulen und Treppenstufen kaum zu übersehen. Direkt nebenan die antike, weltberühmte Opernbühne **Arena di Verona**. Links haltend wählen wir die mittlere Gasse Via G. Mazzini (Denkmal) und betreten Veronas Altstadt. Ein enormes Angebot an Boutiquen wird so manchen vom zügigen Weitergehen abhalten. Stets gerade, später an der T-Kreuzung kurz rechts. So gelangen wir linksseitig zur **Casa di Giulietta**, dem angeblichen Elternhaus der Julia aus Shakespeares „Romeo und Julia".

Piazza delle Erbe

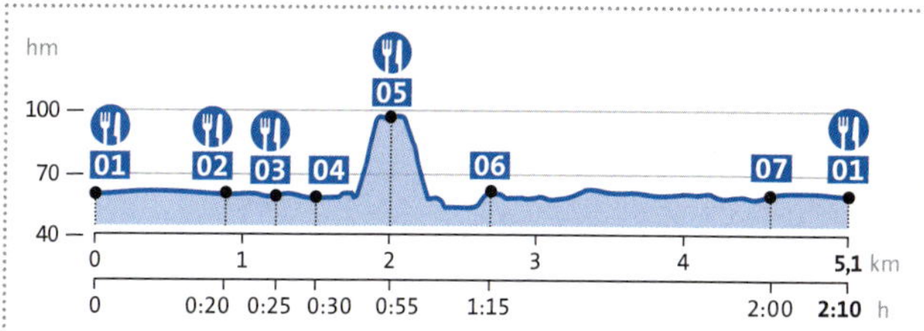

01 Piazza Brà, 60 m; 02 Piazza delle Erbe, 61 m; 03 Sant' Anastasia, 59 m; 04 Duomo di Verona, 60 m; 05 Castel San Pietro, 95 m; 06 San Giorgio in Braida, 63 m; 07 Castelvecchio, 63 m

Blick auf die Altstadt von Verona vom Torre Lamberti

Links der Kreuzung der lang gestreckte, antike Marktplatz **Piazza delle Erbe** 02. Der Platz wird überragt vom 84 m hohen Torre Lamberti, der mit perfektem 360°-Panorama kaum noch Wünsche offen lässt. Zu erreichen über die benachbarte **Piazza dei Signori**. Zur Aussichtsplattform über ca. 365 Stufen oder per Lift (mit Eintritt, lohnt sich!). Am Platz prunkvolle Regierungspaläste, danach hinter dem Torbogen der bizarre Skaliger-Friedhof (8. Jh.). An der Kreuzung links (Vic. Cavalletto), danach rechts bis zu einem weiteren Highlight, die Kirche **Sant' Anastasia** 03. Im Innern der größten Kirche Veronas lassen uns zauberhafte Fresken und Säulen als Kunstmeisterwerk erstaunen.

An der Piazza Sant' Anastasia links, dann durch die Via Duomo. Am Ende wartet der majestetische **Duomo di Verona** 04. Das Säulenportal und mächtiger Marmor prägen das Bauwerk. Rechts über zwei kleine Parkplätze gelangen wir zur Etsch (F. Adige) und überschreiten den Fluss auf der römischen Bogenbrücke **Ponte della Pietra**. Über die Hauptstraße und auf Stufen des Vicolo Botte oberhalb des Teatro Romano leicht steil hinauf zum **Castel San Pietro** 05. Einkehrtipp: das Panoramarestaurant „TeodoricoRe" unter der Burg.

Zurück zur Römerbrücke, kurz die Straße flussaufwärts und links über Treppen zum schilfreichen Uferweg. Am Ende hinauf, vis-à-vis die eindrucksvolle Kirche **San Giorgio in Braida** 06.

Wir bleiben auf der Uferstraße und wechseln die Flussseite über die Ponte Garbaldi. Rechts weiter auf ruhiger Uferstraße mit Baumreihe. Über die nächste Brücke und links (Via Campagnola) bis zur Festungsbrücke. Der Gang über die eindrucksvolle, mittelalterliche **Ponte Scaligero** erinnert an eine Filmkulisse, großartig! Sie bringt uns entlang der Zinnen direkt in die Festung **Castelvecchio** 07 mit Museum.

Danach geradeaus durch die Via Roma zurück zur **Piazza Brà** 01, kurz zuvor die beste Eisdiele der Stadt, Gelateria Savoia!

Römerbrücke Ponte della Pietra

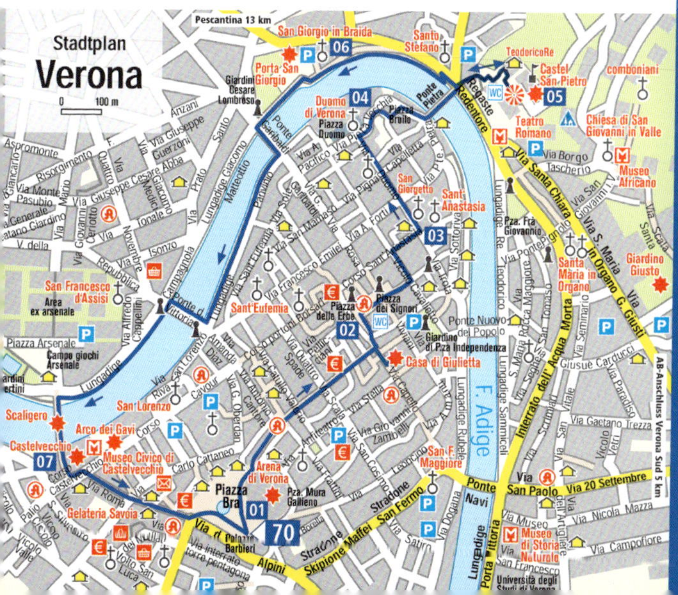

ALLES AUSSER WANDERN

MEINE TIPPS FÜR ...

Kinder und Familien

Cascata del Varone
Spritziges Vergnügen: Im Dreieck zwischen Arco, Tenno und Riva del Garda ergießt sich die Cascata del Varone 100 m tief in eine Schlucht. Durch Tunnel und Grotten kann man das spektakuläre Naturschauspiel gegen eine Gebühr hautnah erleben. Vor dem Wasserfall liegt ein hübscher botanischer Garten.

Lazise: Gardaland
Südlich von Lazise wurden gleich mehrere Freizeitparks errichtet. Ein Tagesausflug ins Gardaland, dem größten Vergnügungspark Italiens, erfüllt mit seinen hohen Achterbahnen und Action-/Abenteuerattraktionen alle Kinderträume.
www.gardaland.it

Pastrengo: Parco Viva Natura
Bei Pastrengo kann man sich auf eine unvergessliche Zoo-Safari begeben. Bedrohte Tierarten wie Tiger, Panda, Schlangen, Nashörner und Affen können hier bestaunt werden.
www.parconaturaviva.it

Riva del Garda: Reptiland
Aber auch im Norden verstecken sich einzigartige Lebewesen. Das Reptiland im Zentrum von Riva del Garda beherbergt sämtliche Schlangen- und Spinnenarten im Reptilienhaus.
www.reptiland.it

Naturliebhaber

Botanische Gärten
In gleich mehreren Botanischen Gärten werden seltene exotische Pflanzenarten eindrucksvoll präsentiert. Besonders lohnend sind die Gärten von André Heller in Gardone Riviera, der Parco Giardino Sigurtà in Valeggio sul Mincio und das Arboretum in Arco.
www.hellergarden.com
www.sigurta.it

Parco delle Cascate di Molina
Am Rande des nördlichen Valpolicella wird es nass, denn zahlreiche Wasserfälle, Grotten und Bachmolen versprechen eine ersehnte Abkühlung in den heißen Sommermonaten.
www.parcodellecascate.it

Monte Baldo
Wer einmal den Monte Baldo betreten, kann ihn nur wehmütig wieder verlassen. Eine bunte Vielfalt tausender Pflanzenarten, die die Eiszeit überlebten, beglücken jeden Naturbegeisterten und Heilpflanzen-Experten. Pfingstrosen, Enziane, Edelweiß, Orchideen, Arnika und Hahnenfuß, um nur einige zu nennen.

Natur hautnah am Monte Baldo

Vogelparadies
Der Gardasee ist ein interessantes Ziel für Vogelliebhaber. Nennenswert ist die große Verbreitung von Küstenvögeln, wie Lach- und Sturmmöwe, Reiher, Kranich, Haubentaucher, Schwan oder Kolbenente.

Aufführung der Verdi-Oper „Nabucco“ in der Arena di Verona

Kulturinteressierte

Bardolino/Cisano: Museo dell'Olio
Neben dem Ruhm des gleichnamigen Rotweins Bardolino begeistern sich rund 50.000 Besucher jährlich für das sagenhafte Museo dell'Olio (Ölmuseum). Die Geschichte der Olivenölproduktion wird hier interessant veranschaulicht. Außerdem werden hier das „flüssige Gold“ und schöne Olivenholz-Artikel verkauft. Eintritt gratis.
www.museum.it

Skaligerburgen
Der Besuch der Skaligerburgen in Malcesine, Torri del Benaco, Lazise und besonders von Sirmione darf bei historischen Entdeckungsausflügen nicht fehlen.

Gardone Riviera:
Vittoriale degli Italiani
Der Museumskomplex lockt mit künstlerischen und architektonischen Meisterleistungen. Der Kriegsheld und Schriftsteller Gabriele d'Annunzio gestaltete sich hier seinen Wohnort und hinterließ ein abstraktes Denkmal in Form eines Kriegsschiffes.
www.vittoriale.it

Limone sul Garda: Museo del Turismo
Auf eine Zeitreise zur Entwicklung des Tourismus begibt man sich im liebevoll eingerichteten Museo del Turismo. Der Bau der über 250 km langen „Gardesana“ (Ringstraße) um den Gardasee war der Startschuss für den Tourismus in der Region.

Verona
Ein Tagesausflug nach Verona (30 km) ist absolut lohnenswert, da hier für alle kulturellen Geschmäcker Themen und Angebote zu erwarten sind. Das größte Highlight eines Verona-Besuchs sind die Aufführungen in der weltberühmten Open-Air-Arena.
www.arena.it

Kletterfreunde

Klettern zur Cima Sat („Amicizia"-Steig)

Um sich dem Klettersport zu nähern, kann man in Kletterparks lernen, sich zu sichern und in luftiger Höhe geschickt fortzubewegen.

Der **Busatte Adventure Park** in Torbole und der **Jungle Adventure Park** in San Zeno di Montagna (am südlichen Monte Baldo) sind hier Paradebeispiele.
www.busatteadventure.it
www.jungleadventurepark.com

Mehrere weltbekannte Klettergebiete um Arco (etwa Colodri oder Monte Baone) und Nago (Palestra di Roccia) bringen den Adrenalinspiegel auf Hochtouren.

Die spektakulärsten Klettersteige

- Che Guevara: 1380 hm, 7:30 h, bei Pietramurata (sehr lang)
- Via dell'Amicizia: 1200 hm, 6 h, bei Riva (mittel)
- Rino Pisetta: 720 hm, 5 h, bei Sarche (sehr schwer)
- Rio Sallagoni: 180 hm, 1 h , bei Drena (mittelschwierig)
- Gerardo Sega: 580 hm, 5:30 h, bei Avio (mittelschwierig)
- Monte Albano: 360 hm, 3:30 h, bei Mori (schwer)
- Taccole: 400 hm ab Einstieg, ca. 2:30 h, Mte Baldo (mittel)
- Spigolo della Bandiera: 650 hm, 3:25 h, bei Gardone (mittel)
- Susatti und Foletti: ca. 500 hm ab Einstieg, 1:45 h, bei Biacesa (leicht)

Senkrechte Wand über Mori

Der Gardasee bietet zahlreiche Top-Badestrände wie hier in Torbole

Wasserratten

Wassersportler kommen am Gardasee voll und ganz auf ihre Kosten. Die ergiebigen Winde im Norden, speziell vor Torbole, Navene und Campione del Garda, lassen ganze Schwärme von Surfern über den See flitzen. Schon deutlich gemütlicher: Stand-Up-Paddling im typisch venezianischen Stil.

Im Trend: Kitesurfen. Der Gardasee bietet optimale Windbedingungen

Segeln
Jedes Jahr wird am Gardasee mindestens eine internationale Segelregatta ausgetragen. Sehr bekannt: die „Centomiglia" in Bogliaco.

Kite- und Windsurfen
Größte Hotspots: Torbole, Limone, Campione und Navene mit engagierten Surfschulen und -verleihen.

Lazise: Aquapark Caneva World
Unweit von Lazise lässt der Aquapark Caneva World Kinderherzen höher schlagen. Gute Bade-Alternative. www.canevaworld.it/aquapark

Thermal- und Freizeitbäder
Gut bei Schlechtwetter eignen sich Thermal- und Freizeitbäder wie das **Gardaqua** in Garda, der **Parco Termale del Garda** in Colà bei Lazise oder die **Terme di Sirmione**.

Abenteuerlustige

Nervenkitzel gesucht? Einmal etwas Neues ausprobieren? Entsprechende Angebote gibt es auf oder über dem Wasser sowie an steilen Bergkliffs wie Sand am Meer.

Canyoning
Schon mal was von Canyoning gehört? Märchenhafte Grotten und Schluchten mit Wasserfällen und kristallklarem Wasser verbinden pures Abenteuer mit Naturerlebnis.

Viel Spaß beim Abseilen, Rutschen oder Springen beispielsweise am Rio Nero oberhalb vom Lago di Ampola nahe Tiarno di Sotto (Ledro) oder im Valle San Michele (Tremosine)
www.friendsofarco.it/de (Arco)
www.outdoorplanet.net (Affi)
www.skyclimber.it (Tremosine)

Ausgewählte Top-Strände am Gardasee

- Baia delle Sirene (Meerjungfrauenbucht) an der Punta San Vigilio/Garda (kostenpflichtig)
- Spiaggia die Pini (Pinienstrand) in Riva del Garda mit Musikbar, Kies
- Spiaggia La Cavalla bei Garda, Kies
- Spiaggia Mirabello in Bardolino, Kies und Wiese
- La Quercia bei Lazise, Sand (kostenpflichtig)
- Spiaggia Grotte di Catullo (nur per Boot zugänglich) und Lido delle Bionde in Sirmione, Steinplatten und Sand
- Lido Azzuro in Maderno
- Pra de la Fam am Hafen von Tignale, Kies
- Spiaggia Cola und Tifu in Limone, Kies

Felsiger Kurvenzauber

Enge Kurven, senkrechte Wände, viele Tunnel und Galerien, dazwischen Palmen, Zitronenbäume und phänomenale Seeblicke: all das ist die **Gardesana Occidentale** (SS45bis) zwischen Riva und Gargnano (ca. 30 km).
Halsbrecherisch ist die abenteuerliche SP38 durch die **Brasa-Schlucht** hinauf nach Pieve in Tremosine (5 km, 330 hm). Sie zählt zu den spektakulärsten Straßen der Welt und diente als Filmkulisse im James-Bond-Film *Ein Quantum Trost* und in Tom Tykwers Film *The International.*

Höhlenerkundungen
Im Gebiet der ehemaligen Kriegsfront des Ersten Weltkriegs gibt es unzählige Kavernen, Schächte und Tunnelgänge. Richtig abenteuerlich sind natürliche Grotten und Höhlen, die oft mühsam zu erreichen sind und manchmal wahre Naturschätze verstecken (Tropfsteine, Ritzungen, Fledermäuse oder Wasserfälle).

Die bekanntesten Höhlen:
- Bus del Diaol (1023 m, bei Arco)
- Grotta dei Colombo (bei Mori)
- Val del Parol-Höhle (410 m, am Monte Altissimo)
- Grotta Tanella (400 m, bei Pai)
- Höhlen am Rocca Vecchia (Garda)
- Spluga della Preta (340 m, Grotta di Fumane, Grotta di Campore (alle im Valpolicella)

Downhill
Am Monte Baldo und Stivo befinden sich mehrere Biketrails und Bergwege, bei denen jeder Abfahrt-Biker auf seine Kosten kommt.

Paragleiten
Die Seilbahn von Malcesine bringt Paragleiter bequem auf den Monte Baldo, wo breite Hänge einen guten Startpunkt für herrliche Flüge mit vielen Höhenmetern bieten.

Feinschmecker

Der Gardasee ist auch in kulinarischer Hinsicht facettenreich. Die Küche ist sowohl durch die Nähe zum See also auch durch die Gebirge geprägt.

Das Valtènesi ist bekannt für seine edlen Trüffel und Weine. In Limone sul Garda und Gargnano werden Zitrusfrüchte innerhalb von Natursteinmauern angebaut. Das weltbeste Olivenöl kommt tatsächlich vom Gardasee. Das „Olio Extra Vergine“ wird kalt gepresst, ist leicht fruchtig und gehört auf jeden servierten Tisch. Auf traumhaften Bergalmen mit üppiger Vegetation gelingt die Herstellung qualitativ hochwertiger Käsesorten. Sehr beliebt ist der Käse aus Tremosine mit Verkauf in Polzone sowie der Tombea-Käse.

Ob Spargel aus Cavaion Veronese, Maroni aus San Zeno di Montagna, Weine aus dem Valpolicella oder Custoza oder Finten (Sardellen) aus dem See: das Angebot ist riesig. Jährlich gibt es unzählige kulinarische Veranstaltungen und jede Woche allerorts schöne Wochenmärkte.

Wochenmärkte

Montag
- Moniga del Garda
- Peschiera del Garda
- Torri del Benaco

Dienstag
- Desenzano del Garda
- Limone sul Garda (jede 2. Wo.)
- Pieve di Tremosine
- Tignale
- Torbole (jede 2. Woche)

Mittwoch
- Arco (jede 2. Woche)
- Gargnano (jede 2. Woche)
- Riva del Garda (jede 2. Woche)

Donnerstag
- Bardolino
- Toscolano

Freitag
- Garda
- Gardone Riviera
- Manerba del Garda
- Sirmione

Samstag
- Lazise
- Malcesine
- Salò
- Valeggio sul Mincio
- Verona

Tourismusinformationen

Fast jeder Ort am Gardasee verfügt über ein eigenes Tourismusbüro, entweder die staatlichen Ämter „APT" und „I.A.T." oder die privaten „Pro Loco". Dort findet man unzählige Broschüren (oft auch in Deutsch) und Auskünfte zu Attraktionen oder Unterkünften. Die Büros haben häufig jedoch nur während der touristischen Saison geöffnet.

Überregionale Tourismus-Websites:
- Provinz Trentino
  www.gardatrentino.it
- Provinz Brescia, West-/
  Südwestufer
  www.provincia.brescia.it
- Provinz Verona, Ost-/Südostufer
- www.provinciadiveronaturismo.it
- Monte Baldo
  www.unionebaldo.vr.it
  (Caprino Veronese)
- Valle di Ledro (Pieve di Ledro)
  www.vallediledro.com

Weiterhin nützlich:
www.visitgarda.com
www.visitrovereto.com
www.gardasee.de
www.infotremosine.org

Öffentlicher Nahverkehr

Der Gardasee ist gut mit Bus und Bahn erreichbar. Von den Bahnhöfen in Rovereto, Peschiera del Garda, Desenzano del Garda und Verona gelangt man problemlos per Bus zu den Orten am See. Sie sind alle an das öffentliche Nahverkehrsnetz des „Aptv“ angebunden.

Bus
Buslinien und -fahrpläne in den drei Provinzen:

- Trentino (www.ttesercizio.it)
- Verona (www.atv.verona.it)
- Brescia (www.trasportibrescia.it)

www.gardasee.de/busfahrplaene-nahverkehr

Shuttleservices
Spezielle Shuttleservices bieten zusätzliche Mobilität
www.europlan.it

Mit dem Schiff
Informationen zu Fahrplänen und Preisen der Fähren, Schnell- und Charterbooten:
www.navigazionelaghi.it
www.gardasee.de/faehren

Oben: Eine Fähre verlässt Limone
Links: Piazza delle Erbe in Verona

Autofähren
Die Fähren pendeln zwischen Limone sul Garda und Malcesine (nur im Sommer) und zwischen Maderno und Torri del Benaco. Durch die Fähren spart man sich den Umweg um den See.

Seilbahn
Funivia Monte Baldo
Talstation: Via Navene Vecchia 12, Malcesine
Mittelstation: San Michele (508 m), bis zu 45 Personen
Bergstation: Tratto Spino (1780 m), bis zu 80 Personen (Drehgondel)
Fahrtdauer: 20 min.
Erste Fahrt: 8 Uhr, im 30-Min.-Takt, letzte Talfahrt je nach Saison

Mountainbikes und Gleitschirme gegen Aufpreis und in Extra-Gondeln, Start 8.15 Uhr halbstündig (bei Schnee keine Fahrt)

Tipp: Die Preise sind von 8 bis 9 Uhr sowie nach 15 Uhr günstiger. Unbedingt zu Stoßzeiten lange Wartezeiten einberechnen!
www.funiviedelbaldo.it/de

UNTERKÜNFTE

Informationen zu den Gastgebern und gastronomischen Einrichtungen erhält man sehr schnell und kompetent in den zuständigen Tourismusbüros der jeweiligen Orte.

Folgende Websites helfen bei der Unterkunftssuche aus der Ferne. Eine rechtzeitige Buchung, vor allem im August, ist zu empfehlen.

Hotels, Pensionen, Zimmer
www.gardasee.de/hotels-ferienwohnungen/index.html
www.lago-di-garda.org/hotel-gardasee.asp
www.gardaportal.de/hotel-gardasee
www.gardasee.it/de/hotel.html
www.gardasee-info.com/gardasee-hotels

Bed & Breakfast (Frühstückspensionen)
www.lago-di-garda.org/fruehstueckspension-gardasee.asp
www.gardasee.it/de/bed-and-breakfast.html
www.bed-and-breakfast.it/de/macrolocalita/gardasee
www.gardasee.com/bedandbreakfast.php

Rustico (Ferienwohnungen)
www.gardapass.com/index.cfm/de/garda/wohnungen-rustico-details
www.gardasee.it/de/ferienwohnung.html
www.e-domizil.at/ferienhaeuser/it/751/gardasee-region-italien
www.gardasee.at/ferienwohnungen.html
www.gardasee-info.com/ferienwohnung-gardasee
www.gardasee.de/hotels-ferienwohnungen/ergebnis.html

Campingplätze
www.lago-di-garda.org/campingplaetze-gardasee.asp
www.gardasee.it/de/camping.html – www.campinggardasee.de
www.gardasee.com/campingplaetze.php
www.gardasee-info.com/camping-gardasee
www.camping.info/italien/lombardei/gardasee/campingplaetze
Mein persönlicher Tipp: "**Nanzel**" (Limone), "**Paradiso**" (Muslone), "**Lefa`**" (Gargnano), "**San Biagio**" (Manerba del Garda), "**Azzurro**" (Ledrosee)

Agriturismi (Bauernhöfe)
www.lago-di-garda.org/urlaub-auf-dem-bauernhof-gardasee.asp
www.gardasee.it/de/agriturismo.html
www.gardasee.com/bauernhoefe.php
www.gardasee.de/hotels-ferienwohnungen/ergebnis.html
www.gardatrentino.it/de/agriturismo-gardasee-urlaub-auf-dem-bauernhof
www.familienurlaub-gardasee.de/agriturismo-gardasee

Jugendherbergen
www.herbergen.com/Italien/Gardasee

Das Rifugio Capanna Grassi in Campi

Im Norden

Rifugio Don Zio Pisoni (1600 m, S.A.T.)
Comano Terme, Monte Casale; im Sommer am Wochenende geöffnet, keine Übernachtung.
Tel. 0039/0464/510351

Rifugio P. Marchetti (2012 m, S.A.T.)
Monte Stivo, Passo Santa Barbara; ganzjährig geöffnet, 27 Schlafplätze (im Winter 6); Bis Mitte 2017 geschlossen!
Tel. 0039/0464/520664
www.rifugiostivo.it

Rifugio Capanna Grassi (1056 m)
Campi (zu Tenno); Mai bis September täglich, sonst am Wochenende, 12 Schlafplätze.
Tel. 0039/0464/501181 oder 0039/333/9327504

Rifugio Nino Pernici (1600 m, S.A.T.)
Bocca di Trat (zwischen Valle di Concei und Lago di Tenno); ganzjährig geöffnet, 30 Schlafplätze (im Winter 4).
Tel. 0039/0464/505090
www.pernici.com

Rifugio San Pietro (974 m, S.A.T.)
Monte Calino bei Tenno; ganzjährig geöffnet, 18 Schlafplätze.
Tel. 0039/0464/500647
www.rifugiosanpietro.com

Chalet Rifugio al Faggio (963 m)
Valle di Concei (Ledro); ganzjährig geöffnet, 42 Schlafplätze.
Tel. 0039/0464/591100
www.hotelalfaggio.com

Rifugio P. Marchetti am Monte Stivo

HÜTTEN, ALMEN UND BERGGASTHÄUSER

Rifugio Garda

Rifugio degli Alpini Passo Nota (1200 m)
Am Passo Nota (zu Tremosine); i. Sommermonaten geöffnet, 20 Schlafplätze.
Tel. 0039/0365/951190

Baita Segala (1250 m)
A.N.A. di Limone sul Garda (Monte Carone); ganzjährig geöffnet, 4 Schlafplätze, unbewirtschaftet.
Tel. 0039/0365/954016

Rifugio Cima Piemp (1151 m)
Tignale; ganzjährig geöffnet, 15 Schlafplätze.
Tel. 0039/0365/73495

Baita degli Alpino di Gargnano (985 m)
Briano (zu Gargnano); Öffnungszeiten: an den Wochenenden.
Tel. 0039/0365/71685

Rif. Cima Rest (1200 m)
Magasa (oberes Valvestino-Tal); Übernachtung in Heuschobern, den sogenannten „Fienili“.
Tel. 0039/0365/74054
www.rifugiocimarest.it

Rifugio lo Scoiattolo (1270 m)
Malga Corva, Loc. Rest

Im Westen

Malga Ciapa (1619 m)
Unterhalb Passo di Tremalzo (zu Tremosine); April bis Mitte Oktober, 24 Schlafplätze.
Tel. 0039/0464/598501
www.alpedelgarda.it

Rifugio Garda (1686 m)
Passo di Tremalzo; ganzjährig geöffnet, 13 Schlafplätze.
Tel. 0039/0464/598105
www.tremalzo.info

Rif. Garibaldi (1521 m)
Località Tremalzo (zu Ledro); Juni bis September, 20 Schlafplätze.
Tel. 0039/0464/598111

Rifugio Giorgio Pirlo allo Spino

Rifugio Damiano Chiesa

(Magasa); April bis Okt. täglich, 21 Schlafplätze. Tel. 0039/339/4078519 www.rifugi.lombardia.it/de/brescia/magasa/hutten-lo-scoiattolo.html

Rif. Giorgio Pirlo allo Spino (1167 m, CAI Salò)
Monte Spino (zu Toscolano-Maderno); Juni bis September täglich, sonst am Wochenende, 45 Schlafplätze.
Tel. 0039/0365/651177
www.rifugiopirlo.it

Im Osten

Rifugio Damiano Chiesa (2059 m, S.A.T.)
Monte Altissimo di Nago; ganzjährig geöffnet, 20 Schlafplätze (im Winter 6).
Tel. 0039/0461/981871
www.rifugioaltissimo.it

Rifugio Graziani (1615 m)
Loc. Bocca del Creer, Monte-Baldo-Höhenstraße; Mai bis Oktober täglich, sonst am Wochenende, 15 Schlafplätze.
Tel. 0039/0464/867005
www.albergorifugiograziani.it

Rifugio Monte Baldo (1120 m)
Loc. Madonna della Neve (Avio); April bis Oktober, 60 Schlafplätze.
Tel. 0039/0464/391553
www.rifugiomontebaldo.it

Rifugio Telegrafo „Gaetano Barana“ (2147 m, CAI)
Punta Telegrafo, Monte Baldo; Juni bis September, 72 Schlafplätze.
Tel. 0039/045/7731797
www.rifugiotelegrafo.it

Rif. Chierego (1911 m)
Monte Baldo; ganzjährig geöffnet, 24 Schlafplätze
Tel. 0039/045/5117875

Rifugio Fiori del Baldo (1815 m)
Loc. Costabella, S.Zeno di Montagna; ganzjährig geöffnet, 10 Schlafplätze.
Tel. 0039/045/6862477
www.fioridelbaldo.it

Rif. Novezzina (1235 m)
Ferrara, Monte-Baldo-Höhenstraße.
Tel. 0039/045/6247022
www.ortobotanicomontebaldo.org

Rifugio Chierego

ORTE UND IHRE SEHENSWÜRDIGKEITEN

Castello di Arco

Arco
Internationales Kletter- und Freeclimb-Paradies und Kurort im unteren Sarcatal, unterhalb steiler Felswände. Viele Sport- u. Outdoorläden in engen historischen Gassen. Sehenswert: Castello di Arco (6. Jh. n. Chr.), Botanischer Garten „Arboretum" mit Mammutbäumen, Duomo della Collegiata S. M. Assunta.

Bardolino
Ehemals kleines Fischerdorf, heute lebhafter Weinort. Herkunft des gleichnamigen Rotweins. Idyllische Uferpromenade mit schönem Kleinhafen. Sehenswert: Museo del Vino Zeni (Weinmuseum), Nachbarort Cisano mit Museo dell' Olio (Ölmuseum), Pfarrkirche San Nicolo.

Brentonico (698 m)
Bekanntes Wintersportzentrum, speziell der Ortsteil Polsa. Liegt an der Monte-Baldo-Höhenstraße, daher begehrter Startort für alpine Wanderungen.

Promenade von Desenzano del Garda

Traumblick auf Garda von der Rocca Vecchia

Brenzone sul Garda
Kleine, ruhige und urige Streugemeinde inmitten charakteristischer Olivenhaine (16 Dörfer). Am Ufer bezaubern Assenza, Castello, Castelletto und Magugnano mit malerischen Hafenmolen und Promenaden. Hoch liegende Orte mit traumhaftem Panorama und unberührter Natur.
Sehenswert: Mittelalterdorf Campo.

Campione del Garda
(Ortsteil von Tremosine) 8 km südlich von Limone auf einer kleinen Halbinsel. Nur durch einen Tunnel oder per Schiff erreichbar. Einst Baumwollproduzent, heute Top-Revier für Wassersportler, da perfekter Wind.

Caprino Veronese
Lebhafter, hübscher Ort am südlichen Fuße des Monte Baldo.

Sehenswert: Wallfahrtskirche Madonna della Corona (Ortsteil Spiazzi).

Desenzano del Garda
Quirlige Altstadt mit traditionellen Handelshäusern. Ein sehr wichtiges Handelszentrum Oberitaliens. Sehenswert: Dom, Römische Villa, Castello und der alte Hafen. Historische Umgebung: Lonato, San Martino della Battaglia.

Garda
Hübscher Ort in traumhafter Lage. Venezianische Paläste, lange Uferpromenade und verwinkelte Altstadt. Sehenswert: Villa Albertini, Rocca Vecchia, Eremo di San Giorgio, Punta San Vigilio, deutscher Soldatenfriedhof in Costermano.

Gardone Riviera
Exklusiver, blumengeschmückter Urlaubsort. Noble Villen und Hotels, dazwischen exotische Gärten. Top-Panorama vom verwinkelten Ortsteil Fasano oder San Michele. Sehenswert: Vittoriale degli Italiani, Botanischer Garten von André Heller.

Gargnano
Schmucker, ursprünglich gebliebener Touristenort. Historische

Abendliche *passeggiata* in Lazise

Blick auf Malcesine

Paläste, Limonaie. Oberhalb weitere zwölf Bergdörfer für Ausflüge in den Naturpark. Sehenswert: Villa und Palazzo Feltrinelli, Palazzo Bettoni, Eremo di San Valentino.

Lazise
Reger, hübscher Ferienort mit autofreier, mittelalterlicher Altstadt. Mächtige zinnengekrönte Stadtmauer. Umliegend populäre Vergnügungsparks und die größten Campingplätze am See. Sehenswert: Sechstürmiges Castello Scaligero, Parco Thermale im Ortsteil Colà.

Comune di Ledro (660 m)
Mehrere Dörfer in der Valle di Ledro und Valle di Concei, Hauptort Bezzecca. Sehenswert: Lago di Ledro, Museo delle Palafitte (Pfahlbautenmuseum) in Molina di Ledro, Museo Storico Garibaldino in Bezzecca, Lago d'Ampola, Gorg-d'Abiss-Wasserfall (Tiarno di Sotto).

Limone sul Garda
Malerischer Luftkurort (einst Fischerdorf) mit charmantem Flair. Abgeleitet von „limes“ (Grenze). Im Sommer täglich bis zu 10.000 Touristen. Berühmt für seine Zitronen-/Orangenzucht. Blumengeschmückte Altstadt, darüber steile Felswände. Sehenswert: Museo del Turismo, Limonaia del Castèl, Duomo San Benedetto, Kirche San Rocco.

Zitronengarten oberhalb von Limone

Magasa (978 m)
Abgelegenes Bergdorf in einzigartiger Naturidylle. Bekannte Käse-Tradition. Herbergen aus Strohhütten in Cima Rest. Sehenswert: Museo Etnografico und Osservatorio Astronomico Cima Rest.

Nago mit Monte Corno im Hintergrund

Malcesine
Für viele beliebtester Ferienort am See. Mittelalterlicher und schönster Ortskern, viele Gelaterien und verwinkelte Gassen. Die einzige Seilbahn am Gardasee führt in die Monte-Baldo-Region.
Sehenswert: Castello Scaligero, Palazzo dei Capitani und der „kürzeste Fluss der Welt“ in Cassone.

Manerba del Garda
Besteht aus acht Dörfern. Sympathisches Urlaubsziel für Familien, lange Strände.
Sehenswert: Rocca di Manerba mit prähistorischer Burgruine und Museum, elegante Kirche Santa Maria Assunta in Solarolo, Hafen von Dusano.

Nago-Torbole
Nago (222 m): Ruhiges, alpines Bergdorf mit glänzender Aussicht. Ziel für Kletterer und Mountainbiker.
Torbole: Berühmte Surfer-Hochburg dank zuverlässiger Gardasee-Winde. Goethes Urlaubsort. Herrliche Uferpromenade.
Sehenswert: Castel Penede und Marmitte dei Giganti (Nago), Zollhäuschen am Hafen (Torbole), Sentiero Busatte-Tempesta.

Peschiera del Garda
Histor. Altstadt innerhalb einer bewachsenen Festung, umgeben von Kanälen des Mincio. Standort der italienischen Armee.
Sehenswert: Festungsmauer, historischer Weinort Custoza (südöstlich).

Riva del Garda
„Hauptstadt“ des nördlichen Gardasees. Kurort und bei Mountainbikern und Seglern beliebt. Historische Marktplätze, Reste eines Festungswalls. Viele Tiroler Einflüsse, da lange unter österreichischer Herrschaft.

Riva mit Monte Brione und Stivo

ORTE UND IHRE SEHENSWÜRDIGKEITEN

Die Uferpromenade von Salò

Sehenswert: Wasserburg „Rocca“, Kirche Santa Maria Assunta, Bastione, Reptiland, Varone-Wasserfall.

Salò
Elegante, lebhafte Einkaufsstadt mit beeindruckender langer Uferpromenade. Ehemals Hauptstadt eines faschistischen Kleinstaates unter Mussolini.
Sehenswert: Duomo Santa Maria Annunziata, Palazzo della Podesta, Uhrenturm.

San Felice del Benaco
Romantischer Hügelort mit langen Kiesstränden. Oben thront eine überwucherte Festungsruine.
Sehenswert: Isola del Garda, größte Insel im See (begehbar, Führungen bei Voranmeldung).

Sirmione
Das „i“-Tüpfelchen des Südufers. Sehr touristischer Kurort (größtes privates Thermalzentrum Italiens). Quirlige Altstadt hinter einem Wassergraben auf einer Insel.
Sehenswert: Grotte di Catullo, Castello di Scaligero (größte Skaligerburg am See), Terme di Catullo.

Tenno (428 m)
Mittelalterliches Dorf, umrahmt von mediterraner Vegetation und alpiner Berglandschaft. Mächtige, private Burg. Ruhige Naturoase: der Lago di Tenno.
Sehenswert: Künstlerdorf Canale di Tenno, Varone-Wasserfall.

Tignale (555 m)
Die Streugemeinde (6 Dörfer). Erholsamer Luftkurort mit toller Aussicht fernab vom Trubel. Perfekte Basis für Bergwanderungen.

Typisch italienisch – eine Weinverkostung

Flanieren an der Promenade in Torri del Benaco

<u>Sehenswert:</u> Wallfahrtskirche S. Madonna di Montecastello.

Torri del Benaco
Idyllischer Fischerhafen, attraktive Uferpromenade. Oberhalb in Albisano bewundernswertes Seepanorama.
<u>Sehenswert:</u> Cast. Scaligero mit Volkskundemuseum und Limonaia, Mittelalterdorf Crero (210 m), Badestrand „Baia delle Sirene“ (Punta San Vigilio).

Toscolano-Maderno
Touristische Doppelgemeinde mit schönen Badestränden und vielen Campingplätzen. Hafen und Altstadt in Maderno.
<u>Sehenswert:</u> Papiermühlental, Röm. Ruinenvilla, Botan. Garten.

Tremosine (414 m)
Berggemeinde im Klub der schönsten Dörfer ganz Italiens. Aussichtsreiche Hochebene (Schauderterrassen). Besonders beliebt: der Tremosine-Käse. Zufahrt über Limone oder durch die spektakulär felsige Brasa-Schlucht. Per Jeep ist u.a. der Tremalzopass erreichbar.
<u>Sehenswert:</u> Pieve mit seinen Schauderterrassen, Eremo di San Michele, Käserei in Polzone, Brasa-Schlucht.

Valeggio sul Mincio
Historische Kleinstadt mit Tortellini-Tradition. Bewacht vom Castello Scaligero.
<u>Sehenswert:</u> Borghetto mit Visconti-Brücke, Parco Sigurtà.

Comune di Valvestino (680 m)
Kleine historisch geprägte Bergdörfer ohne Tourismus in ursprünglicher Landschaft.
<u>Sehenswert:</u> Botanisches Museum und Kirche San Rocco in Moerna, Altes Sägewerk und Mühle in Turano (Hauptort).

Granatapfelsträucher bei Toscolano-Moderno

REGISTER

Lago di Ledro von der Brücke in Pieve (am Campingplatz Azzurro)

IMPRESSUM

Wanderführer mit 70 Touren
Gardasee

Covergestaltung: Britta Wilken
Gesamtherstellung: EDITIONNOVA GmbH, Rheinbreitbach
Text: Christian Schulze
Fotos (soweit nicht anders angegeben): Christian Schulze
Bild S. 14 (o), 20, 21, 53 (u), 62, 63, 67, 72, 80 (o, u) , 83 (o re), 88, 108 (li), 112 (u), 124 (o), 230 (o), 252 (o), 264 (o): Bernhard Berger; Bild S. 10 (li), 74 (o), 249 (u li.), 253 (o), 255 (o), 256, 266 (u), 269 (mi re, u re): Oxana Sulzbach; Bild S. 2 (o), 3, 8, 19, 82 (u), 221, 223, 230 (mi, u), 270 (o): Matthias Schenk; Bild S. 27 (o), 159, 162, 163, 239: Martina Salchner; Bild S. 245 (o), 249 (u re.): Marco Fröhner – Bild S. 23: Anna Kraler; Bild S. 38 (o), 56: Heinz-Günter Schyma – Bild S. 245 (u): Marc Whigley; Bild S. 65 (o), 112 (o, 121, 124, 181, 252 (u): Robert Rosenkranz – Bild S. 97 (u), 98 (o): Ulrich Mathias; Bild S. 10 (re), 19 (u), 202, 262 (u), 263 (u), 265 (o): Provincia di Verona Turismo ; Bild S. 17, 219, 254 (re): Unione Montana del Baldo Garda; Bild S. 263 (o): Archivio Consorzio Albergatori Desenzano; Bild S. 267: Archivio Toscolano Maderno Cervano – Bild S. 183 (o): Merighi; Bild S.185: Provincia di Brescia Turismo – Bild S. 190: Gaburro Umberto
Umschlagvorderseite: Blick vom Monte Baldo auf den Gardasee (Foto: iStockphoto/ oriredmouse); Wanderlogo (Foto: iStockphoto/Victor)

Kartengrundlage für Gebietsübersichtskarte S. 12, U4:
© MairDumont, D-73751 Ostfildern 4

Haftungsausschluss
Alle Angaben und Routenbeschreibungen wurden nach bestem Wissen gemäß unserer derzeitigen Informationslage gemacht. Die Wanderungen wurden sehr sorgfältig ausgewählt und beschrieben, Schwierigkeiten werden im Text kurz angegeben. Es können jedoch Änderungen an Wegen und im aktuellen Naturzustand eintreten. Wanderer und alle Kartenbenützer müssen darauf achten, dass aufgrund ständiger Veränderungen die Wegzustände bezüglich Begehbarkeit sich nicht mit den Angaben in der Karte decken müssen. Bei der großen Fülle des bearbeiteten Materials sind daher vereinzelte Fehler und Unstimmigkeiten nicht vermeidbar. Die Verwendung dieses Führers erfolgt ausschließlich auf eigenes Risiko und auf eigene Gefahr, somit eigenverantwortlich. Eine Haftung für etwaige Unfälle oder Schäden jeder Art wird daher nicht übernommen. Für Berichtigungen und Verbesserungsvorschläge ist die Redaktion stets dankbar.